KB019066

영국 교육의 실패와
핀란드의 성공

교육, 100년을 내다본다

영국 교육의 실패와 핀란드의 성공

후쿠타 세이지(福田誠治) 지음 | 박찬영 · 김영희 옮김

 북스힐

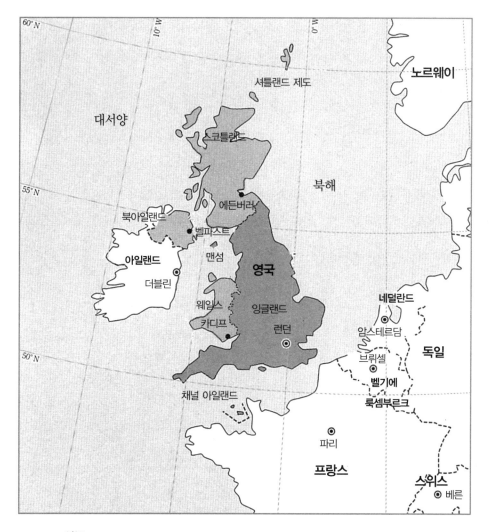

영국(United Kingdom of Great Britain and Northern Ireland)

- ● **면적**   24.3만 km²
               76%가 농업용지, 11%가 삼림
- ● **인구**   5960만 명(2003년 중반 추정)
               잉글랜드 : 4990만 명
               스코틀랜드 : 510만 명
               웨일스 :   290만 명
               북아일랜드 : 170만 명
- ● **공용어**   영어(웨일스어, 게일어 사용지역 있음)
- ● **정체**   입헌군주제. 의회는 상원 및 하원의 이원제
- ● **통화**   EU 가맹국이지만 파운드 사용

2007년 4월 일본은 43년 만에 '전국학력평가'(정식명칭은 전국학력·학습상황진단평가이다. 이 책에서는 전국학력평가로 기록한다)를 재개하였다. 아이치 현 이누야마 시를 제외한 전국 초등학교 6학년과 중학교 3학년은 모두 같은 시간에 같은 시험을 치렀다. 이후 전국학력평가는 매년 4월 넷째 주 화요일에 시행될 것으로 결정되었다.

일반적으로 진단평가란 복잡한 지표를 조합한 것이다. 학력진단평가 역시 학력시험 외에 어린이의 학습 실태나 가정 상황, 교사의 교육방법이나 학교 교육조건 등의 지표를 포함하여 각 지표들의 상호 관련성을 통계적으로 알 수 있는 체계로 되어 있다. 그러나 세간에서는 학력진단평가의 일부분에 지나지 않은 학력평가를 진단평가의 전부로 간주한다. 이때조차도 대부분은 점수나 순위에만 관심이 쏠려 학력진단평가와 학력시험을 같은 의미로 해석한다. 진단평가라고 말하면서 실제로는 시험을 가리키고 있는 것이다. 이런 이유로 이 책에서는 특별히 잘못을 강조하는 경우를 제외하고는 전국학력평가로 일관해서 부를 것이다.

본래 전국학력평가는 있는 그대로의 학력을 평가해야 한다. 시험 준비를 해서는 안 된다. 그런데 아니나 다를까 신문에서는 시험 점수를 높이기 위해 저질러진 여러 가지 '부정' 사건을 보도하고 있다.

히로시마 현 미하라 시에서는 수학 시험 중에 교사가 6학년 학생에게 문항을 가리키면서 "다시 읽어 봐"라고 말하며 답을 고쳐 쓰도록 했다.[1]

키타히로시마 쵸 교육위원회는 시험 직전에 유사한 문제집을 배포하고 초등학교 교장에게 '준비'하도록 지시했다.[2] 이 문제집은 문부과학성이 공개하고 있는 예비평가문제를 참고로 하여 지역위원회에서 독자적으로 편집한 것이라고 한다.[3]

교토 부 내에서도 2월에 미리 초·중학교에 '성적' 향상을 위해 계획서를 정리하게 하고 각 학교에서는 예상문제를 작성하여 봄방학 숙제로 내거나 문부과학성이 만든 예비평가 문제에 대비토록 했다고 한다. 이는 '학력진단평가가 경쟁을 부추기는' 것으로 교사들이 모인 교육연구 전국집회에서 화제가 되었다.[4]

게다가 이번에는 OX식도 선택지도 아닌 일본인에게는 친숙하지 않은 사고 과정을 묻는 자유기술식 문제, 즉 'B문제'가 나왔다. 그런데 여기서도 어려운 문제가 생겼다. 기술식 채점에 익숙하지 않았기 때문에 채점기준이 두세 번 바뀌었다. 채점이 시작된 지 한 달이 지났는데도 채

---

1 _ 「中國新聞」, 2007. 5. 12.
2 _ 「朝日新聞」, 2007. 5. 12.
   http://www2.asahi.com/edu/chousa2007/news/OSK200705160089.html
3 _ 「朝日新聞」, 2007. 5. 17. 大阪版.
4 _ 「朝日新聞」, 2007. 8. 26.

점장은 여전히 큰 혼란에 빠졌던 것이다.[5]

또한 사람들의 관심이 전국학력평가에 집중될 무렵 도쿄 도 아다치 구의 구(區) 자체 학력평가에서 부정사건이 일어났다.

2006년 4월에 실시한 구(區)학력평가에서 어느 초등학교 학교장은 세 명의 장애 아동 답안지를 마음대로 집계에서 제외시켰다. 그 결과 지난 해 72개교 중 44등이던 이 초등학교의 성적이 1등으로 뛰어 올랐다고 한다.[6]

또한 다른 초등학교에서는 학교장과 교사 다섯 명이 시험 중에 답을 잘못 적은 아이들에게 문제의 지문을 가리키는 식으로 주의를 주었다.[7] 구교육위원회는 이와 같은 부정행위를 조사한 뒤에 기자회견에서 실례를 공표했다. 시험 경쟁을 부추기면 이렇게 될 것이라고 예상할 수 있는데도 구(區)에서 주관하는 시험은 아직도 계속되고 있다고 한다. 왜 이와 같은 시험을 쳐야 하는 걸까? 수상의 자문기관인 교육재생회의는 '교육 현장에 경쟁원리 도입' 방침을 밝혔다.[8] 시험 결과를 학교 선택 자료로 삼는다고 한다. 이제까지 교육의 역사에 없었던 새로운 시험 목적이 지금 일본에 등장한 것이다. 그리고 아베 전 수상은 그런 경쟁 시스템 모델을 영국에서 찾았으며, 2006년 7월에 다음과 같이 말하였다.

"전국적인 학력 진단평가를 실시하여 그 결과를 공표하도록 해야 하는 것이 아닌가?"

---

5 _ 『朝日新聞』, 2007. 6. 15.
　　http://www2.asahi.com/edu/chousa2007/TKY200706140340.html
6 _ 『朝日新聞』, 2007. 7. 8. http://www2.asahi.com/edu/chousa2007/TKY20070707410.html
　　및 http://mfeed.asahi.com/edu/news/TKY200707080125.html
7 _ 『東京新聞』, 2007. 7. 8.
8 _ 敎育再生會議 · 第2次報告, 「社會總がかりで敎育再生を」, 2007. 6. 1.
　　http://www.kantei.go.jp/jp/singi/kyouiku/houkoku/honbun0601.pdf

"우리가 실시하고자 하는 것은 대처 개혁이 수행했던 학교평가제도의 도입이다."[9]

이와 같은 경쟁적인 학교 재편은 어떤 결과를 낳게 될 것인가? '고수입 세대일수록 경쟁 중시'[10]라며 신문은 2005년에 다음과 같은 자료를 보도하였다. 평등보다도 경쟁을 중시한다는 의견은 연 수입 200만 엔 미만의 부모의 경우 48%이지만 1000만 엔 이상의 경우 77%나 되었다. 예를 들면 연 수입 200만 엔 미만의 부모는 학원 교육에 대해 49%가 찬성하는 데 반해 1000만 엔 이상의 부모는 65%나 되어 고수입 세대일수록 자녀 교육에 대해 구체적으로 대처하고 있다는 기사다. 학교선택제도에 이와 같은 결과가 나타나면 부모의 수입에 따라 학교의 구획이 생긴다. 교육행정연구자 미네이 마사야[嶺井正也] 센슈 대학[專修大學] 교수는 도쿄 도에서 시행하고 있는 학력시험 상황을 분석하면서 "학력시험 성적이 부진한 학교일수록 취학원조 수급률이 높은 경향이 있어 양자 사이에는 상관관계가 있다."[11]고 지적한다.

격차의 고정이다. 사회적 격차를 전제로 학교 평가를 올리기 위해 공부를 시킨다. 이러한 것을 학교 교육의 목적으로 삼아도 되는 것일까? 적어도 의무교육의 목적은 모든 아이들을 사회에서 (행복하게) 살아갈 수 있도록 기르는 것이 아니었던가?

지금 일본에서는 어린이도 부모도, 그리고 교사도 경쟁에 내몰리게 되었다. 저학력 → 학력 향상 → 시험경쟁이라는 묘한 논리에 말려들어

---

9 _ 安倍晋三, 『美しい國へ』, 文藝春秋, 2006, 209 · 211쪽.
10 _ 『讀賣新聞』, 2005. 2. 6. 자료는 요미우리신문사가 실시한 '교육'에 관한 전국조사.
11 _ 『埼玉新聞』, 2007. 7. 1, 쿄오도통신배신(共同通信配信).

버렸다. 이는 일찍이 '지육편중(知育偏重)', '수험학력', '편차치교육'[12] 등으로 일본사회가 비판해 왔던 것이 아니었던가?

어른들은 이렇게 낭패를 당했지만 국제화시대에는 학생 자신이 교육과 시험의 본질을 냉정하게 보는 사례도 있다. 고베의 한 중학생(14세)은 신문에 다음과 같은 글을 투고했다.

"저는 작년 7월까지 약 4년간 캐나다에 살았습니다. 그곳 중학교에는 일본과 같은 중간고사, 기말고사가 없었습니다. 대신 교과의 단원마다 작은 시험이 있었습니다. 수업을 이해하고 있다면 시험은 거의 모두 알 수 있는 내용이었고 시험이 끝난 뒤에도 그 내용을 잘 기억하고 있었습니다.

시험 전에 공부해서 좋은 점수를 얻더라도 머지않아 잊어버리는 일이 허다합니다. 시험의 목적은 점수만이 아니라 수업 내용을 익히는 것이라고 생각합니다. 최근 신문에서 핀란드 교육에 대해 읽었습니다. 저는 시험이 없는 핀란드의 교육 방법에 찬성합니다. 핀란드에서는 선생님이 수업 중에 잘 모르는 것이 있으면 한 사람 한 사람에게 철저하게 가르쳐 준다고 합니다. 이 방법이라면 학생들의 학력을 파악하기 위한 시험은 필요 없을 것입니다.

저는 캐나다와 핀란드처럼 시험에 구애되지 않는 교육 방법이 좋습니다. 일본에서도 시험 방법에 대해 다시 생각해 봤으면 좋겠습니다."[13]

---

12 _ 역주: 시험 응시자의 평균에서 편차를 고려하는 것으로 시험 결과를 항상 상대화, 서열화해서 평가하는 입시경쟁교육의 폐해를 상징한다.

13 _ 『朝日新聞』, 2007. 7. 29, 聲の欄,「テストの目的, 点數より理解」

필자는 생각지도 않은 일로 핀란드와 관련하여 이 년 반을, 이전의 책 『경쟁을 그만두면 학력은 세계 제일』(아사히선서)[14] 이후로 일 년 반을 보냈다.

그 사이 핀란드 교육에 관한 강연을 100회, 주 1회씩 홋카이도에서 오키나와까지 일본 전역을 돌며 강연해 왔다. 어느 때는 문화회관의 대강당에서, 어느 때에는 중학교 체육관에서 강연을 했다. 강연 대상자는 대부분이 초등학교, 중학교 교사였지만, 최근에는 젊은 어머니나 연배의 아버지도 늘어갔다. 강연을 마치면 일본 각지의 교사들 반응 중에는

"좋네요, 핀란드는."

"저도 핀란드에 가고 싶네요."

라는 말이 자주 나온다.

그 가운데는

"핀란드와 일본은 다르기 때문에 그대로 따라할 수는 없습니다."

"다른 시각으로 일본을 보면 힘들겠구나 하는 생각이 들어요."

라며 강연회를 매듭짓는 사회자도 많다.

이는 강연하는 측으로서는 허망한 순간이다. 일본을 반영하는 거울로서 핀란드를 들었고, 이후 일본은 어떻게 하면 좋을지 각자 생각해 보도록 강연해 왔다.

핀란드는 단순히 개혁을 해 왔던 것이 아니라 그야말로 최악의 경제에서 고뇌하면서 '엄청난' 생각으로 여기까지 온 것이다. 그렇기 때문에

---

14 _ 역주: 福田誠治, 『競爭やめたら學力世界一 — フィンランド敎育の成功』(朝日選書797)(朝日新聞出版, 2006. 5.) 다음은 우리말 번역서이다. 후쿠타 세이지 지음, 나성은·공영태 옮김, 『핀란드 교육의 성공(경쟁에서 벗어나 세계 최고의 학력으로)』(서울: 북스힐, 2008)

일본 역시 대단한 노력을 하여 완수해야 할 일이 있을 것이다. 그것은 교사나 부모가 '이 때문에 좋았다'고 할 수 있는 교육이나 육아 방법을 어떻게 만들어 내는가 하는 문제이다. 핀란드였기 때문에 가능한 것이라든지 일본도 핀란드식으로 하자는 것이 아니다.

우리가 희망하는 교육은 무엇인가? 그것은 무엇보다 아이들의 자립을 추구하고 아이들의 자립을 지원하는 교육이다. 이를 어떻게 일본에서 실현할 것인가? "그러나 일본에는 시험이 있지 않은가?"라는 반론도 있을 수 있다. 그러니까 지금이야말로 교사였던 교육관계자들이 자립하여 살 수 있는 사람을 길러야 한다고 사회에 목소리를 내야 하지 않을까?

부모도 아이도 수험체제에 휘말려서 자신을 잃어버린 듯한 이 현실에서 교육관계자야말로 전문가적 견지에서 "교육이란 무엇인가"라는 발언을 하지 않는다면 누가 한단 말인가?

지금 일본의 교육은 크게 바뀌고 있다. 국립대학은 독립행정법인화되고 탑다운 방식의 관리가 철저해지며 수치에 기초한 업적평가가 진행되고 있다. 다른 한편으로 공립 초·중학교에도 학교선택제가 도입되고 공립 중고일관교 교육제도가 만들어진다. 게다가 전국학력평가가 부활해서 점점 학력경쟁이 심해지고 있다. 일본의 교육은 어디로 향하고 있는 것일까? 어디로 가는 것인가?

전 수상이 영국 교육을 모델로 한다고 말한 이상 일본의 교육이 다다를 곳을 헤아리기 위해서는 영국의 교육을 조사해 볼 필요가 있다. 이 책은 "영국의 교육이 어떻게 변화해 왔는가", "그것은 왜인가", "다른 길은 없었던 것인가"라는 질문을 던지며 필자가 도달했던 결론이다.

덧붙여 이 책에서는 한 지역을 가리킬 때 잉글랜드라고 번역하여 영국과 구분한다.

'영국의 교육개혁'은 대처 수상(당시)에서 시작한 1988년 교육법에 기초한 일련의 교육개혁을 가리킨다. 이 책에서는 보수당 마거릿 대처(재임 1979~1990)에서 시작해서 보수당 존 메이저(1990~1997), 나아가 신노동당이라고 불리는 노동당 토니 블레어(1997~2007) 수상으로 이어져 온 일련의 영국 교육개혁을 가리켜 '대처 교육개혁'이라고 부른다.

혼란을 피하기 위해서 교육부라는 명칭을 일관해서 사용하지만 관련된 행정 정식명칭은 교육과학부(1965~), 교육부(1992~), 교육고용부(1995~), 교육가능부(2001~), 어린이·학교·가정부로 변경되었다. 또한 교육의 '부'는 부(Department)라고 불리며, 그 '장'은 장(Secretary)이기 때문에 장관이라는 호칭 방식이 정확하지만 일본과 비교하기 쉽게 교육상(敎育相)이라고 부르기로 한다.[15]

1988년 교육개혁법(Educational Reform Act 1988)은 1988년 교육법이라고 한다.

또한 국가 진단평가(National Assessment), '국가교육과정시험(National Curriculum Test)', '국가시험(National Test)', '전국학력시험(SAT: Standard Attainment Tasks 혹은 Standard Assessment Test)'은 실제가 같기 때문에 전국학력평가로 통일했다. 또한 SAT란 미국의 '대학수능시험(Scholastic Aptitude Test)'과 중복된 호칭방식이다.

'리그 테이블(League Table)'은 '성적일람표'라든가 '학교순번표' 등

---

15 _ 역주: 우리말 번역에서는 원래대로 부와 장관으로 옮긴다.

으로 번역되지만 이 책에서는 '성적일람표' 내지 '성적 일람표(League Table)'로 번역했다.[16]

---

16 _ 역주: 학교의 순위 경쟁의 의미를 드러내기 위해서 역자는 학교순위표로 옮긴다.

차례

4장 모두가 승자다 - 전국학력평가 이탈로……

5장 일본이 가야 할 곳은 어디인가

1장

수업도 학교도 변해버렸다 – 영국의 현재

UNITED
KINGDOM

1장 수업도 학교도 변해버렸다 - 영국의 현재

FINLAND

시험과 목표를 폐지하라고 요청하는 정치가들은
'앨리스의 이상한 나라'에 살고 있다고 말해야 할 것이다.
찰스 클라크 교육부장관[1]

1988년 대처 교육개혁이 시작되기 전 영국 교육은
자유였다. '공장이나 국가의 요구에 따르도록 훈련받는 로봇'[2]이 아니
라 인간을 형성하고자 하는 '가정 · 교육' 운동도 있었다. '학교에 억지
로 가지 않거나 일정 연령의 아이를 한군데 모아서 교육하지 않더라도
괜찮지 않은가'라는 생각조차 영국 사회는 용인하고 있었다.

영국식 수업

1987~89년에 워릭 대학교에 유학하고 근처 로얄 레밍턴 스파에 살면
서 그 지역 밀버턴 초등학교에 아이를 보낸 이에타 아이코는 당시 영국

---

1 _ 『BBC 뉴스』, 2003. 4. 25.
2 _ Education Otherwise, 相澤恭子他譯, 『學校は義務じゃない－イギリスホーム · エデュケーシ
ョン實踐の手引き』, 明石書店, 1997, 3쪽. 웨이드를 대표로 하는 운동가들의 저서로, 원서는
1981년에 초판, 1985, 1993, 1996년으로 인쇄를 거듭하고 있다. 일본 번역서 서론에는 "자기
자신의 생각을 확실히 가지면서 주위 사람과 힘을 합칠 수 있는 사람, 공장이나 국가의 요구에
따르려는 훈련된 로봇이 아니라 다른 사람과 지구 전체를 염려할 수 있는 사람, 우리들은 그러
한 인간을 필요로 하고 있습니다."라고 쓰고 있다.(역주 : 해당 원서는 다음의 것으로 대안교육,
특히 홈스쿨링에 대해 안내하고 있다. School is Not Compulsory: Essential Introduction to
Home-based Education(Education Otherwise Publication, 1996.)

초등학교를 다음과 같이 묘사하고 있다.

"일본 학교처럼 반에 모여서 일제히 같은 것을 배우는 수업이 아니다. 분반이 되어 있어서 '자기들의 교실'이라는 공간은 공유하고 있지만 아이들은 제각각 자기 능력에 맞춰 공부한다."

"출발점에서 같지 않다면 도달점에서 같은 것을 추구할 필요도 없다. 모든 아이들을 서로 다른 개성과 능력을 가진 것으로 인정하고 있으며 아이 자신도 그것을 자각하고 있다. …… 거기에 배제의 감정이 생길 리가 없다."

"칠판을 사용하는 빈도는 일본과 비교하면 현저히 적다. 수학도 영어와 마찬가지로 아이마다 진행상황이 다르기 때문에 반 전체에서 같은 것을 설명하는 일이 적다."

그러나 이러한 밀버턴 초등학교도 한 사람 한 사람에게 맞춘 자유로운 교육을 하기 전에는 "일본에서 보통 하고 있는 것처럼 같은 교과서를 반 전체 어린이에게 일제히 가르치는 방식으로 수학을 가르쳤다."[3]고 한다. 일제 수업을 하면 반은 항상 웅성거렸다. 이해하지 못한 아이는 흥미가 사라져서 떠들었고 너무 쉽다고 여기는 아이는 재미가 없어서 떠들었다. 영국의 많은 학교는 일제 수업을 폐지하였고 모든 아이들이 각각 자각하며 배우게 되었다. 그 뒤 "교실은 몰라보게 조용해졌다."[4]고 한다. 또한 학교장은 "특히 연구에 열심"이다. 그것은 "무엇을 어떤 교

---

3 _ 家田愛子, 『ママ學校だいすき－母と子のイギリス留學記』, 勞働旬報社, 1990, 99–103쪽.
4 _ 家田愛子, 『ママ學校だいすき』, 앞과 동일, 104쪽.

재로 가르칠까 하는 결정권이 각 학교마다 부여되어 있기 때문일 것"이라고 이에타 아이코는 분석한다. 이에타 아이코는 다음과 같이 영국학교를 정리하였다.

"모든 아이들에게 학교는 '배우는 장소'이다. 학생들에게 생기 있게 학교생활을 할 수 있도록 세세하게 배려를 한다는 것을 직접 피부로 느낄 때가 많았다. 그것은 '결정'이 가장 가까운 곳에서 이루어지기 때문일 것이다."

"각 학교의 양식에 맡겨진 자유재량은 '지도요령'에 구애받지 않고 '수업에 못 따라가는 아이인가 그렇지 않은가' 하는 구별 '기준'도 없이 어린이 본래 교육을 가능하게 한다. 영국에는 '수업에 못 따라가는 아이' 라는 말조차도 없었던 것이다."[5]

이에타는 영국의 자유로운 교육 배경까지 분석하고 있지만 이러한 묘사는 오늘날 핀란드 교육과 꼭 닮았다.

자유로운 영국 학교 교육은 교육관계자의 노력에 의해 급속하게 보급되었다고 한다. 그 전환점은 1967년 발표된 『플라우던 보고서』[6]였다. 『플라우던 보고서』는 당시 영국 노동당이 추진하던 복지국가 형성의 사회적 풍조 속에서 주입식 교육을 부정하였고 아이들이 여러 경험을 통해 배운다는 활동주의 교육법을 추진시켜 아이들의 상황에 따라 실질적

---

5 _ 家田愛子, 『ママ學校だいすき』, 앞과 동일, 110-111쪽.
6 _ Children and their Primary Schools: Report of the Central Advisory Council for Education in England, HMSO, 1967. 이른바 『플라우던 보고서(Plowden Report)』이다.

으로 평등한 교육을 실현하고자 하였다. 이 보고서는 통합교육이나 이른바 '수업에 못 따라가는 아이'를 없애는 '적극적인 약자 우대 조치(affirmative action)'의 입장에 서 있었다. 이 보고서의 영향으로 자유로운 교육이 영국 전체에 보급되었던 것 같다.

1991년부터 2년간 워릭 대학교에 유학하며 근처 코벤토리에서 가족과 같이 살면서 아이의 학교 교육을 체험한 교육사회학자 시미지 코우키치는 다음과 같이 당시 수업을 '경악'이라고 묘사하고 있다.

"십인십색이 아니다. 이십오인이십오색이라고 해야 할 수업이 전개되고 있었다. 수학시간이었다. 어린이들은 제각각 자신의 활동을 수행하고 있었다. 개개인의 학생 능력과 진도에 맞추어 교사가 활동과제를 할당하고 아이들은 개별적으로 과제물을 수행하였다. 선생님의 역할은 가르친다기보다는 장을 정리하는 조직자의 역할이었다."[7]

학생에게 개별적으로 대응하는 이같은 수업은 필자가 현지보고 했던 핀란드의 초등학교 수업과 같은 것이다.[8]

시미지 코우키치는 일본과 비교하면서 당시 영국 초등학교의 특징을 다음과 같이 열거하고 있다.[9]

---

7 _ 志水宏吉, 『変わりゆくイギリスの學校 ―「平等」と「自由」をめぐる教育改革のゆくえ』, 東洋館出版社, 1994, 11쪽.

8 _ 拙著, 『競爭やめたら學力世界第一 ― フィンランド教育の成功』(朝日新聞社, 2006), 『格差をなくせば子どもの學力は伸びる』(亞紀書房, 2007)

9 _ 志水宏吉, 『変わりゆくイギリスの學校』, 앞과 동일, 34쪽.

❶ 반의 학생 수가 적다(거의 25명 이하).

❷ 수업 시간 단위가 길며(표준이 70분) 쉬는 시간도 길다.

❸ 학생이 같은 시간에 다른 내용을 공부하고 있다.

❹ 공부, 특히 수학이 쉽다.

❺ 특별한 교육적 요구가 있는 어린이도 함께 공부한다(보조 교사가 필요할 때 응한다).

❻ 교과서는 개인 소유물이 아니라 모두가 공유한다.

❼ 공책, 연필, 자 등 학용품은 학교가 준비한다.

❽ 운동장이 넓고 저학년용과 고학년용이 있다.

❾ 스쿨디너라고 불리는 학교급식이나 도시락 중에서 선택한다.

❿ 스쿨디너는 뷔페식으로 되어 있고 먹을 것을 선택한다.

⓫ 과자나 시계를 갖고 와도 좋다.

⓬ 다른 학년, 다른 반 아이와 유대가 강하다.

⓭ 토요일은 쉬고 학기 도중에 하프타임이라는 일주간 방학이 있다.

⓮ 아이들의 방학 중에는 선생님도 학교에 나오지 않는다.

⓯ 어른들이 등하교를 시켜주어야 한다(10세 이하의 경우).

⓰ 어머니들이 도우미로서 수업을 돕는다.

⓱ PTA가 기회가 있을 때마다 돈을 거둬서 학교 건물 수리비나 교재비에 보탠다.

여기 ①③④⑤⑥⑦⑩⑭는 오늘날 핀란드 학교와 같은 것이다. 그러나 1988년의 대처 교육개혁으로 이 항목 중 ③④⑤가 특히 변화되었다. 영국에서는 수업이 변화하고 있는 중이었다. 어느 교사는 다음과 같이 말하고 있다.

"옛날이라면 뭔가 이야깃거리를 주고 아이들이 참여하지 않을 때에는 중요한 것만 강조하고 다음 주제로 옮겼다. 거꾸로 아이들이 관심을 보일 때에는 시간을 많이 내서 주제를 파고들어 공부했다. 그러나 지금은 그런 식이 불가능하다. 왜냐하면 시험이 있기 때문이다. 학생들이 이러이러한 도달목표를 달성했는지, 이러이러한 수준에 도달했는지 하나하나 확인하지 않으면 안 되기 때문이다. 문서 업무가 많기 때문에 평소처럼 학생들의 흥미를 깊게 해 줄 시간이 없다."[10]

중등학교에서는 시험 외에 자유과제 연구보고서와 같은 학습과제도 평가를 한다. 가령 예전에는 영어(국어)가 100% 학습과제로 평가되던 시절도 있었다. 그런데 1992년부터 국가가 정하는 새로운 수업계획서에 따라 이 학습과제는 40%로 줄었다. 평가는 외부시험만으로 충분하다는 이유에서이다.

"자연발생적인 것인지 자발성이 사라져버렸다. 얼마 전까지만 해도 가정에 어떤 일이 생기면 우리반 아이들과 공유했다. '이런 일이 있었어요. 여러분은 어떻게 생각해요?'라는 식으로. 그러나 지금은 전혀 그렇게 하지 못한다."[11](초등학교 교사, 경력 9년)

---

10 _ 志水宏吉, 『変わりゆくイギリスの學校』, 앞과 동일, 128쪽.
11 _ NUT, *The Case against National Curriculum Tests*, 2003. http://www.teachers.org.uk

교사들의 업무는 어떻게 변하였는가?

　"교육보도기관은 얼마 지나지 않아 신체제에 절대적으로 필요한 서류
작성 작업이나 기록보관 작업이 크게 증가했다고 보도했다. 그리고 곧 국
가교육과정이 요구하는 많은 일들은, 특히 초등학교에서는 교사 개개인
의 작업 한계를 넘어버리게 될 것이라고 예견했다."[12]

　연구서는 이상과 같이 지적하고 있다. 여기서 '국가교육과정'이란 일
본의 학습지도요령에 상당하는 것이지만 이에 대해서는 후술한다.

이 길은 언젠가 왔던 길

필자 자신의 체험에서도 영국 교육의 변모방식은 강렬한 인상을 주었
다. 1988년 영국은 요동치고 있었다. 1979년부터 수상 자리에 있었던
대처가 그 당시에는 보수당도 노동당도 생각지 못한 '결정적이고 괴멸
적인 타격을 끼친'[13] 교육개혁을 단행했기 때문이다. 필자는 뜻하지 않
게 1988년 가족과 같이 버밍엄에 살게 되었다.

　텔레비전에서는 어린이 방송 '토마스 기관차'를 방영하고 있었다. 닭
장에서 달걀을 훔쳐 달아난 아이의 조마조마한 소동이 10분이나, 아니

---

12 _ Roy Lowe, *The Death of Progressive Education : How teachers lost control of the classroom*, Routledge, 2007, p.100.
13 _ 森嶋通夫, 『時代のイギリス－その政治, 経済, 教育』, 岩波書店, 1989, 155쪽. 모리시마(森嶋)는 학문에 미치는 영향에 대해 쓰고 있으나 필자는 교육 전체에 대해서도 마찬가지라고 생각한다.

20분도 더 지속되는 참으로 한가롭고 태평한 것이었다. 당시 1년 전부터 체재하고 있던 일본인 지인 집에 초등학교 남자아이가 둘이 있었다. 집에는 일본에서 가져 온 일체형 비디오 모니터가 있었다. 어느 날 일본 만화영화를 켜자 영국 아이들이 도망가 버렸다고 한다. 로봇이 큰 소리를 내며 싸우는 것이 당시 영국 아이들에게는 충격이었던 것 같다. 이후 그 가족은 '도라에몽'만 본다고 하였다.

십수 년이 지난 뒤 런던 윔블던에서 살면서 한시적으로 해외일본인학교 강사 일을 하던 코바야시 테루야의 가족을 방문했을 때의 일이었다. 아이들은 일본식으로 말하면, 여유 교육을 받고 있었다. 열여섯 살 딸은 원의 넓이를 계산하기 위해서 모눈종이에 원을 그리고 종이에 기다란 직사각형을 그었다. 칸을 세어서 넓이를 낸 뒤 그 종이 그대로의 넓이를 계산식으로 삼고, 나아가 전체를 하나의 계산식으로 다시 옮겼다. 적분 활동을 통하여 원의 넓이 공식을 만들고 있었다. 일본 아이라면 그런 식으로 시간을 보내기보다 $S=\pi r^2$이라는 식을 바로 떠올려 문제집의 계산문제와 응용문제를 해치웠을 것이다.

열 살 된 남자아이의 키가 작아 보여 필자는 부인에게 실례되는 질문을 하고 말았다.

"아이 키가 평균보다 어떤가요?"

일본인은 쉽게 비교하고 싶어 한다. 그러자 코바야시의 아내는,

"이 나라에는 표준이라는 사고방식이 없는 것 같아요. 민족에 따라서는 일본 아이보다 더 작기도 하고 가지각색이기 때문에 표준이라니요?"라며 나를 깨우쳐 주었다. 그 당시 영국에는, 바꿔 말해 대처 교육개혁 이전까지는 문화나 인간의 다양성이 전국 어디서든 인정되고 있는 듯하

였다.

　필자가 체재한 버밍엄 대학교 러시아·동구연구소에서는 아침 10시가 되면 꼭대기 층 담화실에서 교수와 사무직원이 모두 모여 커피나 홍차를 마시면서 세상에 대한 이야기로 꽃을 피웠다. 세계적으로 저명한 소비에트 경제에 관한 역사학자 로버트 데이비스(Robert William Davies) 교수도 와서 '고르바초프가 어떻게 했다', '페레스토로이카는 어떻게 되는지' 등 격의 없이 이야기를 나눴다. 그 가운데에서 여러 가지 연구 아이디어도 나왔다. 점심 식사도 12시부터 2시에 걸쳐 천천히 가졌다. 그리고 오후 4시가 되면 또 차를 마시는 시간을 가졌다. 창조성을 북돋우는 좋았던 옛 시절 참된 학문을 하는 대학이 아직 거기에 있었다. 가정에 비디오도 보급되지 않았고 길 위에 자동판매기도 없었으며 외출할 때는 포터에 홍차를 넣어 다니던 시절이었다.

　그로부터 약 10년 후인 1997년 봄, 다시 필자가 체재하게 되었던 버밍엄 대학교 러시아·동구연구소는 건물은 더 커졌지만 차 마실 시간은 사라져 버렸다. 대처 교육개혁에 따라 출판점수 등으로 연구소 활동이 평가되고 연구비 지급도 달라졌다. 1996년에는 그 연구소가 1위를 했다고 소장이 자랑하였다. 물론 더 많은 연구비가 지급되었다. 그러나 그 덕분에 연구자들은 점심시간의 휴식조차도 변변히 얻지 못하게 되었고 '자주적인' 연구발표회라는 형태로 시간외 수업을 해야만 했다. 이제 천천히 생각을 나눌 시간은 사라져 버렸다. 성과를 올리기 위해서 학문의 전당에까지 경쟁이 밀어닥친 것이다.

　그 해 영국의 거리에도 비디오나 게임기가 넘쳐났다. 아이들은 자극적인 세계에 내팽개쳐졌다.

그리고 다시 이 해 1997년 5월에는 노동당이 선거에서 승리하고 당수였던 토니 블레어가 수상의 자리에 앉았다. 사람들은 이것으로 세상이 바뀌어 영국이 복지사회로 돌아갈 것이라고 환영했다. 왜냐하면 전후 일관되게 복지정책을 추진해 왔던 것이 노동당이었고 그것을 보수당의 대처가 부정했다는 역사적 구도가 이루어져 있었기 때문이다.

그런데 학교를 능력경쟁의 장으로 바꿔 학교제도를 아이들의 선별기구로서 기능하게 했던 대처주의는 신노동당이라는 노동당의 교육 정책에 그대로 인계되었다.

영국사회는 현대에도 여전히 계급제도를 농후하게 남기고 있다. 노동자라 불리는 하층계급은 의무교육의 수료가 고작이다. 중간층이라 불리는 중산계급은 의무교육 종료 후에 전문학교 교육으로 마치는 하층과 부부 모두 대학 졸업을 하는 상층 등으로 분화된다. 게다가 몇 퍼센트 귀족계급과 거기에 준하는 부유층이 있어 그 아이들이 옥스퍼드와 캠브리지라는 초일류사립대학의 절반을 독점한다.

신노동당은 이와 같은 격차사회에서 복지를 기대하지 말고 스스로 노력하여 경쟁에 참가하라고 노동자 계급에게 말하고 있다. 지금까지 수험경쟁과 무관한 노동자계층을 능력경쟁에 끌어들였던 것이다. 어떤 의미에서는 노동자 계급에게도 학력경쟁의 도전 기회를 부여하려고 했던 것으로 이해할 수 있다. 그러나 실제 학교 선택을 적극적으로 하거나 경쟁사회에서 결실을 낼 수 있는 것은 아이들에게 충분한 교육을 준비할 수 있는 여유 있는 중산계급이다. 노동자계급이나 하층계급은 뒤쳐져 점점 격차는 커져갔다.[14]

상심이 커 간다

시험을 위한 공부는 학습 과정에서 사고 활동을 배제하는 경향이 있다. 그것은 결론과 결과만을 문제로 삼기 때문이다.

2005년이 되자 작가들은 문학작품이 단편적으로 잘려 시험문항에 사용되는 것은 유감이라며 에세이집에 반대의 목소리를 냈다. 아이들은 형용사나 동사를 열거하는 것보다 이야기 전체에서 감동을 받고 등장인물의 살아가는 방식에 공감하거나 반발할 때 사고가 성장한다.

예를 들면 2004년 5월 12일 잉글랜드에서는 60만 명이 시험을 친 11세 전국학력평가 영어시험에서 어떤 사건이 발생했다.

한 어머니가 BBC 뉴스 온라인에 전화를 걸었다. 영국 햄프셔 주에 사는 린 페인터라는 이름의 이 여성은 열 살 된 딸과 또 한 명의 여자 아이가 시험을 치는 도중에 울어버렸다고 했다. 그리고 "딸은 학교에서 돌아와 시험에 나온 이야기 때문이라고 말하면서, 답안지에 묻은 눈물 자국이 시험 점수에 영향을 줄지 물었다."[15]고 한다.

여자 아이의 할아버지가 뇌졸중으로 "다리가 와들와들 거리고 근육이 덜덜 떨렸다."는 지문은 여자 아이의 마음 상태를 잘 나타내고 있었다. 퇴원 후에는 할아버지가 이전과는 완전히 달라져 "거의 하루 종일 따뜻한 난롯가 의자에 힘없이 기대어 앉아", "눈은 멍하니, 때때로 어린 아이처럼 밥을 뚝뚝 떨어뜨렸다."고 지문의 주인공은 말한다.

---

14 _ 사회의 하위계층의 형성에 대해서는 다음 사누키 히로시의 책이 상세하다. 佐貫浩, 『イギリスの教育改革と日本』高文研, 2002.

15 _ 『BBC 뉴스』, 2004. 5. 13.

전국학력평가는 할아버지가 병원에서 퇴원했을 때 주인공의 기분에 대해서 기술할 것을 요구했던 것이다.

이 사건에 대해 노팅엄 주 벤팅크 초등학교 교장이며, 전(前) 전국교사조합(NUT) 위원장이었던 존 일링워스(John Illingworth)는 전국학력평가가 얼마나 결함이 심각한지 보여주는 일례라고 말하고 있다.

"할아버지의 죽음에 관한 문제지를 받았을 때 수십만 아이들 가운데에는 최근 할아버지가 돌아가신 아이들도 있었을 것이다. 그것은 아이들에게 틀림없이 영향을 끼쳤을 것이다."

"국가 평가가 안고 있는 문제는 어느 날 어떤 아이가 친 어떤 시험이라는 것이다. 만약 어떤 이유로 아이들이 그날 마음이 심란했다고 하면 그것은 결과에 영향을 끼쳤을 것이다."

문장이란 의견이나 감정을 전달하는 것이다. 문장을 읽고 감동하여 깊이 생각에 잠긴다면 그것이 본래의 '독해력'일지 모른다. 그러나 그런 것으로는 시험 점수를 얻을 수 없다. 시간 내에 해내야 한다면 자신의 감정을 누르고 지문에 있는 여자 아이의 감정을 간파하여 문장으로 설명하지 않으면 안 된다. 뭔가 이상하지 않은가?

물음의 대상은 본문 중의 여자 아이의 감정이지 자신의 감정이 아니다. 자신의 감정을 억누르고 상대의 감정을 읽는다는 것이 가능한 것일까? 오히려 시험 준비를 많이 시키면 시킬수록 자기의 감정을 누르면서 시험 치는 것을 터득하여 그 결과 상대의 감정도 이해할 수 없게 되어버리는 것은 아닐까? 평가는 모처럼 기른 '독해력'의 성과를 쓸모없게 만드는 것은 아닐까?

존 일링워스의 말처럼 개인적인 체험이 매우 큰 영향을 끼치는 예가 있고 지문에 따라서는 불공평함이 생기는 것도 부정할 수 없다. 그러나 그 영향은 소수에 그치지 않고 모든 학생에게 미치는 것으로 보아야 한다. 아이들의 상황에 맞춰 마음과 지식을 길러야 한다. 감동하는 마음도 규칙에서 벗어나는 지식도 허락하지 않고 생활 속에 나오는 아이들의 구체적인 흥미와 관심을 무시하고 반 아이들의 그때그때의 상황과도 무관한 전국의 획일적인 수업을 도대체 교육이라고 말할 수 있을까?

교실은 침묵을 지키는 장소로

1988년 교육법이 만들어 낸 수업 시스템에 관해 어떤 연구자는 다음과 같이 말한다.

> "활동적인 학습자인 플라우던의 아이들은 말 없는 독자로, 인내심 강한 청중으로 바뀌어 버렸다. 교실은 침묵하는 장소가 되었고 학생들은 지금 자신의 경험을 공부해서 표현하는 것이 불가능해져 버렸다."[16]

플라우던의 아이란 개별학습이나 활동주의 수업을 중시한, 앞서 말한 『플라우던 보고서』의 영향을 받은 아이들을 의미한다. 이렇게 해서 학교는 아이들이 있기 힘든 장소로 바뀌었다.

---

16 _ Stephen J. Ball, *Education Reform : A critical and post-structural approach*, Open University Press, 1994, p.45.

1997년 3월 영국 제2의 교사노조, 전국교원 및 여교사노조(NASUWT)는 10만 명의 학생들이 '파괴적'이어서 특수학교로 옮겨서 수업을 해야 한다고 성명을 발표했다. 영국은 특별조치가 필요한 학생의 교육을 보통학급에서 실시하는 이른바 통합교육을 30년 가까이 추구해 왔다. 1981년 교육법에서도 가능한 한 통합교육을 추구하려는 자세가 관철되어 있었다. 그런데 대처 교육개혁 이후 사정은 달라졌다. 학교는 경쟁을 시키는 곳이 되어버렸다. 그 때문에 보통학교에서 속 썩이던 '문제아'가 거추장스럽게 된 것이었다. 1990년대 중반 4년 동안만 보더라도 퇴학생의 수는 무려 연간 2500명에서 1만 1000명으로 해마다 급증하였다. 대부분 이유는 그들의 '문제행동', 다시 말해서 수업방해 때문이라고 한다.[17]

이런 이유로 전국교원 및 여교사노조는 통합교육은 교실 파괴를 초래하며, 분리야말로 바라는 것이라고 주장하기 시작한 것이다.

또한 전국교원 및 여교사노조는 학교관찰과 학생 평가 등으로 교사는 관료적 행정에서 초래된 과중부담을 괴로워하며, 이 상태가 개선되지 않으면 보이콧을 하겠다고 성명서에 덧붙여 놓았다. 그 외에도 수업을 하고 있는 해당 교사의 최고 연 수입이 2만 1000파운드밖에 안 되어 이를 3만 파운드로 인상해야 한다고 주장하였다. 당시 영국의 사무직 수준에서 말하면 임금 인상을 하고 나야 가까스로 비슷해질 정도이다.

이와 관련해서 말하면 영국 교사는 각 학교에서 채용되지만 공립학교의 교사는 공무원이며 현재 그 급여는 전액 국고부담이다.

---

17 _ 『인디펜던트』지, 1997. 3. 19.

표 1-1 　잉글랜드 학교종별 학교 수와 학생 수

		학교 수		학생 수	
		2003년.	2000년 대비	2003년	2000년 대비
공립	초등학교	17,861	▽208	4,309,034	▽ 97,166
	중등학교	3,436	▽ 45	3,308,033	▽ 76,233
	특수학교	1,088	▽ 25	88,931	▽ 2,069
사립	초·중등학교	2,160	▽ 45	582,989	14,789
	특수학교	72	10	4,946	346
학생 수용시설		360	52	12,005	2,705
합　계		24,977	▽261	8,305,938	▽157,628

* DfES, *Statistics of Education : Schools in England*, 2003 edition, TSO, 2003, pp.18~21. 그리고 표 2-1의 자료와 비교.
* 학교선택제도에 따라 공립학교의 학생이 줄고, 사립학교의 학생이 늘고 있다.
* 특수학교라고 불리는 '특별한 교육적 요구'를 필요로 하는 학교에도 사립학교가 늘고 있다.
* 학교에서 추방된 어린이는 의무교육단계에만 만 명을 넘는다.

충분한 배려 조건을 요구한다는 교사 측의 표현이지만 방해가 되는 아이는 배제하라 하고, 중요한 일을 위해서는 다른 일은 희생되어도 할 수 없다는 데서 황폐한 분위기가 느껴진다. 물론 이러한 곤경에 빠뜨린 정치가 그 원인이다.

표 1-1에서 실제 수치를 보자. 보통학교는 이른바 '주류학교'라고 표현한다. 거기서부터 특별한 교육적 요구가 있는 아이들은 따돌림을 받고 '특수학교'라는 이른바 양호학교로 들어간다. 게다가 이 모든 학교에서 퇴학처분을 받아 적(籍)이 사라진 아이들은 '아동학생 수용시설'로 들어가게 된다. 이곳은 학교가 아니어서 국가교육과정에 따르는 교과 수업은 하지 않는다. 말하자면 '문제아'를 격리하는 시설이다.

2000년부터 4년간의 통계만 보더라도 저출산 경향 속에서 사립학교

학생 수, '학생 수용시설'의 시설 수, 그리고 학생 수만 증가했다. '학생 수용시설'은 2004년에 이르러 426개 학교, 1만 3040명으로 더욱 증가했다.[18] 이 자료는 학교를 경쟁원리로 조직하면 어떤 결과가 나오는지 극단적으로 말해주고 있다.

시험 대비를 위한 시간표

2004년 워릭 대학교의 교사조사분석[19]에 의하면, 초·중학교 교사 47%가 수업시간의 15~30%를 시험 준비로 보낸다고 한다. 또한 33%의 교사가 시험 준비와 채점에 주당 10시간 이상을, 20%의 교사가 주당 5~10시간을 보내고 있다고 한다.

전국학력평가 같은 시험은 시험 본래의 목적인 학습지원에서 벗어나 시험 결과를 형식적으로 조사할 뿐이어서 오히려 수업에 방해가 된다.

캠브리지 대학교는 1993년 이후 국가교육과정의 영향에 관해 2001년 가을 공립 초등학교 교사를 대상으로 조사했다. 그것에 따르면 1988년 교육법에서 말하는 '폭넓게 균형을 취한 초등 교육과정'은 실현되지 않

---

18 _ DfES, *Statistics of Education : Schools in England*(2004 edition), TSO, 2004, p.17.

19 _ S.R.St.J.Neill, *National Curriculum Tests: A survey analysed for the National Union of Teachers*, Leadership, Policy and Development Unit of the Institute of Education, University of Warwick, 2002, pp.20~23.

http://www.teachers.org.uk/resources/pdf/end-key-stage-tests.pdf.

오래 전부터 전국학력평가에 반대해온 전국교사조합(NUT, National Union of Teachers)은 캠브리지 대학교와 워릭 대학교의 연구자 집단에 교육실태 조사를 위탁했다. 2년에 걸친 조사 끝에, 두 연구집단은 2002년에 각각 개별 보고서를 정리했다. 전국교사조합은 그들의 자료를 바탕으로 2003년 9월 3일에 「전국학력평가에 반대한다」(NUT, *The Case against National Curriculum Tests*, 2003, http://www.teachers.org.uk)는 성명을 냈다.

았다.

"미술, 연극, 음악, 정보통신기술 교과를 등한시하고 점심 식사 후 쉬는 시간이나 방과 후 그룹 활동에서 부분적으로 보충할 뿐이다. 이 교과들의 창조적 활동에 상응하는 수업시간의 감소는 창조성에 관한 교사 자신의 감각 저하와 일치한다. 어떤 학교 6학년은 시험이 끝날 때까지 음악은 주당 30분만 하고, 다른 예술관계 교과는 전혀 하지 않는다. 과학과 기술 시간은 주당 1시간으로 삭감되었다."[20]

과학과 기술 수업시간은 1997년도에는 평균 4.7시간이었지만, 시험대비가 격화되어 2001년에는 3.03시간이 되었다. 무엇을 위한 전국학력평가인가? 이는 산업의 국제경쟁력 증가라는 국책에도 반하는 실태이다. 그것은 왜인가? 전국학력평가를 실시하면 시험에 나올 부분만 가르치는 수업이 되지 않을 수 없기 때문이다.

"예술, 역사, 지리와 같은 교과, 어린이들이 정말로 좋아하는 여러 교과, 그리고 체육 역시 실제로 자주 소홀해진다. 보통 아이들은 햇볕을 쬘 기회도 없다. 그들이 잘하는 것을 교사들이 현실에서 찾아줄 수 없기 때문에 아이들은 잘하는 것을 하도록 격려 받는 대신 실제로는 교육에 등을

---

20 _ Maurice Galton and John MacBeath with Charlotte Page and Susan Steward, *A Life in Teaching : The Impact of Change on Primary Teachers' Working Lives : A report commissioned by the National Union of Teachers concerning the workloads in Primary Schools.* Faculty of Education, University of Cambridge, 2002, p.6. http://www.teachers.org.uk/resources/pdf/2328.pdf

1장 _ 수업도 학교도 변해버렸다-영국의 현재 039

돌리고 만다."[21](초등학교 교사, 경력 23년)

일본의 교육위원회에 해당하는 노팅엄 주의 지역교육청(LEA)은 전국 순위를 향상시키기 위해 성적이 나쁜 학교에 대해 "6학년은 시험 과목 이외의 수업은 하지 않도록 한다."[22]고 지도했다.

수업 방법에 대해서도 앞서 언급한 2001년 캠브리지 대학교 조사에서는 국가교육과정의 도입과 영국 '교육기준청(OFSTED)'의 감시로 형식적인 일제수업이 점점 증가하고 있다고 한다. 예를 들면 환경문제를 과학과 사회 양쪽에서 수업시간을 만들어 내는 것처럼 복수교과를 통합교과로 진행하는 '주제중심 수업'은 교사 중 11%밖에 시행하지 않았다. 대신 일제수업은 1976년에는 18%이던 것이 42%까지 증가되었다. 그 때문에 교사는 아이들과 수업 중에 개인적인 이야기를 나누는 것이 불가능해졌고 교사는 '주제중심 수업'이나 모둠별로 조사 학습하는 '프로젝트수업'과 같은 방법으로 자신의 이상을 추구할 수 없게 되었다. 또한 우발적인 만남을 통해서 아이들의 생활 속에 나오는 구체적인 관심을 수업에 받아들여 교사가 학생의 관계를 발전시키는, 영국 교사들이 '마법의 순간'[23]이라고 부르는 교육 기회가 점점 줄어들어버렸다. 점수·서열 매기기 작업이 어린이들에게서 교사를 멀리 떼어놓은 것이다.

캠브리지 대학교의 2001년 조사에 의하면 초등학교 교사는 시험 채점만으로 주당 평균 4.6시간을, 수업 준비로 11.8시간을 보내고 있으며 이

21 _ NUT, 앞과 동일, p.11.
22 _ 阿部菜穂子, 「イギリス「教育改革」の敎訓-「敎育の市場化」は子どものためにならない」, 岩波書店, 2007, p.18.
23 _ A Life in Teaching, 2002, pp.8-9.

것만으로는 부족하여 주말에는 5.4시간 분량의 일을 집에 갖고 간다고
한다.

'시간, 시간, 시간'

어떤 교사는 토니 블레어의 선거 연설을 비꼬아 "시간, 시간, 시간, 이
것이 나의 주된 문제이다. 사소한 일과 서류 작업으로 아이들과 보내는
시간도, 아이들을 위해 준비하는 시간도 없어졌다."[24]고 말하였다. 이처
럼 '다망함'은 교사가 일상적으로 전문적인 책임을 다하는 데 장애가
되었다.

　대처만이 아니라 노동당 당수 토니 블레어도 산업을 중시하고, 1997년
선거에서는 항상 "내가 하고 싶은 것은 세 가지이다. 그것은 교육, 교육,
교육이다."고 말하며 연설을 정리했다. 그런데 교육이 경쟁의 시점에서
운영되면 교사가 아이들과 개인적으로 이야기를 하거나 함께 활동하거
나, 아니면 아이들 한 명 한 명을 교탁 앞에 불러 소리 내어 글을 읽어보
게 하거나 듣게 하는 시간은 사라진다.

　중·고등학교 교사를 대상으로 한 캠브리지 대학교의 또 다른 조사
(2004년도 조사)[25]에 의하면 교사들은 매일 매일의 수업을 차분하게 반성
하는 시간이 없고 아이의 상태를 전문적인 식견에서 관찰하거나 분석하

24 _ *A Life in Teaching*, 2002, p.87.
25 _ John MacBeath and Maurice Galton with Susan Steward, Charlotte Page and Janet
　　Eaward, *A Life in Secondary Teaching : Finding Time for Learning*. Faculty of
　　Education, University of Cambridge, 2004. http://www.educ.cam.ac.uk/download/
　　aLiSTreport.pdf

는 시간도 없으며 동료와 이야기를 나누거나 교육방법을 동료에게서 배우는 시간도 없다. 교사들은 날마다 정규 근무시간 전후로 1시간씩 초과 근무를 하고 집에 1.5~2시간 분량의 일을 갖고 가며 주말에는 가정에서 약 5시간의 일을 한다. 이렇게 해서 평일 6시간 48분의 노동시간이 실질적으로 10시간 28분이 된다고 한다.

조사에 따른 교사의 주당 노동시간은 45~70시간이다. 그 중에서도 사이몬이라고 하는 교무주임은 주당 66시간으로 아침 7시 45분부터 일을 계속해서 저녁에는 두 시간 분량의 일을 집에 갖고 돌아간다. 그 밖에 밤에는 학부모회나 이사회가 있고 토요일은 일이 없지만 일요일은 오전 2시간, 오후 3시간을 일하고 있다고 한다.

시험을 좋아합니까?

의외로 교사들은 시험 그 자체에 대해서는 그렇게 반대하지 않는다. 2002년 워릭 대학교의 교사조사분석에 의하면 초·중학교에서는 44%가 매우 찬성, 37%가 찬성 의견을 나타내었으며 어느 쪽에도 해당하지 않는다는 답변은 13%, 반대는 겨우 6%일 뿐이다. 중학교의 경우 반대 의견을 지닌 쪽이 증가하지만[26] 그래도 경향은 찬성 쪽이 더 많다.

그런데 같은 조사에서 아이들의 상태를 물어보면 교사 중 44%는 아이들이 "시험 기간 중에 즐겁지 않다."고 하며 21%는 아이들이 "스트레스를 느낀다."고 답하고 있다. 거꾸로 어린이들이 "즐거운 것 같다."고 답

---

26 _ *National Curriculum Tests*, 앞과 동일, p.29.

한 교사도 10%나 된다. 알 수 없다고 대답한 이들은 18%이다.[27]

사실 교사들도 어린이들의 심각한 상태를 보고 있다.[28]

"레벨 3 이하의 아이들은 자신이 실패하고 있다고 느낀다."(초등학교 교사, 경력 6~10년)

"우리 세 아이는 전국학력평가를 참으면서 계속 쳤다. 그러나 시험 압박은 참을 수 없는 것이었나 보다. 열일곱 살 딸은 중등교육 졸업시험(GCSE)에서 아주 좋은 성적을 얻었지만 지금은 학교에 다니지 않는다. 딸은 학교란 제도가 싫어서 좋은 성적을 얻었는데도 가고 싶지 않다고 말한다."(여교사, 경력 11~15년)

"우리 딸은 6학년인데 시험 기간에는 아프다. 등교 거부 기미가 있었기 때문에 키 스테이지 2(3학년~6학년)를 나쁜 성적으로 마쳤다. 중학교에 가서 '성적 저하'를 겪는 아이가 가엾다. 아이는 새로운 환경에서 또 실망하고 있다."(초등학교 여성 교무주임, 경력 11~15년)

레벨 3, 키 스테이지 2(표 2-3 참조)에 대해서는 이후 상술하겠지만 초등학교에서 레벨 3 이하는 불합격을 의미하고 초등학교 중고학년에 해당하는 키 스테이지 2를 마치면 중등학교에 입학한다. 여기에는 학교선택제도가 있어서 성적이 나쁘면 원하는 학교에 입학할 수 없다.

전국학력평가와 같은 외부시험으로 수업 교육과정이나 교사 자신의 평가는 무시되었고, 교사의 능력과 학생의 학습 욕구가 기본적으로 손

---

27 _ *National Curriculum Tests*, 앞과 동일, p.20.
28 _ *National Curriculum Tests*, 앞과 동일, pp.29-30.

상되었다. 정부의 주장과는 달리 전국학력평가는 학습의 평가라는 목적을 부차적인 것으로 취급하였다. 그래서 전국학력평가를 폐지하면 교사는 어린이의 학습 욕구를 파악하는 전문적인 판단 활동에 집중하게 될 것이며 어린이들은 보다 풍부하고 보다 적절한 교육과정을 제공받을 수 있을 것이라고 전국교사조합(NUT)은 주장한다.

시험공부로 성적이 오르지 않는다

영국 교육부 부속 정책실행검증 정보센터(EPPI)는 전국학력평가에 관해서 영국뿐만 아니라 전 세계 187개 연구 성과를 정밀 조사하였다.

전 세계 연구 성과를 정리하면 고도의 경쟁식 시험은 학생이 얼마나 배웠는지 묻는 것이 아니라 시험 점수를 얻을 수 있도록 배웠는지 여부를 묻는 것으로 판명되었다 한다. 정책실행검증 정보센터는 시험이 학생을 점수 따는 경쟁으로 몰아가고 있다고 결론을 내렸다. 전국학력평가가 학생의 학습능력을 저하시킨 것이다. 2002년 이 연구는 학생에게 학교는 배우는 장소라기보다는 시험 치는 곳으로 간주되고 있다고 정리한다.[29]

또한 같은 연구소의 보고서는 '시험전략', 다시 말해서 시험용 학습체제를 취하게 하는 것은 학생들에게 수업 중 사회적인 노력과 책임에

---

29 _ EPPI(Evidence for Policy and Practice Information), *A Systematic Review of the Impact of Summative Assessment and Tests on Students' Motivation for Learning*, 2002. http ://eppi.ioc.ac.uk/EPPIWeb/home.aspx?page=/reel/review_groups/assessment/review_one.htm

대해서 생각할 기회나 시간적인 여유를 박탈하여 학생들에게 그와 같은 사회성을 회피하게 하는 것이라고 지적한다. 다시 말해서 시험 대비를 하면 어린이들은 시험 점수에 도움이 되지 않는 것은 생각하지 않게 되고, 그 결과 어린이들은 사회성이 길러지지 않는다는 것이다. 이는 시험 체제에 따라 교육의 중요한 측면이 상실되는 것을 의미한다.

학생들이 이해하든 못하든 교사는 학생들이 시험 점수를 좋게 받을 수 있도록 훈련시키는 수업형태를 취한다는 것도 이 연구에서 보여주고 있다. 점수가 오르면 학생의 학습을 참으로 개선하는 것보다 시험이 요구하는 것에 점점 정통하게 된다.

게다가 정책실행검증 정보센터의 연구에 따르면 영국에서는 국가교육과정시험(National Curriculum Test), 다시 말해서 전국학력평가를 도입하기 전까지는 자존심과 성적 사이에 어떤 관련성도 없었다고 한다. 그런데 전국학력평가의 도입 이후 저득점 학생은 고득점 학생보다도 낮은 자존심을 가지게 되었다. 반복되는 시험은 저득점 학생에게 낮은 자기 이미지를 강제하고 시험불안을 가중시킨다고 한다.

정부기관은 이와 같은 보고를 내고 있는데 왜 정책이 변하지 않는 것일까? 이해할 수 없는 일이다.

'학교순위표'의 위협

전국학력평가가 초래하는 대표적인 위협으로 학교순위표가 있다. 원래 학교순위표란 축구 대진표 등 스포츠 세계에서 사용되었다. 그것을 학교교육의 성적에 사용한다는 것은 지극히 조심스럽지 못한 일이다. 그

표 1-2

| | 학교순위표 자료(1996년, 11세 전국학력평가합격률〈%〉, 잉글랜드) | | | | | | | | | |

학교명	키스테이지2평가 자격학생수	영어		수학		과학		전교학생수	특별조치가 필요한 학생 수	
		시험	교사평점	시험	교사평점	시험	교사평점		보고있음	보고있음
잉글랜드 평균	49	56.3	59.1	53.2	58.9	61.2	64.1			
바넷(Barnet) 지역교육청 평균		61.4	64.3	59.3	66.6	61.9	69.4			
페어웨이 초등학교 (Fairway Primary School)	31	100(0)	71(0)	100(0)	74(0)	100(0)	100(0)	213	1	43
유태인전일제사립 초등학교(Independent Jewish Day School)	13	92(0)	85(0)	92(0)	85(0)	92(0)	100(0)	141	4	41
화이팅스힐 초등학교 (Whitings Hill Primary School)	26	12(0)	23(0)	27(0)	31(0)	27(0)	31(0)	336	1	119
버밍엄(Birmingham) 지역교육청 평균		46.0	50.5	43.5	49.8	48.1	52.6			
크롬웰 초등학교 (Cromwell Junior and Infant School and Nursery Class)	14	0(0)	14(0)	14(0)	50(0)	7(0)	43(0)	230	3	56
모슬리영국국교회 초등학교(Moseley Church of England Primary School)	32	100(0)	100(0)	100(0)	100(0)	94(0)	100(0)	231	1	14
파인애플 초등학교 (Pineapple Junior and Infant School)	26	12(0)	35(0)	4(0)	23(0)	4(0)	15(0)	203	2	32
성요셉카톨릭 초등학교(St Joseph's Catholic Primary School)	246	21(13)	21(0)	0(8)	(0)	0(17)	0(0)	182	1	18
브래드퍼드(Bradford) 지역교육청 평균		44.7	41.5	41.0	44.2	52.6	48.4			
손버리 초등학교 (Thornbury Primary School)	70	9(13)	$($)	3(9)	$($)	9(9)	$($)	279	3	52

학교명	키스테이지2평가 자격학생수	영어		수학		과학		전교학생수	특별조치가 필요한 학생 수	
		시험	교사평점	시험	교사평점	시험	교사평점		보고있음	보고있음
소프 초등학교(Thorpe Primary School)	98	$($)	$($)	68(4)	$($)	85(4)	$($)	378	6	37
우드사이드 초등학교(Woodside Primary School)	46	26(11)	$($)	15(9)	$($)	24(13)	$($)	200	5	56
콜더데일(Calderdale) 지역교육청 평균		55.4	61.1	55.8	62.8	61.0	64.4			
볼링그린 초등학교(Bowling Green Primary School)	24	96(0)	88(0)	79(0)	79(0)	92(0)	79(3)	164		12
퍼니리 초등학교(FerneyLee Primary School)	30	17(7)	23(3)	30(7)	30(3)	30(7)	17(3)	252	3	40
믹슨든 초등학교(Mixenden Junior and Infant School)	17	18(0)	24(6)	24(0)	29(6)	35(0)	29(6)	195	7	60
더비셔(Derbyshire) 지역교육청 평균		56.8	61.1	54.2	61.5	61.7	68.6			
클리프턴영국국교회 초등학교(Clifton CofE Primary School)	12	100(0)	92(0)	100(0)	100(0)	100(0)	100(0)	86	1	8
우드소프영국국교회 초등학교(Woodthorpe CofE Primary School)	2	#(#)	#(#)	#(#)	#(#)	#(#)	#(#)	68	1	6

* 『타임스 교육판』, 부록, 1997. 3. 13.
* 이것은 지역교육청별로 처음 공표된 것으로, 교사평점(학급담임이 한 평가)이 첨부되어 있다.
* #은 소인수이기 때문에 공표되지 않는다. $은 이사회가 정보제출을 거부한 것이다.
* 지역교육청에 따라 평점평균에 큰 차이가 있고, 학력의 지역차가 보인다.
* '특별조치가 필요한 학생'이라는 이름으로 시험에서 제외된 학생이 사전 보고도 없이 꽤 있다는 것을 알 수 있다.
* 이 수치를 기초로 매스컴은 세 교과의 시험 합격률을 더해 오른쪽과 같이 학교별 및 지역교육청별로 서열표를 만들었다. 이것을 학교순위표(League Table)라고 부른다.

① 페어웨이 초등학교	300		① 바넷 지역교육청	182.6
① 클리프턴영국국교회 초등학교	300		② 콜더데일 지역교육청	177.2
③ 모슬리영국국교회 초등학교	294		③ 더비셔 지역교육청	172.7
④ 유태인전일제사립 초등학교	276		④ 브래드퍼드 지역교육청	138.3
⑤ 볼링그린 초등학교	267		⑤ 버밍엄 지역교육청	137.6
⑥ 퍼니리 초등학교	77			
⑦ 믹슨든 초등학교	77			
⑧ 화이팅스힐 초등학교	66			
⑨ 우드사이드 초등학교	65			
⑩ 크롬웰 초등학교	21			
⑪ 성요셉카톨릭 초등학교	21			
⑪ 손버리 초등학교	21			
⑬ 파인애플 초등학교	20			

러나 이와 같이 교육관을 한 번에 바꿔 버릴 정도로 대처 교육개혁의 위력은 무시무시하였다.

그러면 학교순위표의 실례를 소개해 보자. 표 1-2는 필자가 구입한 신문의 부록에서 발췌한 것이다. 많은 논의를 거쳐 정부가 처음 공표하기로 결정했던 복잡한 사연의 전국학력평가 학교순위표이다. 이것은 1996년 11세 전국학력평가의 성적으로 1997년 3월에 공표되었다. 신문 부록에는 이러한 페이지가 좌우 이열로 된 자료로 장장 55쪽이나 계속되었다. 게다가 이 신문은 전국의 어느 잡화점에서나 살 수 있다. 그 중에서 몇 가지 실례를 나타내보면 표 1-2와 같이 된다. 그러나 실제로는 매스컴에 의해 더욱 간소하게 바뀌어 선정적으로 보도되었다.

최근의 것으로는 그림 1-1이 있다.

이는 인터넷에서 언제나 볼 수 있다. 교육부 홈페이지에 들어가면 방대한 자료가 산더미처럼 있다. 세금을 사용하는 이상 학교는 정보공개

그림 1-1	지역별 학교별 순위표가 보이는 교육부 홈페이지

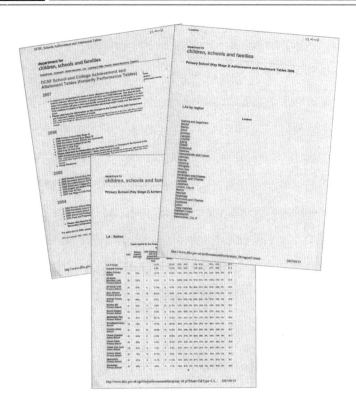

* 현재에는 학교순위표(League Table)가 성취도순위표(Achievement and Attainment Tables)로 개명되어 교육부 홈페이지에서 볼 수 있다. 찾고 싶은 곳을 클릭하면 연도, 시험마다 학교별, 지역 교육청별로 정리되어 있다. 학교 이름을 선택하면, 소재지의 지도, 성적의 경년변화, 결석률 등 학교별로 상세한 자료, 이를테면 수행순위표(Performance Tables)가 나온다. 정부는 이런 것을 보고 부모가 학교를 선택할 수 있다고 설명한다.

설명의 책임이 있고 이 정보에 기초해서 부모는 좋은 학교를 찾아서 학교를 선택한다는 것이 정부의 설명이다. 그러나 과연 전국의 학부모가 참고할 수 있는 자료란 어떤 것인가? 누구라도 알기 쉬운 지표라는 것은 결국은 극히 단순한 수치일 뿐이다.

예를 들면 신장과 체중의 수치를 더해서 성장 지수로 삼는 경우를 보자. 이렇게 수치로 나타내면 알기 쉽고 더 이해하기 쉽다. 그러나 인간의 성장이란 그런 것이 아닐 것이다.

여러 교과의 공부가 있다. 그러나 각 교과의 점수를 더하면 무엇이 나오는가? 아니면 각 교과의 각각의 영역 점수를 더하면 교과의 성적이 나오는가? 그것은 잘 모르는 세계에 미혹되는 것이다. 게다가 일부 교과의 특정 영역 중에서 한 측면의 능력만을 검증하는 것일 뿐이다.

대처 교육개혁 이전까지는 초등학교의 평가는 교사의 평가 진술로 이루어지는 것이 보통이었다. 점수가 아닌 것은 확실하지 않고 설명 책임을 다하지 않는 것이라는 해석은 하나의 시각에 지나지 않는다. 물론 문외한이라도 알 수 있을 정도로 점수로 나타냈다고 말할 수 있다. 그러나 이전에는 점수가 아니고서도 교사는 어린이의 인간적 성장을 책임지고, 명료하지 않다고 하더라도 부모는 이해할 수 있었다.

시험 점수는 교육의 질을 충분히 나타내지 못하며 시험에 지나치게 구애될 때 중요한 많은 것들이 누락되어 교육이 아니게 된다는 견해도 있다. 뒤에 밝히겠지만 '경제협력개발기구(OECD)'가 국제학력평가(PISA)를 만들어 낸 것은 새로운 학력 지표를 만들어 학교를 학습자의 인생에 보다 도움이 되도록 바꾸려는 것이었다(4장 참조).

단순한 지표로는 과정의 노력을 평가할 수 없다. 예를 들면 성과를 내려고 하더라도 학교나 학생의 상황이 다르면 대응도 달라진다. 그래서 교사들은, 최근에는 특히 학교장들이 시험 점수에 따라 평가하는 것이 '불공평'하고도 부당한 것이라고 비난하였다.

영국의회 부속 행정특별위원회(Public Administration Select Committee) 조차도 학교순위표가 "부분적으로 오도하고 있으며 동기를 상실하고 있다."고 이미 2002년에 비판하였다.[30]

게다가 노동당의 싱크탱크로 노동당 정책에 큰 영향을 끼쳐 온 공공정책연구소(IPPR)는 부모는 학교순위표를 학교선택 자료로서 그다지 많이 이용하고 있지 않기 때문에 북아일랜드, 스코틀랜드, 웨일스와 같이 지역교육청별로 자료를 공표하는 데 그쳐야 하고 학교순위표는 폐지해야 할 것이라고 주장하였다.[31] 이는 2003년의 일이다.

전국교사조합(NUT)은 외부기관에 의한 사정평가가 아니라 교사 자신에 따른 평가 내지는 형성평가로 돌아가자는 '학교 자체 평가'를 일관되게 주장해 왔다. 그렇게 하면 학생들은 동기 유발이 더 잘 되어 더 높은 수준으로 도달될 수 있다는 것이다.[32]

과잉설명 책임으로 교장은 피곤하다

학교는 시험 점수 이외에도 감시당하고 있다.

교육기준청은 학교를 장학하는 기구이다. 그 전신은 '영국 왕립 교육

---

30 _ Select Committee on Public Administration, *Memorandum by the National Confederation of Parent Teacher Associations (PTS 18)*, December 2002. http://www.publications.parliament.uk/pa/cm200203/cmselect/cmpubadm/62–iv/2120508.htm

31 _ Jodie Reed and Joe Hallgarten, *Time to Say Goodbye? The Future of School Performance Tables*, Institute for Policy Research, December 2003. http://www.ippr.org에서 열람 가능

32 _ NUT, 앞과 동일, p.11.

사찰단(HMIE)'[33]이라는 위압적인 이름의 기구였다. 교육기준청은 교육부에 기반을 둔 교육 질을 관리하는 독립기구로서 1992년에 조직이 개편되었다. 그러나 이 기관은 전통적인 교과중심 수업과 교사의 권위 중시라는 보수적인 입장을 띠며 복고주의적인 교육을 이상으로 삼고 그 입장에서 교육의 현상을 반복해서 비판해 왔다. 스태프는 장학관이라고 불리며 그 장은 교육장학관이다.

교육기준청은 절대적인 권력을 갖고 있다. 수업의 질을 장학한다고 하지만, 이를테면 수업 중에 아이들 앞에서 수업평가를 시작하는 것에서부터, 나아가 교사로서 적합한지 여부와 교육지식에 관한 질문을 교사에게 추궁하기도 한다. 교육기준청은 학교의 모습을 감사항목에 비춰 상세하게 조사하고 개선명령을 내릴 수 있으며 성과가 나오지 않을 경우에는 폐교조치까지 권고할 수 있다.

예를 들면 2003년 1월 일본 보수당 정치가들이 트위켄햄 지역교육청에서 조사한 교육기준청의 감사항목은 표 1-3과 같은 것이다.

또한 매년 11~12월에는 초등학교는 학교별 성적표(performance table)를 작성해야 한다. 내용은 다음과 같다.

- 해당 키 스테이지의 전국학력평가를 치는 수험자 수, 그 가운데 특별한 교육적 요구가 필요한 어린이 수
- 영어, 수학, 과학에 해당하는 표준 레벨 이상의 어린이 비율
- 세 교과의 도달률 합계, 지금까지의 추이

---

33 _ 역주: Her Majesty's Inspectorate of Education(HMIE)

표 1-3	교육기준청의 감사항목 발췌

1부「보고서 개요」

① 학교정보　　　　　　　　　　② 학교의 우수함
③ 평가해야 할 점　　　　　　　④ 개선해야 할 점
⑤ 개선된 점　　　　　　　　　⑥ 교육수준
⑦ 학생들의 태도와 질　　　　　⑧ 교수법과 학습법
⑨ 기타 학교정보　　　　　　　⑩ 학교운영
⑪ 학교에 대한 보호자들의 의견

2부「해설」

① 교육수준의 높음
　㉠ 학교와 학생의 성적　　　　㉡ 학생의 태도, 질, 성장
② 교수법　　　　　　　　　　③ 교육과정의 충실도
④ 학생에 대한 배려　　　　　　⑤ 학교와 보호자의 협력 체제
⑥ 학교 경영　　　　　　　　　⑦ 학교의 개선점

3부「학교 자료와 지표」

① 평가자료　　　　　　　　　② 교수법의 평가
③ 학생에 관한 정보　　　　　　④ 출결
⑤ 졸업 시 시험 결과　　　　　⑥ 인종별 학생 수
⑦ 퇴학자　　　　　　　　　　⑧ 교사 1인당 학생 수
⑨ 재정상황　　　　　　　　　⑩ 교사의 채용상황
⑪ 보호자에 의한 설문 결과

4부「각 교과의 교육수준과 질」

① 영어　　② 수학　　③ 과학　　④ 미술과 디자인　　⑤ 기술　　⑥ 지리　　⑦ 역사
⑧ 정보기술　　⑨ 음악　　⑩ 체육　　⑪ 종교

* 나카니시 테루마사(中西輝政) 감수, 영국교육조사단 편(英國敎育調査団編), 『대처개혁에서 배우
　는 교육정상화로의 길(サッチャ─改革に學ぶ敎育正常化への道)』, PHP研究所, 2005, 143쪽.
* 교수법과 학습법까지 체크되고 감시된다.

　위와 같은 자료 공표가 설명책임이라는 것이다. 그런 것은 교육의 논리가 아니다.

　전문가들은 "성적의 질을 정확하게 측정하는 것이 아니라 측정과 취급이 용이한 것"[34]으로 조사항목을 선택했다고 지적한다.

　학교에는 조사항목만 많은 것이 아니라 조사보고서 종류도 많다. 중

등학교장연합(SHA) 서기장 존 던포드(John Dunford)는 2003년 한 해 학교가 설명책임이 있다고 하여 무려 21개 단체에 보고서를 만들어 보내야 했다고 지적한다.

보고서를 보낼 대상은 예를 들면, 학부모, 이사회, 지역교육청, 정부, 자격·교육과정국, 교육기준청, 학습·기능위원회, 협력단체연합, 지역전략협회, 지역평생학습협회, 어린이보호사무소 등이다. 또한 기업경영자와 같이 보건소, 인종평등위원회, 장애자권리옹호위원회, 기회평등위원회 등에도 보내야 한다. 게다가 학교장은 무엇인가 문제가 발생하면 대중매체나 법정에서도 설명할 책임이 있다.[35]

그런데 중등학교장연합은 "이 과잉설명책임은 관료주의를 키워 창조성을 저해하는 요인으로 작용하고 있다."[36]고 비판한다.

학교장만이 아니라 일반 교사도 스트레스는 적지 않다.

런던 시 동부에 위치한 뉴햄 지구의 모네가 초등학교 교사, 사라 플룩스(Sara Flooks)는 2006년 3월 교육기준청의 학교감사가 있던 날 행방불명이 되어 2007년 1월에 유체로 발견되었다. 감사를 염려하는 내용의 일기도 발견되어 이것을 괴로워 한 자살이 아닐까 하는 추측을 불러 모았다고 한다.[37]

---

34 _ O'Neil, *A Question of Trust*, Cambridge University Press, 2002, p.54.

35 _ Jon Dunford, "Someone to watch over you", *Times Educational Supplement*, 28 March 2003. http://www.tes.co.uk/section/story/?story_id=377481

36 _ Ernest Boyer, *Towards Intelligent Accountability for Schools*, p.1. http://www.epolitix.com/NR/rdonlyres/44E8338A-8830-4F07-A9C1-61D2CDBC8623/0/Policypaper5TowardsIntelligentAccountabilityforSchools.pdf

37 _ 「讀賣新聞」, 2007.4.5.

성과주의는 무간지옥인가?

"교감으로서 교장과 교사와 함께 일하고 있다. 우리들은 11세 전국학력
평가의 결과를 향상시켰다. 그런데 지역교육청은 우리와 같은 (가정의 교
육환경이) 풍족하지 않은 지역 학교에 불가능한 설정목표를 매년 새롭게
요구한다. 그 결과, 우리들은 실패감을 느낀다. 이것은 나와 다른 교사에
게 커다란 스트레스였다."[38](초등학교 교감, 경력 20년)

요컨대 초등학교 졸업 때 시행하는 11세 전국학력평가의 성적 향상을
위해 노력해서 수치목표를 달성했다고 해도 다음 해에는 수치목표를 더
올린다. 결국 언제나 교육활동에 만족할 수 없는 구조가 되었다.

생각해보면 교장이 부과하는 학교 수치목표는 일본인에게 친숙한 노
르마(할당 기준량)로 바꿔 말할 수 있다.

노르마란 원래는 라틴어로 '규범·표준·모범'을 의미하지만, 사회주
의 구소련에서는 노동자가 일정시간 내에 수행해야 할 할당된 노동기준
량을 의미했다. 공장장 등이 설정한 작업량, 다시 말해서 노르마라는 생
산량으로 급료가 결정되었다. 소비에트형의 계획경제는 노동을 노르마
라는 양으로 측정하며 노르마의 확보를 최우선시했다. 그렇다면 무엇을
노르마로 삼는가? 1927년에 시작한 제1차 5개년 계획에서는 이익이 아
니라 생산량이었다. 생산량이라면 질 좋은 작은 것이 아니라 조잡해도
큰 제품을 만들어내는 것일 거다. 그렇다면 노르마를 달성하는 것은 괴

---

38 _ NUT, 앞과 동일, p.11.

롭지 않다. 이렇게 해서 계획에 기초한 실속 없는 노동은 파탄되어 갔다.

스탈린의 관리는 농업 집단주의식으로 노동자를 일체로 집단으로 관리하는 방식이었다. 여기에 도입된 노르마 관리는 성과주의를 낳고 스타하노프 운동이라는 생산향상운동이 전개되었다. 1935년 노동생산성을 경쟁하는 스타하노프 운동이 시작되었고 그 다음 해 1936년은 '스타하노프 연간'으로 명명되며 노동자들은 '생산량 작업' 혹은 휴일 반납의 사회주의적 경쟁노동으로 돌입하였다. 스타하노프는 우크라이나의 돈바스 탄광노동자로 노르마(기준채탄량)의 3~4배를 초과달성한 노동자였다. 그는 '소련 구세주'로 선전되고 '스타하노프를 이어받자'는 캠페인이 널리 퍼져나갔다. 레닌의 '공산주의적 토요노동'에서 되풀이되고 근무시간외의 무상노동에 선동되기도 하였다.

그러나 그것은 실패한다. 왜냐하면 3, 4배나 더 일을 하는 데는 주위에 협력자가 있고 노동환경이 정비된 경우에만 가능한 것으로 보통 환경에는 불가능한 관리목표이기 때문이다. 또한 노동자에게도 노르마를 달성하면 다음 노르마가 높아지게 되어 자기 목만 조를 뿐 아니라 다른 노동자들에게도 반감을 산다. 노르마 미달성자는 '태만한 자'로 판단되고 달성자에게는 급료가 증액되어 질투, 시샘의 감정이 생겨 직장이 혼란에 빠지게 된다.

성과주의의 붕괴는 역사적 사실이다. 그러나 웃을 일이 아니다. 영국에서는 대처에서 시작한 교육의 질, 관리에 관해 다음과 같은 감상까지 있다. 교육사 연구자 앤서니 맥와트(Anthony McWatt)는 "러시아 혁명에 참가한 수많은 민중은 스탈린이 권력에 오를 때에도 같은 식으로 행동했음에 틀림없다고 생각한다."[39]는 구절을 인용하여 자기들이 관리에 빠져 들어갔던 모습을 표현하고 있다.

교장이 부정을 저지른다

목표를 위해서 다른 일이 희생되어도 어쩔 수 없었다. 그래서 어느 학교 장은 회수한 답안지를 몰래 학생들에게 돌려줘 답을 고쳐 쓰게 했다고 한다. 더러는 임의로 고쳤다고 한다.

2003년 1월, 46세 앨런 마르셀은 켄트 주 메이드스톤의 사우스버러 초등학교 학교장이었는데 14건의 날조죄로 수감되었다. 그는 전국학력 평가와 문법학교 입학시험에서 시험용지를 수정했다고 법정에서 증언 했다.[40]

영국 버크셔 주 레딩의 화이트나이트 초등학교 전 교장인 데이비드 홉 킨스도 '종합교육위원회(GTC)'의 징계처분을 받았다. 그는 2002년 5월 에 시행한 11세 전국학력평가에서 학생의 부정행위를 돕고, '전문성의 신뢰를 파괴했다'고 하여 전문성 불이행으로 징계면직되었다. 홉킨스 교장은 학교순위표에 학교 성적을 향상시키도록 압력을 받았고 학생들 의 우수한 능력을 보여주기 위해 그랬다고 설명했다. 홉킨스 교장은 작 년 수학 시험 이후 학생들에게 답을 고치게 했고, 몇몇 학생에게는 과학 시험 답안지를 완성할 수 있도록 시간을 더 주었으며, 시험을 다 치지 못 한 학생들을 다 친 학생들과 섞어 두었다고 한다. 이 학교 점수는 과거 삼 년 동안 계속 저하됐기 때문에 학교장은 애가 탔다고 한다.[41]

---

39 _ Anthony McWatt, *The Misleading Use of the Word 'Quality' within the Higher Education System*, November 2002.
http://www.moq.org/forum/mcwatt/AntsEducationEssay1.html
40 _ 『BBC 뉴스』, 2003.1.23.
41 _ 역주: 이 사건으로 화이트나이트 초등학교 61명 어린이의 수학과 과학 성적은 무효로 처리되

1장 _ 수업도 학교도 변해버렸다-영국의 현재 057

홉킨스 교장은 영국학교장연합(NAHT)의 회원이다. 영국학교장연합 서기장 데이비드 하트는 부정행위는 허락할 수 없지만 "우리 회원이 받았던 시험 체제가 낳은 극도의 압력은 이해할 수 있다."고 말하였다. 영국학교장연합은 연차 총회에서 이 원인은 목표(Targets), 시험(Test), 학교순위표(Table)라고 하는 '3T(TTT)'의 연쇄라고 비난했다.[42]

BBC 뉴스의 보도에 의하면 부정사건이 2000년에는 147건이었지만 2004년에는 600건으로 증가했다.

교장이 되려는 이가 없다

영국은 교사만이 아니라 교장도 학교에서 모집하고 채용한다. 그런데 문제가 예상되는 학교에는 교사가 되려는 이가 없다. 2006년 당시 학교장 채용이 불가능하기 때문에 50만 이상의 학생이 관리직 없는 학교에서 배우고 있었다고 한다.

영국학교장연합의 조사에 의하면 1200개 이상의 공립학교가 전임교장이 없이 운영되고 있으며 학교의 '과잉근무 문화'가 이대로 계속되면 학교장 중 사분의 일은 사직할 것이라고 한다.

믹 브룩스(Mick Brookes) 영국학교장연합 서기장은 2006년 4월 연차

없다.("No ban for head who let pupils cheat in tests", By Sarah Cassidy Education Correspondent, *The Independent Education*, Thursday, 8 May 2003)
http://www.independent.co.uk/news/education/education-news/no-ban-for-head-who-let-pupils-cheat-in-tests-538166.html 그런 이유에서인지 그 해 레딩 지역의 학교순위표 (PERFORMANCE TABLES 2002: KEY STAGE 2 TEST RESULTS Per-formance Information: Reading)에는 화이트나이트 초등학교의 이름이 보이지 않는다.

42 _ 『BBC 뉴스』, 2003. 5. 7.

총회에서 이렇게 말했다.

"27년 전 내가 처음 교장이 되었을 때에는 30배수의 응모자가 있었다. 그런데 지금 우리 학교는 성공적이고 자부심도 있는 학교인데도 작년 이 맘 때 광고를 두 번이나 내고서야 적임자를 찾았다."[43]

이에 대해서는 동 런던 넬슨 초등학교 팀 벤슨(Tim Benson) 교장도 다음과 같이 말을 덧붙인다.

"우리는 교장으로서 계속 공격을 받아서 '풋볼 감독 증후군'에 걸린 것 같다. 아주 취약한 학교에 보내진 우리들은 학교순위표의 결과가 나빠 인재 확보의 위기를 맞보고 있는 중이다."

다시 말해서 풋볼 팀에 고용된 감독과 같이 성적이 나쁘면 비난받고 전적으로 책임을 져야 하는 것이다. 그것도 선수가 되고자 하는 사람도 없는 팀의……

조사에 의하면 교장 가운데 20%는 새로운 교사를 찾을 때까지 직무외 근무로서 연간 40~100시간의 수업을 하고 있다고 한다. 또한 교장 가운데 90%는 학교에 있을 때에 스트레스와 불안을 느낀다. 교장 중에서 28%는 학교에서도 항상 스트레스를 느끼고 있다고 답하며 70%는 병에 걸려 병가를 내지 않을 수 없었다고 한다.

---

43 _ 『인디펜던트』지, 2006.4.29.

영국학교장연합의 전 서기장 남 요크셔 돈카스터에 있는 인테이크 초등학교 리즈 페이버(Liz Paver) 교장은 성적이 좋은 학생만 주목하는 학교의 현재 모습을 비판하고 있다.

"30명의 클론 인간이 있다면 매년 학교순위표의 위치를 지킬 수 있을 것이다. 그러나 아이는 개인이며 교육도 학습도 개인의 내면에서 가장 좋은 것을 끌어내는 것이다."

학교 교장이 스스로를 풋볼 팀 감독으로 견주는 것은 학교순위표라는 승패표에 몸을 맡기고 있다는 것을 의미한다. 게다가 이런 사회에서는 승패에 대한 관심밖에 가질 수 없다는 분통도 말끝에 스며 나오고 있다.

'개개인에게 맞춘 교육을 하고 싶다', '전국학력평가의 성적에 휘둘리고 싶지 않다'는 것이 오늘날 영국 교장들의 솔직한 의견인 것 같다. 동시에 그 말에는 학생만 좋으면 시험 성적은 좋아진다는 속마음도 들어 있는 것 같다.

이 조사는 최대의 교장연합인 영국학교장연합과 정부 사이의 긴장을 키웠다고 신문은 보도한다. 대결점은 뚜렷했다.

어린이들도 스트레스에

그러면 아이들은 어떨까? 교사 가운데 60%는 7세 전국학력평가로 아이들 중 60%가 일상의 스트레스에 노출되어 있는 것이 틀림없다고 답한다. 또한 교사 가운데 20%는 아이들의 스트레스 정도는 "지극히 높다."고 믿고 있다. 시험에 익숙한 아이들은 스트레스가 적은 것 같고 역으로 극도의 스트레스를 입는 것처럼 보이는 아이들은 일상적으로 시험을 치지 않는 어린이라고 알려져 있다.

제르비스 트레이시(Jervis Tracy)는 일곱 살 딸 클로에가 밤에 잠을 못 자고, 심하게 땀을 흘리며 울부짖는다고 한다.

"이건 흔한 어린 시절의 악몽이 아닙니다. 학교 전체에 관한 악몽입니다."

라고 아이 엄마는 말한다.

"아이는 '엄마, 내 성적이 좋지 않아요!' 하고 부르짖습니다."

"어느 날 학교에 데려다 주려고 했습니다. 그러자 아이는, '난 학교에 가고 싶지 않아, 갈 수 없어!' 라고 하는 것이었어요."

스트레스 관리 전문가인 런던 대학교 교육학부 상급교육심리학 연구원 앨런 젠슨(Alan Jensen)은 어린이들이 나타내는 구조신호의 근거에 대해 다음과 같이 말한다.

"눈물은 적고, 다른 약간의 징후도 있을 것이라고 생각했다. 그러나 여기서 분명한 것은 아이들은 학교에 가고 싶지 않다는 것이다."

"6, 7세 아이들에게 우리들이 뭘 하고 있는 것인지 심각한 생각이 들었다."[44]

런던 대학교 교육학부는 1998년, 보다 나이가 많은 어린이들에 대해서도 스트레스 수준을 연구하는 계획을 세워 57개 학교에 조사용지를 발송했다고 한다.

---

44 _ 『BBC 뉴스』, 1998.10.12.

특히 우리들은 어린이들에게 심각한 영향이 나타나 사회가 여기에 주시하기 시작한 것이 대처 교육개혁이 개시된 1988년 이후 10년이 지나서였다는 것에 주목해야 한다. 결과는 이후에 나타나기 때문이다.

『타임스 교육판』에 의뢰를 받은 여론 조사기관 유고브는 2003년 당시 학부모 200명을 대상으로 조사했다.[45]

우선 전국학력평가를 치를 무렵에는 11세 아이들 가운데 70%가 스트레스 징후를 보였다고 한다. 11세 어린이 가운데 25%는 자신감을 잃었고 20%는 복습에 급급해서 친구들과 놀 시간이 없었다고 한다.

조사에 의하면 7세 어린이 중 10%는 전국학력평가에 대해 고민하고 눈물이 많아졌으며 불면증이 생기기도 하였다. 또한 11세 어린이 중 12%는 부등교로 시험을 치지 않았고 9%는 마음의 병이 생겼다.

학교선택제도는 가능성을 저해시킨다

영국은 부모에게 학교를 선택할 자유가 있다고 하여 학교선택제도를 만들었다. 그러면 정말로 자유롭게 학교를 선택할 수 있을까? 경쟁원리에 기초한 학교의 다양화로 실은 아이들도 학교도 서열화되어 자유로운 선택을 불가능하게 한다. 오히려 현실을 보면 선택가능성은 점점 좁아져 간다.

2006년 4월 28일 일본에 방영된 『TBS 뉴스 23』「특집 교육격차」에 의하면 영국은 20년간 지속해 온 교육개혁에 대해 의문의 목소리가 높아

---

45 _ 『BBC 뉴스』, 2003.4.25.

졌다고 한다. 방송에서는 다음과 같이 보도했다.

학교순위표에 전국 1위가 된 위트니 지역의 초등학교 교장은 "이것은 공평하지 않다. 환경이 고려되어 있지 않다."라고 하였다.

전국 최하위 런던 퍼네이스 초등학교 교장은 "성적이 좋은 중류 계급이 사는 지역과 문제가 많은 하층 계급 지역의 차이를 생각해 주었으면 좋겠다."라고 말한다.

영국의 어느 신문 상담란에는 다음과 같은 물음과 답변이 게재되었다.

질문: 내가 사는 지역의 학교는 서열이 나쁘다. 좋은 지역에 집을 사는 편이 좋은가? 아니면 그 돈으로 가정교사를 쓰는 편이 좋은가?
답변: 이사하는 편이 좋겠다.

이렇게 인구이동은 일어난다.

"인기 학교 주변의 부동산 가격은 30%나 폭등하고 인기 학교는 유복한 가정의 아이들만 다니게 되었다."[46]

장밋빛 학교 선택도 자유를 행사할 수 있는 것도 일부 사람에게 한정된 것이 현실이다.

2003년 4월 24일 찰스 클라크 교육부장관은 전국교사조합 회합에서 잉글랜드는 "시험을 존속시킨다."고 말했다. 이 자리에서 그는 전국학력

---

46 _ 阿部菜穂子, 「イギリス「敎育改革」の敎訓」, 앞과 동일, 16쪽.

평가 중지를 결단한 웨일스 노동당 각료들에게 그들은 '앨리스의 이상한 나라'에 살고 있는 것 같다고 말했다. 시험 폐지는 비현실적이라는 것이다. 실제 그런 것일까? '이상한 나라'에 살고 있는 것은 어느 쪽일까?

영국은 왜 이렇게 되어버렸나?

UNITED
KINGDOM

2장 영국은 왜 이렇게 되어버렸나?

FINLAND

"보수당도 노동당도 국민의 복지를 증진한다는 큰 목적에는 합의하였다. (……) 그러나 대처는 경제지상주의의 철학을 내세우며 단호한 결의를 갖고 '반혁명'에 착수했다."[1]

모리시마 미치오, 「대처 시대의 영국」 중에서

"이것은 정부의 대단히 치밀하고 포괄적인 '교육계' 쇄신의 기도이다."[2]

시미즈 코우키치, 「변해 가는 영국의 학교」 중에서

영국에서 정치개혁을 행한 주역은 철의 여인 마거릿 대처였다. 그녀는 '요람에서 무덤까지'라고 불리는 세계적으로 유명한 복지국가를 근저부터 뒤엎으려고 했다. 그리고 그에 앞서 중앙집권화된 관리사회를 전망했다.

그와 아주 흡사한 이는 철의 남자 스탈린이었다. 그는 '전 세계 노동자의 해방'이라는 민주적 혁명사상을 근본적으로 변경하여 인간을 '노르마 달성'과 '사회주의적 경쟁'의 도구로 바꿔 관리사회를 완성했다. 조직적 · 계획적으로 인간을 만들어 낸다는 고상한 이상을 들어 당이 목표를 설정하고 비밀경찰이 감시하는 가운데 인간을 훈련하는 모습이야말로 조지 오웰이 비웃었던 『동물농장』 그 자체였다.

학교제도

영국 공립학교는 그림 2-1과 같이 초등학교와 중등학교로 나눠진다. 지

---

1 _ 森嶋通夫, 『時代のイギリス―その政治, 經濟, 教育』, 앞과 동일, 4쪽.
2 _ 志水宏吉, 『変わりゆくイギリスの學校』, 앞과 동일, 188쪽.

그림 2-1 / 영국 교육제도 개략도 (학교제도)

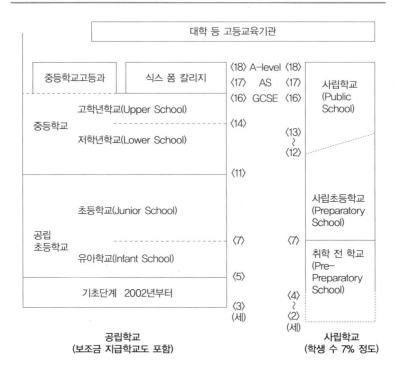

* ⟨ ⟩은 전국학력평가 실시 연령
* 그림 속 중등학교는 일본에서 말하는 중학교와 고등학교이다. 현재에는 문법학교, 종합제학교, 거기에 엘리트 양성으로서 새롭게 만든 특성화 학교로 나눠진다.

역에 따라서는 그 구획이 더욱 작아지는 학교도 있다.

종합제학교는 차별 없는 사회를 의식한 영국 노동당 정책으로 '중등교육을 모든 이들에게'라는 슬로건이 실현된 선발이 없는 중등교육, 지역 학교이다. 이곳은 16세까지는 일반교육으로서 종합적인 힘을 기른다는 방침이 표명되어 있다.

문법학교는 입학시험을 보는 공립학교이다. 노동당은 이 문법학교를 폐지해서 공립학교 전체를 종합제학교로 평등화할 예정이었지만 1997년이 되자 이를 온존하는 정책으로 전환했다.

특성화 학교는 메이저 내각에서 1994년에 신설한 공립 엘리트 양성학교로 기술, 외국어, 스포츠, 예술을 전공하는 학교로 시작하여 2001년 9월에는 684개교가 생겼고, 그 가운데 기술학교가 366개, 어학학교가 126개, 스포츠 학교가 101개, 예술학교가 91개로 이루어졌다. 블레어 정권이 들어서자 과학, 비즈니스와 기업, 수학과 컴퓨터를 추가하여 2005년까지 1500개교로 확대하는 정책을 취했다.

일본에서 말하는 사립학교를 영국에서는 '독립학교'라고 부르는데, 국가의 간섭을 받지 않는다. 예를 들면 일본의 학습지도요령에 해당하는 국가교육과정의 적용을 벗어나 있으며, 또한 전국학력평가를 치지 않아도 된다. 다만 중등교육 졸업이나 대학 진학에 필요한 시험(GCSE & AS, A레벨 시험)은 쳐야 한다. 현재 인구비율 7%에 해당하는 부유한 가정의 자녀들이 입학해서 서민의 자녀와는 책상을 나란히 하지 않은 채 성장해 간다. 바람직한 학습 환경에서 기획의 경영자·관리자, 고급행정관이 되려고 교양·기획력·종합력을 익히고 있다. 표 2-1을 보면 사립학교는 영국 가운데에서도 잉글랜드에 많다는 것을 알 수 있다.

한 가지 더, 영국에는 교육시설이 아닌 일종의 수용시설이 있다. 앞에서도 언급했지만 영국 학교에는 퇴학처분도 있고, 의무교육기간이면서 어느 학교에도 들어갈 수 없는 아이들도 나온다. 의무교육연령이기 때문에 사회에 나갈 수도 없어서 고육지책으로 '아동학생 수용시설'이라는 격리시설을 만들었다고 한다. 표 2-1을 보면 의무교육적령기에 만 명에 가까운 아이들이 다니고 있다. 이와 같은 시설은 일본에는 없다.

		영국 전체		잉글랜드	
		학교 수	학생 수	학교 수	학생 수
공립	초등학교	22,902	5,297,700	18,069	4,406,200
	중등학교	4,337	3,916,900	3,481	3,231,800
	특수학교	1,401	107,700	1,113	91,000
사립	초·중등학교	2,414	626,100	2,205	568,200
	특수학교	97	5,700	62	4,600
아동학생 수용시설		338	9,700	308	9,300
합 계		31,489	9,963,800	25,238	8,311,100

표 2-1 학교종별 학교 수와 학생 수 (2000년)

* 에노모토 타케시(榎本剛), 『영국교육(英國の敎育)』, 자치체국제화협회, 2002, 15쪽.
http://www.clair.or.jp/j/forum/other/pdf/22.pdf 및 『영국교육의 개요(英國の敎育の槪要)』, 일본학진흥회 국제사업부, 2002. 7, 15쪽.
* 사립학교에는 동일 연령 중 7% 아이가 통학하며, 후기중등학교 단계(일본의 고등학교 상당)까지를 포함하면 10% 어린이가 재학한다.
* 잉글랜드는 사립학교와 '아동학생 수용시설' 비율이 높다.

졸업시험은 대학입시에 사용된다

중등교육 졸업시험(General Certificate of Secondary Education)은 유럽에서 일반적으로 보이는 중등교육졸업자격시험이다. 프랑스에는 '바칼로레아', 독일은 '아비투어'라고 불리며, 이 자격시험에 합격해야 비로소 중등학교를 졸업했다고 간주된다. 또한 많은 경우 이 중등교육자격시험이 대학입시에 사용된다.

그렇다 하더라도 영국은 의무교육 최종학년 2년간의 평상시 학습 성과 역시 포함시켜 평가를 하기 때문에 일반적인 시험 성적이 전부는 아니다. 학생들은 많은 경우 9~10과목을 신청해서 학습한다. 대학 진학을 바라는 이들은 모든 교과에 C 이상의 성적을 얻어 진학준비 과정으로 나아간다. 이 과정을 식스 폼(Sixth Form)이라고 하는데, 문자 그대로라면 6학년을 의미하지만 실제는 고등부 2년간(6, 7년)에 해당한다.

이 상급중등학교는 몇 가지 형태로 나뉘는데, 중등학교에 부속한 것과 전문학교(Sixth Form College)가 그것이다. 요컨대 전기 중등학교 5년을 마친, 대학 진학을 목표로 하는 16세 이상의 학년을 총칭한 것이다. 또한 사립학교는 진학을 전제로 설립되어 있기 때문에 이들 학년을 포함하고 있는 것이 보통이다.

후기 중등교육에 해당하는 이 단계의 공부는 대학에서 공부하기 위한 예비 학습을 목적으로 일본의 고등학교 수업에 비교하면 훨씬 전문화되어 있다. 다시 말해서 자기 장래를 위해 필요한 교과의 학습을 하는 것으로 되어 있다. 상급중등학교의 학습 성과는 A레벨 시험으로 측정되며, 결과는 대학입시의 선발조건으로도 쓰이고 있다.

단, 1993년부터 학년을 나타내는 용어가 폼(Form)이 아닌 년(Year)이 되었다. 5세 어린이 집단은 예비급이라고 부르며 여섯 살 어린이가 1학년이 되는 것으로 시작해서 열여섯 살 학생이 11학년이 되기까지 일관된 명칭으로 바뀌었다. 따라서 현재는 식스 폼이라고 하는 말에서 6학년을 추측할 수 없게 되었다.

『위기에 선 국가』

우선, 경쟁적인 교육재편을 세계사의 관점에서 읽어 가자. 사실, 영국에서 전개된 학력향상운동에는 이전의 역사가 있다. 그것은 1960년대 후반부터 1970년대 초까지 걸쳐 일어난 미국의 '기본으로 돌아가는 운동'

이다. 이 운동에서 학교교육이란 국가가 중앙집권적으로 내용을 규정하고 이 규정대로 전통적인 교과를 시간표에 따라서 교사가 일제수업을 하고 학생은 지식과 기능을 익히는 것으로 간주한다.

왜 이런 운동이 일어났던 것일까? 여기에는 진화론을 가르치는 생물학을 거부한 종교적 원리파, 흑인에게도 평등한 학교교육을 보장하려 하는 인간평등론에 저항한 정치적 극우세력과 같은 정치적 운동이 '기본으로 돌아가는 운동'의 배후에 있었던 것이다. '기본으로 돌아가는 운동'의 특징은 다음과 같다.

❶ 교육목표를 교과학습으로 협소하게 규정한다. 특히, 국어(영어)와 수학을 중시한다.

❷ 획일적인 교육과정을 정해서 교사의 자주적인 판단영역을 협소화시킨다. 수업은 일방적으로 교사가 가르치고 학생이 배우는 것으로 해석한다.

❸ 선별과 경쟁을 교육에 이용한다.

❹ 시험에 따른 관리를 강화한다.

대처 교육개혁에서 일어난 것과 같은 것이 미국에서 이미 나타나고 있었다. 한편으로 산업 기술혁신은 새로운 방향도 필요로 하고 있었다. '교육의 현대화'라고 하는, 발달심리학에 기초한 과학주의적 신교육과정을 추진하고 1959년에 유명한 우즈 홀 회의를 주최했던 이는 발달심리학자 제롬 브루너이다. 1960년경 미국에서는 과학주의가 공인되어 있었다. 그것은 소련에 대한 대항 축으로서 필요했던 것이다. 그러나

1960년대 후반부터 이에 대한 반동이 일어났다. 이에 관해서 브루너는 자기의 신교육과정운동이 매장된 원인은 전쟁, 분쟁, 폭력의 시대에 점화된 반지성주의, 유치한 애국심, '기본으로 돌아가는 운동'이었다[3]고 회고한다. 교육에 관한 가치관이 서로 충돌하고 있었다.

이야기는 1983년 미 교육부 장관 벨의 자문위원회(교육의 탁월성에 관한 국가위원회)의 유명한 보고서 『위기에 선 국가』의 발표로 내려간다. 거기에는 합리성보다도 경쟁이 강조되었다. 또한 보다 많은 숙제, 등교일의 연장, 강제적인 교육과정, 규율 강화, '문제아'의 격리, 표준 시험의 중시, 교사의 급여와 재직권을 평가하기 위한 보다 효과적인 수단 등이 장려되었다. 여기서부터 교육의 신자유주의와 신보수주의가 시작되었다고 할 정도이다.

『위기에 선 국가』에서는 개혁의 원인을 다음과 같이 설명하고 있다.

"우리나라는 위기에 직면해 있다. 이전에는 상업, 공업, 과학, 기술혁신에서 타의 추종을 불허했던 우리의 우위도 지금은 전 세계의 많은 경쟁자들에게 빼앗길 지경에 이르렀다."[4]

다시 말해 교육개혁의 주요인은 경제적인 이유였다.

미국 교육개혁의 특징은 우선 시장원리주의다. "공정함과 질 높은 학교교육이라는 두 가지 목표는 우리나라의 경제와 사회에서 깊고 실제적

---

3 _ ジェローム・S・ブルーナー著, 田中一彦譯, 『心を探して-ブルーナー自伝』, みすず書房, 1993, 319쪽.
4 _ 橋爪貞雄譯, 『危機に立つ國家』, 黎明書房, 1986, 26쪽.

의미를 가진 것이어서 원칙상, 그리고 실제상으로도 한 편을 다른 편 아래에 두어서는 안 된다."[5]고 하며, 이후 미국은 전통적인 학력관에 기초한 경쟁을 강조하고 발달심리학에 기초한 학습이론 등 교육적 합리성을 경시하였다. 이것은 '평등'보다도 '질'을 중시하고자 하는 사회 풍조의 표현이었다.

그 뒤 무엇이 일어났는가? 정치학자 셸던 월린(Sheldon S. Wolin)은 자유로운 시민 생활을 영위할 수 있는 개인의 육성이라는 교육개념이 거의 축출되어 버렸다[6]고 미국 교육을 비난하고 있다. 그리고 거의 같은 일이 영국에서 일어났다.

1988년 교육법

1988년 교육법(정식으로는 1988년 개혁 교육법)은 교육의 원리(철학)부터 교육제도, 수업방법에 이르기까지 영국 교육을 근본에서부터 바꿔놓았다.

1988년 교육법[7]은 전체가 4부, 238조로 구성된 상세한 법률이다.

제1부 가운데 1장은 1~25조로, 국가교육과정과 전국학력평가 실시가 규정되어 있었다.

---

5 _ 橋爪貞雄譯, 『危機に立つ國家』, 앞과 동일, 41~42쪽.
6 _ シェルドン・S・ウォリン著, 千葉眞他譯, 『アメリカ憲法の呪縛』, みすず書房, 2006, 81쪽.
7 _ Education Reform Act 1988.
　http://www.opsi.gov.uk/acts1988/Ukpga_19880040_en_1.htm에서 각 조항으로 들어간다. 또 영국학교장연합(National Association of Head Teachers: NAHT)이 편집한 Guide to the Education Reform Act 1988, Longman, 1989. 혹은 『타임스 교육판(タイムズ教育版)』 편집장 스튜어트 머클루어(Stuart Maclure)가 편집한 Education Re-formed(Hodder & Stoughton, 1988; 2nd, 1989; 3rd 1992.) 등 해설이 첨부된 법률집도 있다.

영국 교육은 이때까지는 분권적이고 교과서 검정이 없었으며, 또한 국가에는 통일적 교육성취도를 나타내는 학습지도요령도 없었다. 그러나 이 법률에 따라 외부로부터 교육목적이 설정되고 학교의 활동내용이 규정되며 외부기관에 의해 활동성과가 측정되고 평가되는 구조가 형성되었다.

또한, 학교 교육과정은 '균형을 취하고 넓은 기반을 지닐 것'(1조 2항)으로 한다고 표면적으로는 다양성이 규정되어 있었다. 그러나

"서로 다른 능력과 발달 정도를 보이는 학생들이 일정한 지식, 기능, 이해를 각 키 스테이지 졸업까지 지니고 있어야 할 것으로 기대한다."

"서로 다른 능력과 발달 정도를 보이는 학생들이 일정한 사항, 기능, 수순을 각 키 스테이지 중에 배울 수 있기를 기대한다."

"각 키 스테이지의 도달목표에 비춰 학생의 도달점을 확인하기 위해서 각 키 스테이지의 졸업시점 내지 그 무렵에 학생을 평가하는 절차를 정한다."(2조 2항)

라고 되어 있었다. 실질적으로는 획일적으로 규정되어 시험으로 이를 측정하는 것으로 정해져 있었다. 덧붙여, 의무교육은 2·4·3·2로 학년이 구분되고 이 구분된 학년을 키 스테이지라고 부른다.

단, 이들 규정은 공립학교에 적용될 뿐 사립학교에는 적용되지 않는다.

제2장은 26~32조로 부모와 학생을 교육의 '소비자'로 정의하고 '학교선택의 자유'를 보장하는 것으로 되어 있다. 또한 학교는 권리의 보장 주체가 아니라 경쟁주체로서 재편성되고 '학교의 기업화'가 촉진된다.

'학교경영'을 태만히 하면 학교는 폐쇄까지 된다.

이러한 변화는 실로 엄청나다. 시민혁명 이래 서구 역사에서 추구해 온 것은 권리로서 교육이며 국제연합을 중심으로 한 국제기관도 인권 내지 교육권, 나아가서는 학습권이라는 정의를 확립해 왔다. 국제인권규약(1966년)이나 국제연합 '아동권리조약'(1989년, 일본정부 번역은 「아동권리에 관한 조약」) 등이 대표적인 것이다. 영국의 1988년 교육법은 인류사를 완전히 바꿔 놓을 정도로 가치관이 다르며 소비나 지식의 매매관계로 파악한 이 교육관은 치졸하고 난폭하다고 말할 수 있다.

제3장은 33~51조로 지역교육청에 부여되어 있는 학교관리권(예산, 인사 등)을 학교에 위양하도록 정해 놓았다. 학교는 이사회를 만들고 독자적인 운영을 한다. 그러나 정부가 펼쳐 놓은 경쟁 시스템의 구도 속에서 움직이기 때문에 자유는 적고 학교 간 격차를 전제로 해서 '학교 선택'에 응해야 하며 교육의 질을 경쟁적으로 추구해야 한다.

제4장은 52~104조로 지역자치체의 관리에서 벗어나서 중앙직결의 '보조금유지학교(GMS)'도 설립할 수 있게 되었다. 학교를 지역자치의 루트에서 제외시켜 대처 교육개혁 이전의 노동당 영향을 배제하고 교육의 주도권을 보수당이 잡는다는 전략이다. 이 제도에 따라서 몇몇 학교는 관리강화를 받는 대신에 재원을 중앙에서 직접 얻어 지역교육청을 벗어났다.

1부 제5장과 2부 제1, 2장의 105~138조에는 고등교육과 평생교육을, 또한 제3, 4장의 139~161조에는 지역에서 설립한 고등교육과 평생교육의 재정과 관리를 규정하였다. 제3부 162~196조에는 특별히 런던교육에 대해서 상술하고 당시 노동당의 아성인 '런던지역교육청'의 해체를 규정했다.

이들 내용은 미국의 『위기에 선 국가』(1983년)를 방불케 하는 것이다. 그러나 레이건 정권은 그것을 보고서 작성으로 그쳤지만 대처 정권은 현실의 법률로 실현시켜 각종 기구를 배치하는 데까지 전환시켰다.

다시 말하면 1988년 교육법은 교육에 시장원리를 관철시킨 것이지만 거기에는 중대한 두 가지 사항이 변경되어 있다. 한 가지는 평등인가 질인가 하는 양자택일에 직면한 것이다. 이는 질의 확보가 중요하다는 것을 의미한다. 그 결과 평등을 경시하고 경쟁을 강조하여 교육 본래의 질이 파괴되었다.

1988년 교육법의 또 다른 중점 사항은 학교선택제이다. 시장원리를 적용시키면 교육은 상품, 부모는 소비자, 학교는 점포, 교사는 판매원이 된다. 지금까지 교육학의 본질로 간주되어 온 인권의 확립이라는 이론이 여기서 근본부터 무너진다. 사람을 기르는 심오한 교육행위가 지식과 기능의 매매행위로 변질되어 버리기 때문이다. 게다가 부모에게는 좋은 교육을 사는 소비자라는 착각을 들게 한다. 부모는 우리 아이의 양육자·교육자여야 하는데 교육을 학교에서 사는 것으로 부모 역할이 바뀐 듯한 분위기가 생겼다. 그러한 이론적 위험이 학교선택제도에 수반되어 있다.

1993년 체제

그 뒤 영국에는 1992년 교육법에 따라 교육기준청이 재편되었고, 또한 1993년 교육법에는 공설민영, 다시 말해서 공교육의 운영이 '민간'에

그림 2-2, 2-3, 2-4

레벨 1

다음을 계산하시오.

$$4 + 5 =$$

$$6 + 2 =$$

$$8 - 3 =$$

$$7 - 5 =$$

레벨 2

빈칸에 알맞은 수를 써 넣으시오.

1, 2, 3, □, 5, 6

2, 1, 2, 1, □, 1

2, 4, □, 8, 10, 12

10, 9, 8, □, 6, 5

$$4 + 2 = □$$

$$5 - □ = 4$$

$$□ + 7 = 8$$

$$□ + 3 = 5$$

레벨 3

줄넘기 1개는 1.25파운드입니다.
줄넘기 4개는 얼마일까요?

* 그림 2-2~8 모두 다음 책을 참조했다. Charles
Hymas, *The Sunday Times : The National Curriculum
: A Guide for Parents*, Chapmans, 1993, pp.42-52.

개방되었다.

또한 이 법률이 설립된 바로 그 무렵 전국학력평가의 실시체제가 개
혁되었다. 최초의 시험은 3~4주나 걸렸고 면접방식을 도입해 실시했
다. 성적을 집계하는 데에도 시간이 걸렸다. 이와 같은 경험으로부터 이
제는 지필 시험만 쳐서 시험 시간을 단축시키고 협소한 범위의 문제에
한정시켜, 그 결과 적은 정보밖에 가져올 수 없는 시험에 이르게 되었다.

예를 들면 구체적으로 영국의 전국학력평가 초·중등 수학의 지문을

그림 2-5, 2-6

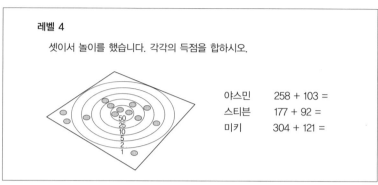

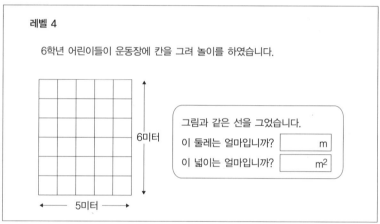

살펴보자. 그림 2-2~8은 1993년 전국학력평가에서 사용한 구체적인 예이다.[8] 정부의 설정에는 7세는 '레벨 2', 11세는 '레벨 4', 14세는 '레벨 5'에 도달하면 합격이다. 그렇게 어렵다고 생각할 수 없지만, 이런 것으로 초·중등 수학의 능력이 어느 정도나 측정될 수 있을까? 시험 대비

---

[8] _ Charles Hymas, *The Sunday Times : The National Curriculum : A Guide for Parents*, Chapmans, 1993.

그림 2-7

레벨 5

래시드와 기타는 45도로 된 직각삼각형을 써서 나무의 높이를 재려고 했습니다.
아래는 그때의 그림입니다.

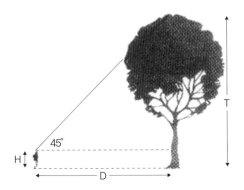

나무의 높이(T)는 나무에서 기타까지의 거리(D)와 기타의 키(H)의
합이라고 래시드가 말했습니다.

래시드가 말한 것을 T, D, H의 기호를 써서 식으로 써 보시오.

라고 해서 이런 문제만 푼다면 정말로 필요한 사고력이나 응용력은 생
기지 않을 것이다.

1993년경부터 시험 대비용 문제집이 서점에 많이 진열되었다. 살펴보
면 지식의 암기나 계산문제로 가득하다. 교과의 지식과 기능을 기초로
전국학력평가를 만들면 학력을 파악하는 방식이 지극히 단순해져 버린
다는 것을 잘 보여주고 있다.

그림 2-8

레벨 6

학교 잔디를 만들려고 씨를 뿌릴 생각입니다.
그것을 계산하기 위해서, 한 변의 길이와
정사각형의 넓이를 다음과 같이
표로 만들었습니다.

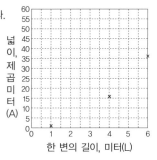

한 변의 길이(미터)	넓이(제곱미터)
1	1
2	4
3	9
4	16
5	25
6	36

여섯 개 점 가운데 세 개의
점만 그래프에 ×로 표시되어
있습니다. 남은 점들을
표시하시오.

$A = L^2$의 그래프를 그리시오.

한 변이 3.5미터인 정사각형의
넓이는 얼마입니까?   m²

그래프 위에 이 점을 써 넣으시오.

어린이들 주위에는 더 재미있는 생활 장면이 있다. 그런 것으로 더 많
은 사고가 신장되지 않을까? 시험점수에 사로잡히면 학력문제 해결은
요원하다.

교육학을 뭉개다

학력향상으로 갖고 나온 해법은 일견 교육적으로 보이지만 기실, 교육
학적으로 뒷받침된 것은 아니었다. 교육사연구자 스티븐 볼 교수는 "전

혀, '성실한' 논쟁도 없었고, 언어 놀이로 "" 실제 검증도 증거도 없이 ""9 교육은 정치에 의해 움직여졌다고 지적한다.

그렇지만 영국 교육사연구자 리처드 올드리치(Richard Aldrich)는 "지역교육청과 교사의 통제력을 축소시키고 중앙정부의 권한을 증가시킨 최근의 대부분의 변화는 분명 모든 정당의 정치가와 국민대중의 상당한 지지를 얻고 있다."10고 하였다. 왜 그렇게 되었을까? 도대체 교육계에 무엇이 일어났던 것일까?

진보주의 교육을 비판한 것은 보수당만이 아니었다.

대처 교육개혁으로 소급된 지 10년도 더 전에 이미 1976년 10월 당시 노동당 정권의 제임스 캘러핸(James Callaghan) 수상은 초등학교 수업이 기초기본의 습득을 소홀히 하고 학생의 학력을 신장시키지 못하며 지금까지 노동당이 추진해 온 종합제학교가 산업계의 요청에 응하지 못한다고 연설에서 지적했다.

그러나 캘러핸은 단지 "교과학습보다는 산업에 실제 응용할 수 있도록 기술에 더 치중해야 한다."11고 하며 지식교육보다는 실제 교육의 중시를 말했을 뿐 이후 대처개혁에서 말하는 '교과학습'을 강조했던 것은 아니었다.

『타임스 교육판』의 편집장이었던 스튜어트 머클루어(Stuart Maclure)는 대처 교육개혁의 역사를 뒤쫓으면서 이 캘러핸 연설을 "전후교육의

---

9 _ Stephen J. Ball, *Education Reform : A critical and post-structural approach*, Open University Press, 1994, p.43.

10 _ Richard Aldrich 著, 松塚俊三他監譯, 『イギリスの教育——歴史との對話』, 玉川大學出版部, 2001, 128쪽.

11 _ 『タイムズ教育版』, 1976.10.22.

082 영국 교육의 실패와 핀란드의 성공

모든 전제와 전혀 다른, 보다 비속하면서, 보다 현실주의적으로, 그리고 보다 실용주의적인 일련의 견해로 바꾸어야 한다는 공식적 선언"[12]이라고 평했다.

결국 교육목적을 산업에 대한 적응으로 포착한 그 발단은 대처 교육개혁에 앞서 이미 나타났던 것이다.

그러면 대처 교육개혁의 이야기로 돌아가 보자.

케네스 클라크 교육부장관은 1991년에 교육전문가들이 '아동중심주의'에 입각했다고 비난하며 교사의 일은 '어떻게 효율적으로 가르칠 것인지'에 있다고 주장했다. 질보다 양에 시선이 가 있었던 것이다.

케네스 클라크 교육부장관이 이상으로 삼은 것은 이웃나라 프랑스였다. 프랑스에서는 교사들이 고도로 중앙집권화된 '국가교육과정'(일본의 학습지도요령에 상당함)에 따라 일을 하고 있었고 수업은 조직적·계획적으로 산업에 대응하는 새로운 과제를 추구하고 있었으며 프랑스 학생들은 성적을 올리고 있었다.

구체적 교육과정인 국가교육과정은 1988년 교육법에 근거하여 이 해에 설치된 '국가교육과정 심의위원회(NCC)'에서 작성된 것이다. 교육과정이 전 교과에서 완전하게 형태를 갖춘 것은 1992년의 일이다. 그러나 이 위원회의 인사전형이 정부 편의대로 진행되었다. 그 때문에 국가교육과정은 "전문가(곧 교육학자나 교육과정 전문가 혹은 각 교과의 스페셜리스트들)의 목소리를 듣지 않고 강행한, 확실한 이론적 기초나 일관성을 갖추지 않은 비실천적 혹은 불충분한 내용밖에 지니지 못한 대용품"이

---

12 _ Stuart Maclure, *Educational Re-formed*, Hodder and Stoughton, 1988, p.153.

라고 발족 당시부터 교육관계자의 비판이 일었다. 교육사회학 연구자 시미즈 코우키치에 따르면, 당시 영국에서는 "정부가 학생의 자주성을 존중하고 발견이나 창조성 개념을 중시하는 진보주의 교육사상이야말로 국민의 학력 저하의 원흉이라고 생각하여 실질적으로 그들을 배제시켰기 때문"이라고 이야기되었다 한다.

그러면 어떤 생각을 가진 회원들이 국가교육과정 심의위원회에 들어갔는가?

교육연구자 앨버트 켈리(A. Vic Kelly)는 1988년 교육개혁에 대해서 추진자들은 교육수준을 향상시키는 것에만 관심이 있을 뿐 법률이 기대고 있는 철학 내지 교육이념을 말하지 않았다고 비판하였다. 그리고 켈리는 1988년 교육법과 국가교육과정을 분석하고, 다음 세 가지를 그 철학 내지 이데올로기로서 판단했다. 즉, 어린이의 구체적인 경험을 무시하면서 지식을 뿔뿔이 해체해서 가르치려는 '도구주의', 교육을 소비행위로 취급한 '상업주의', 비즈니스 세계로 통하며 나아가 사회 다원주의로 경쟁을 합리화하고 평등을 배제하는 '엘리트주의'로 분석하였다.[14]

예를 들면 교과의 균형 한 가지만 하더라도 사회에서 이를 다루기 위해서는 여러 가지 사고방식이 필요하다. 찰스 퍼시 스노우(C. P. Snow)가 『두 문화』[15]에서 논했던 것처럼, 현대사회에는 인문학과 과학이라는 서로 다른 문화적 배경을 지닌 두 가지 사고 패턴이 있다는 지적은 과학이 흥륭하는 시대에 사는 우리들로 하여금 서로 다른 유형의 사고 패턴의

---

13 _ 志水宏吉, 「変わりゆくイギリスの學校」, 앞과 동일, 55쪽.
14 _ A. Vic Kelly, *The National Curriculum : A critical review*, Paul Chapman, 1990, pp.45-53.
15 _ C·P·スノー 著, 松井卷之助譯, 「二つの文化と科學革命」, みすず書房, 1967.

존재를 의식하게 한다. 그러나 교육에서는 학교 교육과정에 대해서도, 그리고 문과인지 이과인지 하는 수업시간수의 균형에 대해서도 논쟁은 없다.

켈리는 국가교육과정에 따른 '중점 교과'의 수업시간 배분에서 나타나는 것처럼 당시 교육부장관이 교육과정의 '폭과 균형'을 실제로는 마음대로 해석하고 있다고 비판하였다. 어쨌든 영국은 대처 교육개혁이 시작되는 1988년까지는 국가교육과정이 없었기 때문에 교육계는 교육과정의 획일화를 인간상을 결정할 정도의 큰 문제로서 받아들였다.

위기를 느낀 영국 교육철학회는 국가의 교육목적이 학교 교육과정에 영향을 끼치는 것에 대해서 문제시하기 시작했다. 학회는 이 물음이 더 이상 방치될 수 없을 정도로 근본적인 것임을 최근에 들어서야 인식하게 되었다. 학회지 『임팩트』 편집부는

"왜 우리는 현행의 교과를 가르치고 있는 것일까? 왜 음악을, 수학을, 외국어를 가르치는 것일까? 특히 지금 학교에서 어린이들에게 가르치고 있는 내용을 우리는 왜 가르치는 것일까?"

라고 문제 제기하며 다음과 같이 비판하였다.

"이와 같은 물음은 철학자를 고뇌하게 할지라도 목전의 실리적인 관심 밖에 없는 정책결정자에게는 거의 문제가 되지 않는다."

편집부는 영국 교육철학회에서 최근 30년 이상 중심적으로 활동해 온

런던 대학교 교육학부 교수 존 화이트에게 이 문제를 어떻게 생각해야 할지 물었다. 그리고 그 역시 학회편집부와 같이 이를 의심스럽게 생각한다고 말했다. 화이트는 교과의 조합은 단지 한 가지 옳은 형태만 있는 것이 아니라고 했다. 그는 교과의 배움은 사람마다 각자 다르다고 하면서 다음과 같이 말하였다.

"학구적인 교과기반 교육과정은 중산계급이 만들어낸 것이다."
"전통적 교육과정은 이론적 근거가 있는 것처럼 보이지만 1988년에 국정화되었을 때에 이미 합리성이 결여되었다."[16]

1988년 교육법에 기초한 국가교육과정은 국민 전원에게 일률적으로 강제할 수 있을 정도로 교육학적 근거가 있었던 것은 아니었다. 그럼에도 정치력으로 강제했다.

일본에서는 오랜 세월 중앙정부에서 교육과정을 결정해왔기 때문에 영국 교육철학회의 이와 같은 물음이 얼토당토않은 것으로 보일지 모른다. 그러나 배우는 아이들 입장에서 교육과정을 바로잡으려고 하는 시각은 일본에서도 중요한 것일 게다.

다시 말해서 영국 국가교육과정은 당시 영국의 주요한 교육학 연구자들을 배제해서 만든, 교육의 입장에서 말하면 근본적인 결함을 지닌 것이라고 계속 지적되어왔다.

국가교육과정의 도입은 전후 영국 교육에서 아주 중대한 개혁이다.

---

16 _ John White, *What Schools are for and Why*, Philosophy of Education Society of Great Britain, 2007, pp. 7–10.

이것에 의해 모든 학생이 배워야 할 "지식과 기능을 정의하는 것으로 수준을 높인다."[17]는 목표가 생겼다. 그러나 이러한 것은 교육이란 '지식과 기능'의 전달 내지 육성이라는 정의와 같다.

이렇게 해서 일단 교육이 '지식과 기능'의 전달 혹은 육성으로 정의되면 교육방법은 지극히 획일적인 '지식과 기능'을 주입하는 교육이 되고 교육은 수업의 반복 훈련으로 해석되어 버린다.

'아동중심주의 교육' 혹은 '진보주의 교육'을 부정하려는 이들은 '국가가 규정하는 교육 내용을 개개인의 흥미·관심과 무관하게 획일적으로 전통적 교육과정과 일제수업에 의해, 교사가 권위를 가지고 훈련과 경쟁으로 주입시키는 수업'을 부활시키려 했다. 이것이 대처 교육개혁의 교육적 본질이다. 이렇게 해서 영국의 교육은 『플라우던 보고서』(1967년) 이전으로 되돌아가 버렸다.

노동당 정권이 되어서도 이야기는 같았다. 1997년 블레어 노동당정권의 발족 당초에 데이비드 블런켓(David Blunkett) 교육부장관은 "초등학교 교육의 목적은 읽고, 쓰고, 계산을 익히는 것"이라고 이야기를 단순화시켰다. 그가 주장한 뒤 기초학력 향상 전략이 진행되어 수리능력 향상 수업은 1998년 9월부터, 문해력 향상 수업은 1999년 9월부터 초등학교에서 매일 아침 한 시간씩 실시하게 되었다.

그러나 국가교육과정에 관한 교육관계자의 문제의식은 해가 갈수록 커져 실시한 지 10년이 지난 1990년대 말에 이르렀을 때는 그 목소리가 지역의회를 움직일 정도가 되었다.

---

17 _ Charles Hymas, *The Sunday Times*, 앞과 동일, p.iv.

지리 교육 전문가인 전 웨일스 대학교 교수 리처드 도허티(Richard Doherty)도 "아이들이 어떻게 학습하는지, 배운 지식을 어떻게 응용하는지 교육의 기본에 대해서 철학이 명확하지 않았다."[18]고 술회하였다. 그를 위원장으로 하는 보고서가 웨일스 의회에 제출되었고 2004년부터 웨일스 의회는 대처교육개혁 노선에서 확실하게 이탈했다.

아시아로 회귀한 미국과 영국

원래 헤겔 등 유럽인들이 생각한 역사관은 아시아적 전제주의는 역사적으로 뒤쳐진 것이며 유럽의 민주주의야말로 역사적으로 진보한 것이라는 견해였다.

그러나 교육사에서는 전혀 다른 기묘한 현상이 일어났다.

개인주의적 규범원리가 국가주의적인 것으로 되돌아가버리는 것처럼 다문화·다원주의의 자유주의적 교육제도가 돌연 역행하기 시작한 것이다. 원인은 경제발전에 대한 초조함과 '저학력' 비판에 있었다.

대처 교육개혁이 있은 지 10년 후에 간행된 교육행정연구자 앤디 그린(Andy Green)의 저서는 이 내막을 분명하게 표현하고 있다.

그는 1970년대부터 1990년대 연구서를 분석하면서 국제학력평가의 성적을 비교한 뒤 "프랑스, 독일, 일본, 스웨덴, 싱가포르라고 하는 '집권형' 국가들이 전통적으로 '분권적' 성격의 다른 국가들, 즉 영국과 미국보다 더 좋은 결과를 얻고 있는 것을 통계적으로 보여준 것"[19]이라는

18 _ 阿部菜穂子, 「イギリスの學校から12」, 『敎職硏修』, 2006년 6월호, 79쪽.
19 _ アンディ·グリーン著, 大田直子譯, 『敎育·グローバリゼーション·國民國家』, 東京都立大

결론을 내렸다. 또한 그는 "선진국에서 교육재정지출의 수준과 교육성과 사이에는 중요한 통계적 관계가 보이지 않는다. (……) 일본은 싱가포르에 비해 학생 일인당 공비지출이 낮지만 가장 높다고 말할 수 있을 정도로 교육성과를 올리고 있다."[20]고 분석하였다. 학력문제는 재정문제가 아니라고 판단한 것이다. 그렇다면 교육시스템의 존재방식이 원인이라는 속단을 내릴 수 있다.

"좋은 결과를 내고 있는 나라와 비교해서 잉글랜드(그리고 웨일스)와 미국은 상대적으로 모든 학생에게 제도적으로 높은 기대를 갖게 하는 데 성공하지 못했다. 두 나라 모두 엘리트를 교육하는 점에서는 국제적으로 가장 높은 수준에서 성공하였다. 그러나 이러한 엘리트가 지닌 높은 지망을 모든 학생에게 일반화하는 것에는 실패하였다."

"최근 두 나라 정부를 시작으로 관계자는 사회 전체를 통해 '학습문화'의 결여를 자주 한탄하며 일본이나 독일과 같은 다른 나라와 자기 나라 사이에는 바람직하지 않은 이러한 차이가 있다는 것을 인정하였다."[21]

그린은 학습의욕이 들끓는 학습문화를 국민 전체에 걸쳐 만들어내야 한다고 말한다. 그러나 어떻게 해야 하는가?

"유럽적인 교육제도 가운데 잉글랜드만이 최근까지 국가교육과정이

學出版會, 2000, 155쪽.
20 _ アンディ・グリーン著, 大田直子譯, 『教育・グローバリゼーション・國民國家』, 앞과 동일, 156쪽.
21 _ アンディ・グリーン著, 大田直子譯, 『教育・グローバリゼーション・國民國家』, 앞과 동일, 161쪽.

없었다."

"유럽 대륙에서 말하는 것과 같은 국가적 자격제도는 영국에도 미국에도 없다."

"영국과 미국에도 중요한 영역에서 중앙 규제의 희박함이 실천의 다양성을 허용하였다. 두 나라 어디에도 프랑스, 독일, 일본과 같이 전 영역에 걸친 학교교육의 공통 제도적 구조가 있다고는 주장할 수 없다."[22]

요컨대 여기서 말하는 국가적 자격제도란 전국 공통의 중등교육 졸업시험(GCSE) 등 자격인정제도와 국가교육과정에 기초한 전국학력평가를 의미한다. 앤디 그린은 역시 학교교육은 중앙에서 통제할 수밖에 없다고 말하고 있다. 대처 교육개혁의 추이를 10년 정도 지켜본 뒤에 여전히 이와 같은 주장이 공언되고 있다는 것은 '교육개혁'이 초래하는 여러 가지 부정적인 결과에도 불구하고 주입식 교육관은 정부 측의 교육관계자에게 뿌리 깊게 자리하고 있다는 것을 보여준다.

전국 공통의 교과기반 교육과정에 근거하고 획일적인 수업을 전국에 보급하는 것, 이것이 대처 교육개혁의 중추였다. 그것은 또한 신보수주의의 발상이었다고 바꿔 말할 수 있다.

우선 영국은 교육과정의 전국획일성에 눈을 돌렸다. 일본과 영국의 교육과정을 비교한 연구에 따르면 이렇게 기술되어 있다.

"일본의 수업 과정은 만 15세까지 고정적인 국가교육과정을 운용하며

22 _ アンディ・グリーン著, 大田直子譯, 『教育・グローバリゼーション・國民國家』, 앞과 동일, 161~162쪽.

표 2-2 수업형태(교사·학생 관계) 비율

조사 연대	출전	개별	소모둠	일제수업
1970년대 말	관찰연구·수업평가 (ORACLE)조사	72%	9	19
1980년대 초기	소규모학교교육과정 (PRISM)조사	61(저) 58(고)	13 16	26 26
	『5분의 1』	51(저)	18	30
1980년대 중기	『학교문제』	65(저)	10	25
1989~1990년	소규모학교의 국가교육 과정실시(INCSS)조사	59(저)	18	23
1990~1995년	초등학교 교육과정·실 천조사(PACE)	50(저) 57(저)	19 14	32 30

* (저)는 저학년, (고)는 고학년을 나타낸다.
* Maurice Galton, Linda Hargreaves, Chris Comber and Debbie Wall with Anthony Pell, *Inside and Primary Classroom: 20 Year on*, Routledge, 1999, p. 57.
* 수업방법으로서 개별활동이 적어지고 일제수업이 증가되었다.

그 뒤에는 상당할 정도로 일반교육의 필수과목을 공통 교육과정으로 삼는다. (……) 그 수준은 우리나라보다도 더 높다고 생각한다."[23]

다음으로 수업형태를 조사한 연구에 따르면 표 2-2와 같이 되어 있다. 연구는 영국이 개인활동이나 모둠활동이 아닌 반 전체 아이들에게 동일한 반응을 요구하는 수업을 한다고 하는데, 말하자면 일제수업이 증가되고 있다는 지적이다. 이러한 흐름도 일본이나 아시아 여러 나라와의 관계에서 설명된다고 한다.

다른 조사에서는 1996년 단계에서 영국은 초등학교 수업시간이 50%, 그 중에도 과학 수업의 60%가 일제수업으로 바뀌었다고 보고되고 있다.

23 _ Mike Howarth, *Britain's Educational Reform : A comparison with Japan*, Routledge, 1991, p.93.

그 당시 교육기준청에 소속한 잉글랜드·웨일스 장학관 우드헤드는 일제수업의 수업비중이 여전히 충분하지 않다고 주장하였다. 그는 1990년 자료로 수학 성적순위가 높은 나라일수록 일제수업을 하고 있다고 분석했다. 다시 말해서 1위 중국은 80%, 공동 2위인 한국과 대만은 73%, 4위 스위스는 71%, 5위 구소련은 70%이지만, 영국은 11위로 61%, 미국은 15위로 55%라는 것이다.[24]

게다가 교육기준청으로부터 지지를 받은 연구가 이 해에 나왔다. 데이비드 레이놀즈와 숀 파렐은 대만, 한국, 일본, 싱가포르, 홍콩과 비교해서 영국 아이들의 수학 성적이 나쁘다고 지적하고 "왜 동아시아 여러 나라 아이들은 다인수 반인데도 성적이 좋은가?" 물으며 교사의 '권위'를 높이고 '일제수업'을 할 것을 주장했다.

레이놀즈와 파렐은 '쌍방향 일제수업'을 말한다. 하지만 이는 아이들의 발언을 중시하는 것이 아니라 교사의 권위에 기초한 일방적 수업을 상정한 것이다. 그들은 다음과 같이 설명하였다. 다시 말해서 수업이란 '고도로 계통화된 사고'를 발달시키는 '고도로 계통화된 발문'에 따라 학생들의 이해를 체크하면서 '직접 가르치는 것'이다. 레이놀즈와 파렐은 이러한 과정이 '물음과 답변의 축소'를 초래할 것이라고도 생각하였다.[25] 교육이란 교과 지식의 주입이며 교사의 일이란 아이들의 도달 정

---

24 _ Woodhead tells teachers to study eastern approach, *The Guardian*, 3 June 1996.
    http://www.lancs.ac.uk/staff/towse/presscutt.html
    같은 것으로 Woodhead. *Whole Class Teaching : Hard lessons From Abroad* ITV(1996).
    http://www.partnership.mmu.ac.uk/cme/Student_Writings/DMELE/Nigel_Porteous.html
25 _ David Reynolds and Shaun Farrell, *Worlds Apart : A Review of International Surveys of Educational Achievement involving England : Office for Standards in*

도를 체크하면서 충분히 가르치는 일이라는 것이다. 일제수업이라는 교육관의 문제는 교육을 지식·기술을 주입하는 훈련식 수업으로 해석하는 교육철학이라는 데 있다.

우드헤드 수석장학관은 "교사에게 노력을 재촉하고 나라의 학력수준을 올리기 위해서는 일본의 학습지도요령을 배울 필요가 있었다."[26]라고 회고하며 "우리는 일본의 교육을 모방하려고 노력했는데 지금은 일본이 우리를 모방하려 하고 있다. 재미있는 일이다."라고 하였다. 미국의 정치학자 셸든 월린도 '위기에 선 국가' 미국이 모델로 삼은 것은 버블기의 일본 교육이었다고 지적하였다. 미국은 국제경쟁에서 이기기 위해 "점점 교육의 모범으로서 일본을, 다시 말해서 개인의 필요에 대해서는 상대적으로 무관심하고 집단 연대에 대한 몰입으로 일찍부터 유명한 사회를 찾아냈다."[27]고 한다.

이렇게 해서 앵글로색슨 모델은 유럽적 민주주의를 버리고 아시아로 회귀한다.

교육목적이 왜곡되다

인간을 기르는 것은 실제로 그렇게 교육지표나 교육가치가 정해져 있는 것은 아니다. 교과에 기초해서 국가가 정한 지식과 기술을 가르치는 것을 교육으로 간주하는 입장은 지식이나 기능을 묻는 직업자격양성과 동

Education(OFSTED) Reviews of Research, Stationary Office Books, 1996.
26 _ 『讀賣新聞』, 2007.4.11.
27 _ ウォリン著, 千葉眞他譯, 『アメリカ憲法の呪縛』, 앞과 동일, 78쪽.

일한 논리이다. 정해진 지식이나 기능을 익히는 것은 직업자격을 취득한다는 발상이다. 의무교육의 목적은 인간을 기르는 것에 있다. 아무래도 세상 사람들은 의무교육과 직업·전문 교육이라는 두 가지 교육을 혼동하는 것 같다.

그때까지 영국은 학교마다 교사 개개인이 가르칠 내용과 방법을 결정할 수 있었다. 거기에는 창조의 가능성이 충분히 간직되어 있었다. 그러나 지역이나 학교, 교사에 따라 교육 내용이 제각각이어서 국민의 신뢰감이 낮았고, 또한 시대의 변화에 대응할 수 없는 것은 아닌지 하는 의심도 있었다. 그래서 "전국적인 교육수준을 만든다는 점에서 그렇게 큰 반대는 없었다."며 도허티 웨일스 대학교 명예교수가 일본에서 강연을 했다. 그는 후에 웨일스 의회 조사위원장이 되어 전국학력평가를 비판했다. 그런 그인데도 당시를 그렇게 회고한 것이다.[28]

1988년 교육법의 첫 부분에는 "공립학교에 다니는 학생의 정신적·도덕적·문화적·심리적·신체적 발달을 촉진하고, 성인으로서 사회생활에 필요한 기회·책임·경험을 부여하도록 균형 있는 폭넓은 교육과정을 준비할 것(1조2항)"이라는 교육목적이 규정되어 있다.

그런데 현실은 법의 문구와는 정반대로 시험 경쟁을 위해 '균형이 붕괴된' 교육과정이 전국에 횡행하여 어린이들을 강요하는 사태를 낳았다. 그것은 왜인가?

영국은 국가교육과정의 설정에 따라 교과가 정해지게 되었다. 교과는

---

28 _ 리처드 도허티는 2007년에 오이타 현(大分縣)에서 이루어진 일교조 제56차 교육연구전국집회 학력문제특별분과회에서 강연했다. 강연 요지는 다음을 참고하라. 「教育成果改善のための學力調査改革」, 「教育と文化」, 2007, 夏号, 25-35쪽, 혹은 「全國學力テストとイギリス」, アドバンテージサーバー, 2007(근간).

영어 · 수학 · 과학이라고 하는 '중점교과'와 미술 · 지리 · 역사 · 외국어 · 음악 · 체육 · 기술이라고 하는 '기초교과'로 나눠지고, '중점교과'에는 일정 수업시수가 지정되었다. 교육과정에 관해 앞서 언급한 화이트의 지적은 교과의 필요성은 어린이마다 모두 다르기 때문에 이처럼 모든 사람에게 일률적으로 중점교과를 지정할 수 없다는 의미도 있다.

교과는 또한 학습영역으로 나눠져 도달목표가 정해지고 이 영역에 대해서는 각각 여덟 단계의 도달수준이 규정되었다. 영어 영역은 「듣기 · 말하기」, 「읽기」, 「쓰기」, 수학은 「수학의 사용과 응용」, 「수와 대수」, 「도형과 측정」, 「자료처리」, 과학은 「실험과 자연탐구」, 「생명과정과 생물」, 「물질과 특성」, 「물리과정」, 디자인 · 기술은 「디자인」, 「제작」, 정보기술, 역사, 지리는 각각 한 영역, 외국어는 「듣기 · 응답」, 「말하기」, 「읽기 · 응답」, 「쓰기」이다.[29]

이러한 각 교과의 교육과정은 1989년부터 점차 도입되었고 각 교과의 가이드라인 책정은 1992년에 전교과로 완성되었다. 이때를 전후로 해서 전국학력평가가 시작되었다.

시험 체제는 표 2-3과 같다. 의무교육기간은 2, 4, 3, 2년으로 나눠지고, 각각 키 스테이지라고 불린다. 각각의 키 스테이지 최종 학년에 전국학력평가가 실시된다. 시험과목은 표에 나타났지만 특히 초등학교 최종학년인 11세 시점에서는 시험 교과만 집중해서 공부하는 경향이 있다.

평가 결과는 학교순위표에 따라 보도된다. 그 공표치는 키 스테이지 1에서 '레벨 2' 이상에 도달한 학생 비율이다.

---

29 _ Department for Education, *The National Curriculum*, London ; HMSO, 1995. 한편 1998년 법제정 때에는 10수준이 고려되었다.

키 스테이지	1	2	3	4	식스 폼 (6학년)	
수험학년	초등 2학년	초등 6학년	중등 3학년	중등 5학년		
수험연령	7세	11세	14세	16세	17세	18세
수험평가	전국학력평가(SAT)	전국학력평가(SAT)	전국학력평가(SAT)	GCSE	AS	A
실시개시년	1991년	1995년	1993년	1988년	1987년	1951년
일람표공표 개시년		1997년 3월	2003년	1992년 11월		
학교순위표 표시	레벨 2 이상 비율	레벨 4 이상 비율	레벨 5 이상 비율	C 이상이 다섯 과목 이상		
수험과목	영어, 초등 수학	영어, 초등 수학, 과학(종합)	영어, 수학, 과학(생물, 물리, 화학)	5교과 이상	5교과	3교과

도달레벨	1	2	3	4 (평가)
예외적			예외적	A*
8			표준 이상	A
7			표준 이상	B
6		예외적	표준	C(합격)
5		표준 이상	표준(합격)	D
4	예외적	표준(합격)		E
3	표준 이상			F
2	표준(합격)			G(급제)
1				U(평가 없음)

* 국가교육과정은 키 스테이지로 결정되고 키 스테이지를 마칠 때 '전국학력평가'가 실시된다.
* 국가교육과정의 학습정도는 도달 레벨로 측정한다.
* 키 스테이지마다 합격 레벨이 결정되고 합격선의 도달률을 학교순위표로 공표한다. 그 때문에 합력 레벨보다 낮은 학생들은 무시되고, 동시에 합격 레벨을 크게 넘어서는 학생은 방치되는 경향이 있다.
* 전국학력평가 과목이 한정되어 있기 때문에 시험과목이 아니면 수업이 배제되는 경향이 있다.
* GCSE 중등교육 졸업시험은 1951년에 시작한 GCE(일반교육 졸업시험)를 1988년에 개조한 것이다.
* GCSE 시험은 GCE의 O레벨 시험 혹은 단순히 O레벨 시험이라고 부르며, 또한 AS레벨 시험과 A레벨 시험은 GCS의 AS레벨 시험, GCE의 A레벨 시험으로 불린다.

그래서 시험 대비로 다음과 같은 것이 제기되었다.

"합격 수준의 경계선에 있는 어린이(특히 평가가 실시되는 6학년 어린이)는 매년, '추가 수업(Booster Class)'이라고 불리는 보충 학습반에 들어가서 아침 일찍 혹은 방과 후에 수업을 받는다."[30]

예를 들면 11세는 '레벨 4'가 경계선이기 때문에 '레벨 3'와 '레벨 4'의 학생들은 특별히 보충교육을 받아야 한다. 왜냐하면 그 이하의 어린이는 여간한 노력으로는 합격선에 도달하지 못하고 그 이상의 아이는 그냥 놔두어도 합격하기 때문이다. 공립학교에서는 고학력 어린이의 능력을 신장시켜줄 태세가 되어 있지 않으며 거꾸로 저학력 어린이는 성가신 존재가 되고 말았다.

GCSE에서도 이야기는 마찬가지이다. 대학 진학 대상으로 A～C의 합격률이 집계되자, 공립학교에 남겨진 얼마 안 되는 교육 노력은 B에서 A로, 혹은 E에서 D로 오를 가능성이 있는 학생보다 C와 D의 경계선 부근의 학생에게 거의 다 쏟아 붓는다.[31] '균형 잡힌 폭넓은 교육과정'을 모든 학생들에게 보장한다는 국가교육과정의 취지에서 점점 동떨어진 교육을 실시하게 되었다. 교육학 연구자 클라이디 치티(Clidye Chitty) 교수는 그 이유가 전국학력평가에서 학교의 활동성과가 측정되고 있기 때문이라고 지적하였다.

---

30 _ 阿部菜穂子, 「イギリス「教育改革」の教訓」, 2007, 18쪽. 부스터반(booster class)은 로켓을 쏘아올릴 때에 가속용으로 특별히 장치된 부스터에서 연유된 이름이라 생각된다.

31 _ Clyde Chitty, *Education Policy in Britain*, Palgrave Macmillan, 2004, p.205.

다문화 문제를 무시하는 보수적 교육과정

제2차 세계대전 후, 특히 1970년대 이후가 되자 유럽의 여러 나라에서는 '이질적 지식'과 다문화가 시대의 추세가 되었다. 그 위에서 민주주의나 자유 등 문화나 교육 영역에서 유럽적 가치를 공유하는 '유럽화' 또한 추구되었다.

영국도 다문화·다민족 사회가 되었다. 교육 면에서는 차별을 없애고 다문화 이해를 넓혀가려는 '다문화 교육'이 활발하게 일어났다. 특히 1980년대 전반 정점에 이르러 교육내용을 다시 살필 정도로, 다시 말해서 교육과정과 평가 부분까지 다문화 교육이 언급되었다. 교육내용에서도 서로 다른 문화를 도입해서 학력의 내용을 넓히려는 움직임[32]이 나타났다. 교과 수업 가운데서도 다른 문화의 소재를 도입하면서 다문화 교육을 실현하려는 움직임이 일었다.

그러나 보수주의 시점에서 보면 다문화 문제는 학력문제로까지 발전한다. 민족 정체성이라는 자민족의 역사학습과 국어(영어) 보급을 말하면서 이민자에게 '독해력'을 확보하게 하는 것이 초점이다. 이 정치적 압력이 1988년 교육법에 흘러들어 왔다. 교육개혁은 복잡한 요소가 얽혀 있는 것이다.

대처 정권을 지탱하고 있는 정책은 '뉴라이트' 사상이다. 교육연구자 제프 위티(Geoff Whitty)는 '뉴라이트'란 전통·권위·국가정체성·안보를 강조하는 '신보수주의'와 사회복지 분야 등 이전까지는 권리로서

---

32 _ Alma Craft and Geoff Bardell, *Curriculum Opportunities in Multicultural Society*, Harper & Row, 1984. 각 교과의 구성이 제기되어 있다.

받아들였던 영역도 시장원리를 관철시키려는 '신자유주의'의 공존, 이를테면 '국가통제'와 '자유방임'이라는 모순된 방법이 '일정한 범위'에서 타협된 것이라고 지적하였다.[33]

대처 교육개혁처럼 시장원리를 중시하는 교육개혁을 한마디로 '신자유주의'라고 부르고 있지만 '신자유주의'와 '신보수주의'로 구성된 제 요소의 취사선택이야말로 이제부터 관심을 가져야 할 때이다.

영국에는 신보수주의 요소가 많이 편성되어서 대처 교육개혁이 실현되었다. 그것은 왜일까?

본래 신보수주의는 전통·권위·민족정체성·국가안보를 강조한다. 또한 신자유주의는 자유 시장경제를 강조하며 복지 분야를 포함한 사회적 활동 전체에 시장원리를 관철시키려고 한다.

정책결정에 대한 두 가지 흐름에 대해서 교육과정 연구자 볼은 오스트레일리아 연구자 프런티가 1985년에 고찰한 것을 표 2-4와 같이 정리했다. 이 분류는 기업가의 입장을 신자유주의로 문화부흥파의 입장을 신보수주의의 견해로 바꿔 읽으면 쉽게 이해가 된다.

주목할 점은 '가르치는 것에서 배우는 것으로 중점이 혁신되고 전환된다'든지, '협동, 모둠활동'이라는 입장을 기업가가 취하고 있다는 것이다. 이는 '신자유주의' 입장이다. 그러나 대처 교육개혁에는 이 견해가 들어 있지 않았다. 대신 이 표 가운데 '실천 형태' 란에 '경쟁적 개인주의', 즉 신보수주의의 요소가 들어 있다. 말하자면 대처 교육개혁에서

---

33 _ Geoff Whitty, "The New Right and the National Curriculum : State control or market forces," In M. Flude and M. Hammer. *The Educational Reform Act 1988: Its origins and implications*, Falmer Press, 1990, pp.21-36.

| 표 2-4 | 무엇을 가르쳐야 하는가 |

	기업가	문화부흥파
분석 형식	학교는 너무 구태의연하고 지나치게 학구적이며 반산업적이다. 국가의 경제상황은 위기에 있다.	학교는 너무 진보적이고 가치 있는 국민 전통과 교과수준의 분야가 위기에 있다.
교육의 정의	산업과 경제의 필요. 적응적 지식, 유연한 기능, 올바른 태도, 물질에 관한 감수성.	학문적인 것, 문해력과 미적 감수성의 육성, 전통의 재생. 도덕적 복종.
통제 양식	결정적 영향의 지위에 있는 산업과 함께, 교육에 대한 소비자의 통제/영향. 시장의 요청에 책임을 져야 하는 학교.	보다 강한 국가 통제와 절대적인 교육과정. '문화로부터 선택'의 정의. 교과 외 수업 금지와 '정치화된' 교육과정.
실천 형태	가르치는 것에서 배우는 것으로 중점이 혁신, 전환 됨. 등급 기법의 형식 평가와 인물 평가. 공통자금에 기초한 학교교육. 협동, 모둠활동 및 과정과 사회적 기능, 그리고 인식 방법의 강조.	전통, 교사와 가르침의 형식적 관계. 시험에 의한 누적평가와 학문적 능력에 의한 자금 배당. 경쟁적 개인주의, 인지기능과 그 자체로 의미가 있는 지식에 대한 강조.

* Stephen J. Ball, *Politics and Policy Making in Education: Explorations in Policy Sociology*, Routledge, 1990, p.131.
* 이 표는 오늘날 말로 하면 신자유주의와 신보수주의의 주장으로 이해할 수 있다. '문화부흥파'는 '전통파'라는 의미이다.
* 신자유주의는 전통적 교과시스템을 부정하고 신보수주의는 전통적 교과시스템만을 긍정한다.
* 신자유주의는 교과 학력 이외의 '생활력'을 중시하고 신보수주의는 종래의 전통과 도덕을 중시한다.
* 신자유주의는 교육시스템을 시장원리에 맡기려고 하고 신보수주의는 국가관리를 강조하려고 한다.
* 신자유주의는 어린이가 스스로 배우는 학습을 교육이론으로 삼고 신보수주의는 교사가 가르치는 수업을 교육이론으로 삼는다.
* 신자유주의는 지식을 배우는 방식을 중시하고 신보수주의는 공적으로 확인된 지식이나 기능을 의미 있는 것으로서 교육에 보급시키려고 한다.

보이는 '뉴라이트' 사고는 신보수주의와 신자유주의가 잘 맞는 부분을 취사선택해서 관리를 더욱 강화하는 방향으로 편성된 것이다. 그렇게 생각하면 이들 편성에서부터 다른 조합도 가능할 수 있다. 뒤에 설명하겠지만 이는 핀란드가 신보수주의를 적게 하고 신자유주의 입장에서 교육개혁안을 만들어냈기 때문이다(3장 참조).

영국에서 신자유주의 요소는 학교선택과 학교관리에 대한 소비자의
힘에 방해가 되는 지역교육청의 관료주의를 비판했다. 한편 신보수주의
요소는 전통적인 도덕 가치를 폄훼하고 민족의 결함을 알리는 진보적인
교사를 비난했다. 두 요소는 모두 당시 영국 교육 비판이라는 점에서 일
치했다.

그러나 교육정책론 전문가 볼은 이 이론이 내부적으로 일관성도 없고
선택된 철학적 근거도 없어서 어느 것이든 부적절하다고 말하였다.[34]

이렇게 해서 영국에는 신보수주의의 요소가 많이 들어가게 되었다.
교육과정 또한 전통적인 '기준'이나 '가치'가 강조되어 사회주의 내지
사회민주주의의 가치를 부정하는 입장을 취했다.

교육사 연구자 올드리치는 "국가교육과정은 본질적으로 적극적이라
기보다는 퇴행적인, 변화를 가장하며 과거를 온존시키려는 시도였다."[35]
고 했다. 신자유주의는 미래를 보려고 하지만 신보주의는 과거를 보려
고 한다.

1988년 교육법이 성립된 직후 '역사에 관한 국가교육과정 구성팀'이
설립되었는데, 케네스 베이커(Kenneth Baker) 교육부장관은 이 연구계획
에서 영국사를 (교육과정의) 핵심에 앉힐 것이라고 말했다.[36] 이것이 이른
바 '영국판 교과서문제'이다.

예를 들면 힐게이트 그룹(Hillgate Group)이라는 신보수주의 입장의 정

---

34 _ Stephen J. Ball, *Politics and Policy making in Education*, Routledge, 1990.
35 _ Richard Aldrich, 앞과 동일, 67쪽.
36 _ 「타임」지, 1989. 2. 14. 기사의 바탕이 된 전날 의회 심의 의사록에는 '균형이 잡힌 역사 교육
과정 (balanced history curriculum)'이라고 되어 있다.
http://www.parliament.the-stationery-office.com/pa/cm198889/cmhansrd/1989-01-13/
Writtens-1.html

치적 압력단체는 다문화주의적인 교육과정의 도입을 반대하고 모든 어린이들에게 "영국 사회를 충분히 누리고 영국 사회를 증강시키는 데 필요한 지식과 이해력을 부여해야 한다."[37]고 주장하였다. 이들은 때때로 일반교육에 관한 국가시험(GCSE)이나 직업교육에 관한 국가시험(TVEI)에 출제되고 있는 지문이 편중되었고 "국가시험은 자유주의자들에 의해 납치되었다."고 정부비판을 전개하기도 하였다.

다문화 사회의 영향을 받아 영국인 중에서도 제2차 세계대전까지의 식민지 지배에 대한 반성이 일었다. 그런데 이를 부정하고 국가의 역사에 긍지를 가져야 한다는 반동 역시 영국 사회에서 일어났다. 마침 일본 국회의원 등 보수 세력은 이와 같은 역사의 재검토에 관한 신보수주의 움직임에 관심을 기울이며 2004년 영국을 시찰하게 되었다. 그들은 대처 수상이 역사교육을 "자국에 대한 학생의 긍지와 정체성 형성에 큰 영향을 끼치는 것"으로서 중시하고 있다고 쓰고 있다.[38]

이와 같은 경위는 왜 영국이 1988년 교육법이라는 시점에서 통일적인 국가교육과정으로 나아갔는지, 신보수주의의 이념으로서 국가주의가 교육계에 영향력을 가질 수 있었는지 해명하는 한 가지 열쇠가 된다. 아마도 그 원인은 이민의 증가에 즈음하여 생긴 영국 국민의 보수화일 것이다. 따라서 국가교육과정은 다문화 경향을 거부하고 교육문화의 영국적 순화를 목적으로 한 것이라고도 해석할 수 있다.

'주요하면서도 역행하는 한 가지 사례'로서, 교육학 연구자 콜비는 "잉

---

37 _ Hillgate Group, *The Reform of British Education*, Claridge Press, 1987.
38 _ 中西輝政, 英國教育調査団編, 『サッチャー改革に學ぶ教育正常化への道 — 英國教育調査報告』, PHP研究所, 2005, 88쪽.

글랜드와 웨일스에서 시행하고 있는 (……) 국가교육과정 시스템은 국가주의적 지식을 지나치게 표현한 것에 지나지 않는다."고 분석하였다.

우선 여기에는 '국어 순화', 다시 말해 영어를 향상시키기 위한 노력이 집중되어 있고 기업이 요청하는 '국어 독해력, 과학 · 기술'과 개정파가 요청하는 '국사'가 강조되어 있다. 이를 두고 콜비는 영국의 "국가교육과정이 EU 내에서 문화제국주의를 선전하고 있다."[39]고 비판한다.

교육과정 연구 전문가 제프 위티는 이와 같은 문화적 보수화의 움직임을 "사회진보를 기본적으로는 유럽문화에 동화되는 것으로서 간주하려고 하는 위계적 기반"[40](신분지배/저자주)"으로 평가했다. 다시 말해서 이민자들에게 뛰어난 유럽의 근대문명을 주입하려고 하는 움직임과 대처 교육개혁의 국가교육과정의 움직임이 동일하다는 말이다.

다문화 · 다언어라고 하는 국제적 흐름 가운데 양심적인 교사도 많이 있지만 국가교육과정이 도입된 후, 앞장에서 다룬 것처럼 교사들은 다망하고 피로하여 정부가 지정한 수업내용과 다른 독자의 '재량 교재'를 만들어내지 못하였다. 다시 말해 수업 중에 교과 밖의 다문화 교육의 요소를 받아들일 수 없었다.[41] 결과적으로 국가교육과정과 전국학력평가라고 하는 교육체제는 영국의 다문화 상태를 부정하는 방향으로 나아갔다. 이런 흐름은 테러 등으로 현재 긴장한 영국의 사회상황과 무관하지

---

39 _ David Coulby, European Culture: Unity and Fractures. In Thyge Winther-Jenson(ed.), *Challenges to European Education : Cultural Values, National Identities, and Global Responsibilities*, Peter Lang, 1996.

40 _ Michael W. Apple 외, 『カリキュラム · ポリティックス-現代の教育改革とナショナル · カリキュラム』, 東信堂, 1994, 99쪽.

41 _ Anna S. King and Michael J. Reiss(eds.), *The Multicultural Dimension of the National Curriculum*, Falmer Press, 1993, p.36.

않을 것이다.

그러나 블레어 정권은 1993년 교육법에 있는 공교육의 '민간' 개방을 구실로 이슬람교계 학교를 국고보조 대상으로 삼을 것을 결정했다. 이 점에 대해서는 교육사회학 연구자 세이다 나츠요가 내린, "블레어 정권의 교육정책은 보수당 전 정권의 계승이 아니라 새로운 교육이념의 등장이다."[42]라는 평가가 적절하다고 말할 수 있다.

하지만 이야기는 그렇게 단순하지 않다. 역으로 1996년경 이슬람교도의 어린이들은 사립학교에 거의 입학할 수 없게 되었다. 이는 '학교순위표'와 부모의 학교 선택열 때문이다.[43] 결국, 전국학력평가의 서열이 높은 학교로부터 이슬람교도들은 배척된다. 차별을 받으면 약자는 이슬람계 학교에 모여들게 된다. 영국 사회불안을 부채질하는 구도가 '전국학력평가', '학교순위표'에 기초한 학교선택제도에 의해 만들어진 것이다.

'시험, 시험, 시험'

단적으로 말하면 영국 교육 황폐화의 원인은 전국학력평가라고 하는 '외부평가'에 있다.

법제도적으로는 국가교육과정에서 교사가 선택할 교육방법이 제한되어 있는 것은 아니다. '시험을 위해 가르치는' 것이 직접적으로 법 문구에 규정되어 있는 것도 아니다. 전국교사조합 전 위원장 피터 그리핀

42 _ 清田夏代, 『現代イギリスの教育行政改革』, 勁草書房, 2005, 276쪽.
43 _ Peter Jackson, Choice, Diversity and Partnerships. In Jim Docking(ed.), *New Labour's Politics for Schools: Raising the Standard?*, David Fulton, 2002, p.187.

(Peter Griffin)은 "그렇지만 학부모에게 배포되는 각 학교의 연보에 시험 결과가 실리기 때문에 여기서 생기는 압력으로 학교는 학생들의 시험 성적을 진지하게 파악하지 않으면 안 되게 되었다."[44]고 지적한다.

수업 평가는 복잡한 것이어서 외부기관이 간단하게 처리할 수 있는 것이 아니다. 그런데 교사의 일상적인 학습과제나 학생평가를 무시하고 단순한 지표에 근거해서 전국학력평가라는 외부평가가 도입되었다. 교육학연구자 스티븐 볼은, 이것은 '교육학적으로 거의 혹은 어떤 가치도 없는 것'으로 '교사에 대한 근본적 불신감'[45]을 나타낸 것에 다름 아니라고 지적하였다.

토니 블레어는 1997년 5월 총선거에서 정식 무대에 등장하였다. 그는 언제나 선거연설의 마지막에 "교육, 교육, 교육" 하며 세 번 외치며 끝을 맺었다. 그는 교육의 중요성을 영국 제조업의 부활, 국가의 존망을 건 도전이라고 설명했다.

"교육은 보수당 최대의 실정이며, 한편 노동당에게는 최우선의 과제이다. 그것은 국민 개개인에 대해서만 아니라 국가에 있어서도 경제적인 필요성을 지닌다. 우리는 제조업의 품질에서 국제경쟁력을 가질 수 있을까? 좋은 품질은 우리 모든 국민의 가능성을 개발하는 데서 생긴다. 우리의 최대 자산은 인적 자원이다. 모든 국민이 갖고 있는 힘을 발휘할 수 있도록 보장해야 한다."[46]

---

44 _ 新潟縣教育總合研究センター編, 『イギリスの教育改革と學校理事會 — どうする日本の學校評議員制度』, アドバンテージサーバー, 2002, 103쪽.

45 _ Stephen J. Ball, *Education Reform : A critical and poststructural approach*, Open University Press, 1994, p.41.

46 _ Labour Party, *New Labour : Because Britain Deserves Better*, Labour Party Sales, 1997, p.7. 이른바 『노동 매니페스토』에 대해서는 후나바 마사토미(丹場正福)의 다음 책을 참

블레어의 설명으로는, 보수당은 엘리트 학교와 그 밖의 학교의 격차 확대와 선별을 방침으로 하지만 노동당은 "선별이 아니라 전체 수준의 향상을 목적으로 하고, 문제가 있는 학교에 대한 대응을 중시하는 정책을 취한다."는 것이다.

대처가 해체하려고 했던 지역교육청의 역할을 재인식하고 노동당 정책 실현을 위해 책임을 지게 하려고 했다. 지역을 중시했다고도 말할 수 있지만 지역교육청이 학교 성적 향상 운동에 편입되어 버리게 된 것이기도 하다. 신노동당 또한 지역교육청의 협력관계 위에, "초등학교 교육의 목적은 읽고, 쓰고, 계산을 익히는 것"이라고 교육목적을 단순화했다. 지역교육청이 학력 향상의 목표를 학교별로 정하게 하여 학교를 감시하기 시작했기 때문에 지역교육청과 대립관계에 있었던 보수당 정권 때보다 학력 경쟁은 오히려 더 격화되었다.

노동당 정권하에서 정부는 학년, 학기별로 학습 진도를 설정하고 주, 일 단위로 수업안을 만들었다. 지도법은 홈페이지에 게재했다. 이렇게 해서 교육의 획일화, 매뉴얼화가 한층 더 진행되었다.

블런켓 교육부장관은 기초학력향상 전략과 함께 2002년까지 11세 전국학력평가합격수준(레벨 4)의 도달률을 영어 80%, 수학 75%로 할 것을 공약했다. 2005년 이후는 두 교과 모두 85%로 목표치를 올렸다. 신노동당은 성적도달도 목표를 설정하고 정책의 실행책임을 부과하려고 한 것이다.

이렇게 해서 노동당 정권하에서 지역교육청을 경쟁에 끌어들여 학교

조하라. 丹場正福, 『ブレアのイギリス－福祉のニューディールと新産業主義』, PHP研究所, 1998.

를 관리하려는 방식은 '국가목표 → 지역의 성적도달목표 매년 설정 →
학교의 개별 도달목표 수립 → 학년·학급의 도달목표 설정 → 교사의
학생 개별 성적도달목표 설정'이라는 정치한 연쇄를 만들어내었다. 이
렇게 시험 체제는 점점 강화되었다.

신노동당의 공적

1997년에는 전국학력평가에서 평균을 크게 하회한 학교가 '교장 신규
채용을 실행하는 지역'으로 공표되고 교육부는 베테랑 교사를 모집해서
'회복특별조치팀' 편성에 착수했다.

또한 '교육투자우선지역(Education Action Zone)'으로 지정된 성적부
진학교에 1999년부터 3년간 7500만 파운드를 특별히 지급하기로 결정
했다. 교육투자우선지역에는 슈퍼마켓이나 풋볼 클럽 등 민간 스폰서도
모집되었다. 그러나 성적향상에 실패할 경우에는 폐교도 전제되어 있어
부모의 학교선택이라고 하는 '유사시장'[47]을 설정하여 학교민영화에 대
한 정부의 압력이 더욱 강화될 것이라는 해석도 나온다.

노동당 정권에 따른 교육예산의 증액은 1996년과 2007년을 비교하면
총액은 거의 두 배 증가했고 학생 일인당 예산도 두 배로 늘었다. 1997년
과 2007년을 비교하면 교원 수는 3만 5000명, 보조교사는 15만 명 증가
했다. 초임 급여는 30% 증가했다.

또한 '특별한 교육적 요구가 필요한(SEN)' 어린이라고 불리는 '학습

---

47 _ Les Bell and Howard Stevenson, *Education Policy : Process, themes and impact*,
    Routledge, p.121.

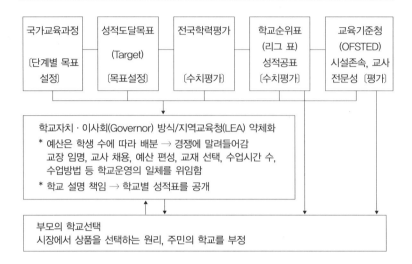

| 그림 2-9 | 영국 교육관리 체제 |

| 국가교육과정

〔단계별 목표
설정〕 | 성적도달목표
(Target)

〔목표설정〕 | 전국학력평가

〔수치평가〕 | 학교순위표
(리그 표)
성적공표
〔수치평가〕 | 교육기준청
(OFSTED)
시설존속, 교사
전문성 〔평가〕 |

학교자치 · 이사회(Governor) 방식/지역교육청(LEA) 약체화
* 예산은 학생 수에 따라 배분 → 경쟁에 말려들어감
  교장 임명, 교사 채용, 예산 편성, 교재 선택, 수업시간 수,
  수업방법 등 학교운영의 일체를 위임함
* 학교 설명 책임 → 학교별 성적표를 공개

부모의 학교선택
시장에서 상품을 선택하는 원리, 주민의 학교를 부정

* 국가교육과정, 성적도달목표는 '투입' 관리이다. 전국학력평가, 학교순위표는 '산출' 관리이다.
* 신자유주의는 교육 현장의 과정을 '블랙박스'로 불문에 붙이는 경향이 있지만, 신보수주의는 교육
  기준청과 같은 감사기관을 설치하고 수업방법에도 개입한다. 이와 같은 복수의 관리 기구가 연동
  해서 학교관리를 강화한다.

장애', '지진아(성적부진아)', '문제행동' 어린이를 대상으로 '특별지원
교육'을 전개하였다. 다수의 특별지도원이 고용되고 학습 지진아는 4~5
명으로 구성해서 섬세하게 지도하였다.

이와 같은 정책은 대처나 메이저의 보수당 정권에는 없었던 것이다.

'평등정책'을 치밀하게 취했으면서도 신노동당은 전국학력평가 체제
를 버리지 않았다. 아니, 오히려 전국학력평가 체제로 모든 이들을 몰아
넣는 데 열심이었다고 평가해야 할지 모른다. 신노동당에게 전국학력평
가에 기초한 선별체제는 노동당의 평등화 정책과 모순된 것은 아니었다
고 해야 할 것이다.

대처가 생각한 것은 『위기에 선 국가』와 동일한 지평에 있었다. 다시 말해서 교육학적 이유가 아니라 중앙정부의 재정난을 최대 이유로 해서 복지국가원칙을 변경하고자 하는 경제적이면서도 정치적인 이유에서 교육개혁을 시작하였다. 메이저가 이를 정치화하고 블레어는 전국 구석구석까지 강력하게 전개하였다.

완성된 관리제도는 그림 2-9와 같다. 정부기관이 목표설정과 외부평가를 장악한다. 그리고 학교 활동을 자유화하고 성과를 올리도록 경쟁시킨다. 학교의 활동은 시험 성적으로 측정된다. 그러나 이 성과는 누구라도 알기 쉬운 단순한 지표로 되어 있기 때문에 학교의 교육활동 또한 단순한 측면만 평가되어 교사도 부모도 시험 점수라는 단순하고 알기 쉬운 성과경쟁에 말려들어갔다.

수치목표의 막다른 곳

전국학력평가의 성적 추이를 보자. 이것은 누구라도 찾아볼 수 있다. 교육부 홈페이지[48]에서 개별 통계를 더듬어 가면 알 수 있는 구조로 되어 있다.

---

48 _ 현재 학교순위표는 성취도 순위표(Achievement and Attainment Tables)로 개명되었다. 학교별 성적을 취급하고 있는 교육부 홈페이지(http://www.dfes.gov.uk/performancetables/)에 게시되어 있다.

연도별 평가별로 정리되어 있으므로, 예를 들어 2006년의 11세 전국학력평가는 「2006 Primary School (Key Stage 2)」를 선택하면, 학교, 지역교육청, 지역을 선택하는 화면이 나온다.

예를 들어, 지역에서 지역 '런던'을 선택하면, 지역교육청 이름 일람이 나온다. 새턴이란 지역을 선택하면, 이른바 학교순위표(League Table)가 나온다. '레벨 4' 이상이 합격이지만, '레벨 5'의 학생의 비율도 조사되어 있다. 오른쪽 단의 평균점은 '레벨 5'를 33, '레벨 4'를 27, '레벨 3'를 21등으로 점수화하여 낸 것으로, 30점이 표준이라고 설명되어 있다.

그림 2-10 | GCSE의 성적 추이

(%)

95.0
85.0
75.0
65.0
55.0
45.0
35.0

1995
/96
1996
/97
1997
/98
1998
/99
1999
/00
2000
/01
2001
/02
2002
/03
2003
/04
2004
/05
2005 년
/06

━▲━ GCSE(키 스테이지 4) 다섯 과목 이상이 G 이상의 비율
━◆━ 다섯 과목 이상이 C 이상의 비율
┄●┄ 영어와 수학을 포함한 것의 비율

* National Statistics, *GCSE AND EQIVALENT EXAMINATION RESULTS IN ENGLAND 2005/06 (REVISED)*, 2006, p.2.
  http://www.dcsf.gov.uk/rsgateway/DB/SFR/s000702/SFR01-2007.pdf
* 유럽에서는 중등교육졸업시험이 엄격하게 관리된다. 영국은 우선 전기중등교육을 수료하는 16세에 GCSE가 부과된다. C 이상은 합격이 되어 대학 진학 준비에 들어간다.
* 처음 다섯 교과 이상에서 C 이상이 정부통계의 대상이었지만 수학이나 영어를 수험과목에서 제외시킨 학생이 많아 도중에 수학과 영어를 수험과목에 추가한 통계도 취하는 것으로 변경했다.
* 평가 G는 도중에서 낙제하지 않고 어떻게든 학습을 수료한 레벨이다. D-G 평가는 취업할 때에 이용된다.

그림 2-10의 그래프를 보면 급제자(G 이상)는 2000년경부터 상승을 멈추고 보합상태가 되어 버렸다. 또한 16세 시점에서 영어와 수학을 포

학교명을 선택하면, 소재지의 지도, 성적의 연도별 변화, 결석률 등 학교별 상세한 자료, 소위 수행순위표(performance table)가 나온다. 이것들을 보고 부모들이 학교를 선택하는 것이 가능하다고 정부는 설명하고 있다.

표 2-5	수학 동일 문제의 정답률 변화 (초등학교 4학년)	
	TIMSS 1995	TIMSS 2003
싱가포르	81	85
홍콩	76	78
일본	77	78
네덜란드	75	76
미국	70	74
영국	62	72
라트비아	66	71
......	......	......

함해서 그 이후의 진학, 다시 말해서 대학 진학이 가능한 이들(C 이상)의 비율이 45%에 가까스로 달할 정도이다. 이 비율은 표 2-7과 관련되어 있다.

생각해 보면 바로 알 수 있지만 이 그래프가 언제까지나 상승할 수는 없다. 이 수치를 둘러싸고 정책으로서 목표설정을 한 것 자체가 문제였다. 지역교육청은 책임을 지도록 되어 있다. 그러나 결국은 성장이 멈춘다. 수치목표나 성과주의는 일시적으로 그 효과가 화제가 될 수 있지만 머지않아 다른 방법을 찾지 않으면 안 된다는 것을 깨닫게 될 것이다.

1988년 교육법 체제에서 영국 정부기관이 필사적으로 끌어올리려고 했던 것은 교과 학력이었다. 그러나 교과의 지식과 기능을 측정하는 국제학력평가 '국제수학·과학연구경향(TIMSS)'의 결과에 따르면 학력은 신장되지 않았다. 표 2-5를 보면 4학년은 크게 신장했지만 표 2-6을 보면 8학년(중학교 2학년)이 되면 학력신장은 멈춰버린다. 영국에서 '저학력' 비판을 전개했던 사람들은 이 국제수학·과학연구경향의 성적을 근거로 했다. 그 성적이 15년이 지나도 전혀 개선되지 않은 것은 대처 교

표 2-6　TIMSS에서 보는 수학 성적 (중학교 2학년)

최근 3회 평가에 연속해서 참가한 18개국의 비교

TIMSS 1995(평균점)		TIMSS 1999		TIMSS 2003	
싱가포르	609	싱가포르	604	싱가포르	605
한국	581	한국	587	한국	589
일본	581	홍콩	582	홍콩	586
홍콩	569	일본	579	일본	570
벨기에(플라망어권)	550	벨기에(플라망어권)	558	벨기에(플라망어권)	537
슬로바키아	534	네덜란드	540	네덜란드	536
네덜란드	529	슬로바키아	534	헝가리	529
헝가리	527	헝가리	532	러시아	508
불가리아	527	러시아	526	슬로바키아	508
러시아	524	불가리아	511	라트비아	505
뉴질랜드	501	라트비아	505	미국	504
영국	498	미국	502	리투아니아	502
미국	492	영국	496	영국	498
라트비아	488	뉴질랜드	491	뉴질랜드	494
루마니아	474	리투아니아	482	불가리아	476
리투아니아	472	키프로스	476	루마니아	475
키프로스	468	루마니아	472	키프로스	459
이란	418	이란	422	이란	411

* 국립교육정책연구소 편(國立敎育政策硏究所編), 『산수·수학교육 국제비교: 국제수학·이과교육
　동향조사 2003년 조사보고서(算數·數學敎育の國際比較: 國際數學·理科敎育動向調査の2003年
　調査報告書)』, 교세이, 2005, 28-29쪽.
* 초등학교 4학년에서는 영국 어린이들의 성적이 향상하고 있다.
* 영국의 중학교 2학년 학생들은 최근 10년 동안 순위도 점수도 거의 오르지 않았다. 그다지 발전성
　없는 학습, 예를 들면 시험 대비로 기출문제 연습을 하고 있기 때문이라고 추측된다.

육개혁의 막다른 골목이라고밖에 볼 수 없다. 거국적으로 시험공부를
필사적으로 했던 것에 비해서 효과는 거의 없었던 셈이다.

　블레어 정권은 수치에 의한 관리에 한층 더 빠져들었다. '학교성과 목
표에 관한 1998년 교육명령'에 의해서 각 초등학교는 영어 및 수학에서

합격수준에 도달한(레벨 4 이상) 어린이의 비율을 수치목표로 공표할 것을 의무로 삼았다. 그리하여 블레어 정권은 스스로 정부에게도 수치목표를 의무로서 부과하였다.

모리스(Estelle Morris) 교육부장관은 2001년에 취임하였는데, 이때 2001년 10월 교육부에서는 '교육과 기능 : 성과의 달성, 2006년 전략'을 공표하고 수치목표에 심하게 구속되었다. 교육부장관은 2002년에 11세 전국학력평가의 영어 시험에서 80% 학생이 합격수준(레벨 4)에 도달한다는 수치목표를 세우고 각료회의는 이 수치를 승인하였다. 그러나 수치는 달성되지 않았다.

계속해서 정부는 2004년까지 11세 전국학력평가에서는 영어에서 80%, 수학에서 75% 이상이 합격수준(레벨 4)에 도달할 것을, 14세 전국학력평가에서는 모든 지역교육청이 영어와 수학에서 65%, 과학에서 60% 이상이 합격수준(레벨 5)에 도달할 것을 목표로 삼았다. 영어, 수학, 정보통신기술에서 75%, 과학에서 70% 이상이 합격수준(레벨 5)에 도달할 것으로 목표를 정했다. 영어, 수학, 과학에서 합격수준(레벨 5)에 한 과목도 도달하지 못한 학생의 비율을 15%까지 낮추는 것으로 수치목표를 세웠다. 물론 이 수치들도 달성되지 못하였다. 그래서 정부는 수치목표를 다시 변경하였다.

2006년 8월 전국학력평가의 결과가 공표되었지만 11세 전국학력평가에 의하면 영국 초등학교 독해력 수준이 저하된 것은 분명했다. 영어에서는 어떠한 진전도 없었고 합격률은 79% 그대로였다. 이는 정부의 목표치를 밑도는 것이다. 수학에서는 76%가 합격수준에 도달하였지만 이는 전년보다 단지 1% 증가한 것이며 각료회의가 설정한 2006년에 85%

라는 목표치에는 도달하지 못한 것이었다. 또한 7세의 수학과 영어 수준도 저하되었다. 독해, 작문, 수학의 도달비율은 각각 1%씩 낮아져서 84%, 82%, 91%가 되었다.

이와 같은 정부 발표에 대해서 영국 보수당의 대변인 데이비드 윌레츠(David Willetts)는 41%의 학생들이 두 과목을 익히지 못하고 초등학교를 졸업하고 있다는 것을 의미한다고 결과를 총평했다. 또한 그는 "따라잡아라 앞질러라 하면서 인생을 보내는 우리나라 어린이들을 실망시키는 결과"[49]라고 덧붙였다.

이에 관해서 영국의 교사·강사협의회(ATL) 교육부장인 마틴 존슨(Martin Johnson)은 "수업시간 중 지나치게 많은 시간을 시험 대비로 보내고 있어 어린이들은 의욕도 없이 방치되고 있다. 정부는 모래 속으로 가라앉는 어린이들을 구출하고 차세대 어린이들이 배움을 상실하기 전에 과잉 평가를 중지해야 할 것"이라고 덧붙였다.

그런데 정부의 정책은 전국학력평가의 중지가 아니라 정반대 방향으로 갔다. 11세 전국학력평가에서 2006년에는 실망스러운 결과가 나왔기 때문에 각료회의는 학습기한을 일 년 앞당겨서 끝내도록 결정했다는 것이다. 게다가 9세 수준의 수학과 영어를 8세까지 다 배우도록 한다는 것이다. 이야기는 이렇다. 현행 9세까지의 수업계획에서는 수학 심화학습을 할 시간이 없다. 초등학교의 모든 시험 결과가 정체된 원인은 잘하는 아이를 보다 먼저 진도를 나가게 하는 배려가 없었기 때문이다. 그래서 9세 국가교육과정을 일 년 일찍 마쳐서 여유를 확보한 뒤 11세 전국

---

49 _ 『인디펜던트』지, 2006. 8. 25.

학력평가를 준비하게 한다는 것이다. 정말 이해하기 어려운 논리다. '추가 수업'의 예에서 보듯이 영국식 평가방법에는 고학력 어린이가 방치될 수 있다. 그러나 수치목표를 달성하기 위해서 수업 속도를 높이는 것은 저학력 어린이를 무시하는 것이 된다. 게다가 정부는 시험 점수를 높이기 위해서 계산기 사용을 엄격하게 제한하기로 했다. 그리고 암산과 독해수준의 개선에는 '종합 어학교수법'(듣기 · 말하기)을 의무로 할 것도 지시했다.[50]

2006년 공표된 OECD 자료에 따르면 영국은 대학 진학률을 나타내는 국제 '학교순위표'에서 급격하게 순위가 떨어졌다. 또한 영국은 학위 취득률이 2000년에는 2위였지만 2006년에는 8위로 떨어졌다. 진학률은 10위에서 14위로 낮아진 것[51]으로 판명되었다고 한다.

토니 블레어는 노동자 계급 자녀들의 진학을 확대하여 2010년까지 고등교육에 50%를 진학시킬 것이라고 목표치를 선언했지만 이 또한 달성할 수 없게 되었다.

이 조사를 수행한 OECD는 국제 '학교순위표'에서 순위 저하는 계속될 것이라고 경고하고 있다. 분석책임자인 OECD 교육국 지표분석과장 슐라이허는 영국은 대학에 진학할 수 있는 충분한 자격의 젊은이들을 배출하고 있지 않다고 지적하였다. 표 2-7에서 볼 수 있는 것처럼 영국은 대학에 진학 가능한 학생이 46%밖에 없고 이는 다른 나라와 비교해 볼 때 지극히 낮다. 시험 경쟁에 의해 학력을 향상시키고자 한 영국의 교육방법은 16세 이하의 학생들의 면학 의욕을 높이지 못했다는 결과가

---

50 _ 『인디펜던트』지, 2006.9.8.
51 _ 『인디펜던트』지, 2006.9.13.

표 2-7	학교 유형별 후기 중등교육 재학자 수 비율(2004년)		
국명	대학 진학 가능한 학교 (고교 상당)	비대학형 고등교육기관 진학 가능한 학교	진학하지 않고 취직하는 학교
핀란드	100.0		
포르투갈	100.0		
미국	100.0		
스웨덴	92.6		7.4
터키	91.5		8.5
폴란드	90.2		9.8
멕시코	89.5		10.5
이탈리아	80.4	3.3	16.4
슬로바키아	79.8		20.2
헝가리	77.1		22.9
일본	75.4	0.8	23.8
아일랜드	72.8		27.2
한국	70.5		29.5
EU가맹국 평균	70.4	4.7	25.2
체코	69.1	0.4	30.4
프랑스	67.9		32.1
OECD 평균	67.7	7.1	25.5
그리스	66.0		34.0
스페인	61.3		38.7
네덜란드	60.1		39.9
룩셈부르크	59.3	15.7	24.9
덴마크	53.2		46.8
벨기에	51.8		48.2
아이슬란드	49.1	0.4	50.5
영국	46.0		54.0
노르웨이	39.5		60.5
독일	38.8	60.6	0.7
스위스	30.7	62.1	7.2

* 경제협력개발기구, 『도표로 보는 교육: OECD인디케이터(圖表でみる敎育: OECDインデイケータ (2006년판))』, 아카이시서점, 285쪽.
* 16세 이상 후기중등교육(고교 상당)이 그 이후 고등교육(대학 상당)에 진학 가능한 질로 형성되어 있는지 여부를 보면, 영국의 상당수는 학습 레벨이 취업에 맞춰져 있어 대학진학률 향상은 기대하기 어려운 구조로 되어 있다.

나왔다.

결국 의무교육단계에서 시험을 갖고 와 학력 향상을 내걸고 20년간 계속했는데도 기대대로 진척되지 않았다.

2006년 말 마침내 노동당 싱크탱크인 공공정책연구소(IPPR)[52]까지도 '너무 많은' 학생들이 읽기 쓰기, 계산도 못하는 채 초등학교를 졸업하고 있다고 경고하기에 이르렀다.[53]

또한 11세와 14세의 전국학력평가를 교사에 의한 정기적인 학력 평가로 바꾸어야 할 것이라고 권고하였다.

이 공공정책연구소 보고서는 교사의 수준 향상을 목적으로 조직된 정부기관의 '일반교수위원회(GTC)'에 의해서 인정된 것이다. 따라서 그 신빙성은 높다.

이 보고서는 현행 시험 체제가 협소한 학습, 얄팍한 학습, 산적한 시험문제, 그리고 사회적 책임과 자기 학습을 연결시킬 수 없는 '어려움 회피식 교육'을 초래하고 교육에 부정적인 결과를 일으킨다고 비판했다. 다시 말해서 지금의 영국 학교는 시험점수에 도움이 될 만한 것만 가르치고 어린이들 역시 어려운 것을 깊이 생각하고 배우는 것은 더 이상 하지 않게 되었다는 지적이다.

보고서는 또한 시험 체제는 중등학교에 필요한 기능을 제공하기보다는 '시험에 대비해서 가르치는' 것을 촉진하고 있다고 적시하였다. 학교는 시험 대비만 할 뿐이어서 본래의 교육이 손상되었다는 판단이다.

---

52 _ 2006년 현재, 공공정책연구소의 소장은 '개별화학습연구' 팀의 구성원으로서, 이 팀의 주임은 교육기준청의 수석 장학관 크리스틴 길버트가 맡고 있다.
53 _ 『BBC 뉴스』, 2006.12.27.

그래서 공공정책연구소는 잉글랜드에서도 웨일스 방식을 채용해서 초등학교는 '키 스테이지' 졸업 시점의 전국학력평가가 아니라 '키 스테이지' 전체를 통해서 일상적으로 종합 평가하는 '교사에 의한 학력 평가'로 전환되어야 한다고 주장하기에 이르렀다. 즉, 외부평가 자체를 부정하였다.

또한 같은 보고서에는 11세에서 14세까지 모든 학생들이 적어도 1레벨은 진보할 수 있도록 해야 한다고도 제안하고 있다. 그 말은 중학교 단계에서 성적이 전혀 나아지지 않은 아이들이 적지 않게 존재한다는 것이다.

이런 제안을 받아서 블레어 정권은 내부평가 방식을 살피기로 했다. 새해가 되어 2007년이 되자 영국 정부 각료회의는 공공정책연구소의 말대로 정해진 연령이 아니라 준비되는 대로 교사의 판단으로 어린이들이 시험을 치루는 방식을 검토하기 시작했다.[54]

그러면 전국학력평가도 학교순위표도 없어지는 것일까?

정부는 11세 전국학력평가와 14세 전국학력평가에서 어린이들이 준비되었다고 교사가 판단했을 때 시험을 칠 수 있도록 시험 방식이 변경된다고 하였다. 예를 들면 연 2회 영어와 수학 시험을 치는 형태로 열 개의 지역교육청에서 금후 2년간에 걸쳐서 실험한다고 한다. 이것으로 보다 자주 학교나 학부모가 어린이들의 진척사항을 한층 정기적으로 관찰할 수 있다는 것이다. 그렇지만 이는 전국학력평가를 일상화할 뿐이다.

앨런 존슨(Alan Johnson) 교육부장관은 이와 같은 결정이 정부 교육방

54 _ 「BBC 뉴스」, 2007.1.4.

침에 있어 '대재난'이 된다고 하면서도 그것이 학교순위표의 종결을 의미한다는 말은 피했다. 다시 말해서 '목표 설정 – 평가' 시스템이 변하지 않을 수 없지만 학교순위표는 폐지하지 않겠다는 것이다.[55]

20년 가까이 걸려 완벽하게 만들었다고 생각한 성과주의·시험관리 체제가 2007년에 들어서 대혼란의 양상을 나타내었다. 이는 시험의 폐해를 반성해서가 아니라 수치목표를 달성할 수 없었기 때문이다. 정부 관계자는 그렇다면 평가 시스템을 변경하라고 말하고 있다.

사립학교의 여유

한편 전국학력평가는 세금을 사용하는 학교의 설명책임으로서 도입되었기 때문에 세금을 사용하지 않는 사립학교는 참가의무가 없다. 그래서 법적인 구조에 의해 사립학교의 학생은 15세 이후가 되어 중등교육 졸업시험(GCSE)에서 적당한 성적을 받고 A레벨 시험에서 좋은 성적을 얻으면 도중의 전국학력평가는 무시할 수 있다. 사립학교는 시험에 내몰리지 않아도 되는 '여유'가 있다.

1992년 11월 당시 영국 최대의 남녀 공학 사립학교(Public School)인 오크햄(Oakham) 학교를 방문한 교육사회학자 시미지 코우키치는 다음과 같이 보고하였다.[56] 그 학교는 잉글랜드 중부의 전원지대에 있다. 제2차 세계대전 후 종합제학교화의 흐름 속에서 사립학교는 공적 보조금을 받고 가난한 계층의 아이들을 일정 수 입학자로서 받아들였다. 그러나

---

55 _ 『BBC 뉴스』, 2007.1.8.
56 _ 志水宏吉, 『変わりゆくイギリスの學校』, 앞과 동일, 182~183쪽.

대처 교육개혁 후 사립학교는 경쟁사회에서 보조금을 끊고 완전히 사학화하는 편이, 다시 말해서 약간의 보조금을 얻는 것보다는 학교 자체를 대규모화해서 수업료를 목표로 하는 편이 살아남는 길이라고 판단했다. 학력경쟁을 하면 유료화되더라도 사람들은 교육의 질을 요구하고, 교육의 질을 높인 사립학교가 힘을 키워 대규모화되어 점점 공립학교가 불리하게 된다는 실정의 한 사례를 보여주는 것이었다.

오크햄 학교의 교육과정 철학은 '폭넓은 교육과정'이다. 웹 교감은 "어린이들에게 가능한 한 폭넓은 교육을 익히게 하는 것이다. 옵션(선택과목)은 가능한 한 느린 단계까지 두어야 한다."고 말하고 있다. 또한 데이비스 교무주임도 "폭넓게 균형을 취한 교육과정이 우리들의 이상이다."고 말한다. 이는 특별한 것이 아니라 바로 1988년 교육법 제1조의 내용이다. 국가교육과정을 적용받지 않는 사립학교가 국가교육과정의 기본원리에 충실하고 나아가 여유 있는 교육을 실현하고 있다는 것은 얄궂은 일이다. 전국학력평가가 사라지면 이런 식의 교육이 가능할 수 있다. 대처 교육개혁이 공립학교에 끼친 교육 경쟁의 재편과는 다른 방향을 취하면서 사립학교는 여유 교육으로 향하였다.

그렇다면 교육문제의 해법은 시험 경쟁에 의한 학력 향상이 아니다. 학력이란 무엇인가라는 교육원리의 견지가 중요하다는 결론에 이르지 않을 수 없다.

정말로 그랬었던가

교육평가 전문가 해리 토런스는 국가교육과정의 교과는 "오랜 전통의 학구적 교과"라고 판정하였다. 그런데 교육의 문제는 교과의 틀 속에 제한되지 않기 때문에 "혁신적인 학교는 목표치를 달성하기 위해 교과의 틀을 넘어서 계획하고 가르치는 방법을 찾아낼 것"이라고 이미 1992년 시점에서 예측하였다.[57] 교과의 학력을 높이기 위해서도 '진보주의교육' 방법을 취하지 않을 수 없다는 것이다.

2005년 11세 전국학력평가에서 최고의 성적을 올린 쿰 초등학교(Combe Primary School)에서 이에 대한 증거를 찾을 수 있다. 바바라 존스(Barbara Jones) 교장은 직접 수업을 하지만 "정부의 수업 지도는 일절 무시하고 있다."고 한다. 정부가 지정하는 교육과정은 며칠째 무엇을 할 것인가까지 규정하는데, 그런 것은 "어린이들의 관심과 흥미를 무시한 어리석은 방책"이라고 부정한다.

"아이들을 박물관이나 강연, 강가나 성 등 계속해서 학교 밖으로 데리고 나간다. 교실에서는 배울 수 없는 살아 있는 교재가 산더미처럼 있기 때문"이라고 한다.

같은 학교 11세 학생은 정부의 규정으로 말하면 14세 상당의 학력수준에 있다고 한다. 이를 취재한 아베 나오코는 "교사가 생각할 거리가 가득 찬 재미 있는 수업을 하면 어린이들의 학력이 향상된다는 것을 이 학교는 실증하고 있다."[58]고 감상을 쓰고 있다. 확실히 이는 정부가 부정하고자 했던 '아동중심주의'나 '진보주의교육'이야말로 의미가 있다는

---

57 _ Harry Torrance, "Educational Assessment and Educational Standards : Towards on Alternative View of Quality," In Philip Brown and Hugh Lauder(eds.), *Education for Economic Survival : From Fordism to Post-Fordism?* Routledge, 1992. p.173.

58 _ 阿部菜穂子, 「イギリスの學校から13」, 『敎育硏究』, 2006년 7월호, 92~93쪽. 비슷한 보고는 『인디펜던트』지, 2005. 12. 2. 새라 카시디(Sarah Cassidy)의 기사를 참조하라.

것을 보여준다. 본래의 교육을 철저히 하면 시험 점수는 나중에 따라 나오는 법이다.

핀란드 교육과 대비해서 말하면, 핀란드에서는 1970년대 이후부터 착실하게 만들어 온 '아동중심주의' 수업방법에, 1994년 교육개혁법으로 현장 재량이 강화된 결과, 교사들의 전문적 역량이 120% 발휘되어 학생들의 좋은 성적이 보장되었다. 위 사례는 이에 필적할 것이다.

토니 블레어는 2007년 6월에 수상의 자리에서 물러났다. 그런데도 아직 영국, 아니 잉글랜드의 시험 체제는 변함이 없다.

3장

앵글로색슨 모델인가, 핀란드 모델인가

UNITED
KINGDOM

3장 앵글로색슨 모델인가, 핀란드 모델인가

FINLAND

"1980년대 어느 새인가 일본은 '핫뉴스'가 되었다.
일본 경제의 성공과 일본 국민의 유능함은 오랫동안 해외에서 평판이 나 있었다."[1]

스톡윈, 「편집자 서문」

"일본과 미국과 같이 새로운 제품을 마구 팔고 소비만 부추기는 새로운 경쟁자조차
출현하지 않는다면 그들의 경제 질서는 결코 흐트러지지 않을 것이다."

데구치 야스오, 「이상한 나라 영국」[2]

학력은 국경을 넘어서고 있다. 빈정거리는 말이지만 1980년대 일본 교육을 향한 경의의 눈빛은 돌고 돌아 일본으로 되돌아오게 되었다. 교과가 규정하는 지식이나 기능을 가르쳐 전달하는 것을 교육이라고 하는 '교과기반 교육과정'이 '신보수주의'가 주장하는 교육의 국가 관리와 '신자유주의'가 주장하는 경쟁원리 · 성과주의에 의해 보다 완벽하게 만들어져 일본으로 되돌아 왔다.

서로 공격하는 가운데

2006년 9월 4일 파리의 OECD본부에서는 국제 학업성취도 비교평가 (PISA, Programme for International Student Assessment)를 주제로 '경제협력개발기구 · 노동조합자문위원회(TUAC)'와 '교육인터내셔널(EI)' 합동회의가 열렸다. 필자는 참관인으로 참가하였다. 그 자리에서 프랑스 교

1 _ J. A. A. Stockwin, General editor's preface. In Mike Howarth, *Britain's Educational Reform : A comparison with Japan*. Routledge, 1991, p.xi.

2 _ 出口保夫, 『不思議の國イギリス』, 評論社, 1984, 185쪽.

사조합 대표는 PISA의 실시 책임자인 OECD교육국의 슐라이허 지표분석과장을 향해 "PISA에는 숨겨진 이데올로기가 있는 게 아닌가?"라며 질문을 던졌다. 다음날 OECD 대표가 없었을 때 그들을 향해 노골적으로 '신자유주의'라고 퍼부었다. 여기에 대해 TUAC/EI 집행부는 "그러면 교사조합은 여론을 이끌 힘이 있는가? 여기서 OECD를 이용하는 편이 상책"이라고 반론을 폈다. OECD이사국 측도 같은 것을 생각했던 듯하다. 그래서 OECD 본부에 노동자 측 대표가 모였던 것이다.

그렇다면 OECD는 신자유주의가 아니란 말인가? PISA에서 좋은 성적을 올린 핀란드도 신자유주의가 아니란 말인가? 이렇게 묻는다면 OECD도 핀란드도 신자유주의를 따르고 있다고 대답할 수밖에 없다. 그러나 그것은 나중에 기술하겠지만 인권감각을 크게 결여한 앵글로색슨 모델과는 다르다. 핀란드는 국가교육과정을 작성하고 분권화를 시행하며 학교선택의 자유를 인정한다. 그러나 국가교육과정은 가이드라인 정도에 머물러 지역 · 학교 · 교사의 권한을 거의 완전하게 인정하였다. 성과 관리는 대학입학자격시험만으로 하고 그 외의 시험은 간단한 평가로 대신했다. 또한 사립학교를 거의 없애고 평등 정책을 두루 적용하였다. 기성의 주입식 교육이 아니라 학생 스스로 배워가는 지식구성이론 (메타 지식) 육성을 중심으로 하는 고도의 전문성을 모든 교사에게 익히도록 했다. 게다가 학습은 자신을 위한 것이라는 기조를 철저히 하여 어느 학교에서든 배울 수 있도록 했다. 그 결과 학교선택은 예외적인 경우에만 허용되었다. 나아가 외부 관리 기구에 드는 재원과 인원이 필요 없게 되었기 때문에 아주 저렴한 가격에 효율 좋은 운영을 하였다.

OECD에서 진행하는 PISA가 수치에 의한 성과 관리라는 것은 틀림없다. 그러나 PISA는 학습을 지식의 암기와 기능의 훈련에서 응용을 보다 강조하고 아이들에게 자신의 실질적인 능력을 갖출 수 있도록 평가의 중심을 이동시켜 학력관을 변화시켰다. 아이들은 평생학습의 주체가 되도록 학습 방법을 배웠다. 이른바 학습력의 육성이 학교교육의 목표로 자리 잡게 된 것이다. 학력의 범위 또한 넓어졌다.

계속해서 다음과 같은 이야기도 나왔다. PISA가 측정하는 문해력은 '언어정보능력', '수학적 능력', '과학적 능력'인데, 이는 산업계에 유리한 학력이 아닐까라는 비판이다. 그러자 TUAC/EI 집행부는 OECD의 'E'는 이코노미의 'E'라며 이런 의문을 피해갔다. 아이들이 사회에 나와서 직업을 가져야 하기에 산업계가 그리는 학력상을 무시할 수 없다. 그렇다 해도 유럽의 산업계가 간주하는 학력은 일본의 재계가 생각하는 학력보다도 광범위한 능력개발을 의미하는 것이 아닐까?

문제는 이러한 것이다. 신자유주의의 아성이라고도 말할 수 있는 OECD는 사회에 나와서 '쓸모 있는' 일꾼을 필요로 한다. 지식기반경제는 지적으로 행동할 수 있는 노동자가 있어야 비로소 가능하다. 따라서 교사의 권위에 의지해서 교과의 지식과 기능을 익히는 학교교육으로는 현상을 개선할 비판력이나 창조성, 혹은 의욕도 생기지 않는다. 그 때문에 OECD는 새로운 시험 PISA를 개발하여 학교교육을 변화시키려 했다. 그런데 세계에서는 OECD의 의도와는 다른 정책을 취하는 정부도 있다. 그렇다면 노동자 대표조직 TUAC/EI와 협력관계를 만들어내는 편이 좋은 것이 아닐까? OECD 측이 이와 같이 생각했다 하더라도 이상할 것은 없다.

파리에서는 한 가지 더 잊을 수 없는 이야기가 있었다. "OECD가 말을 꺼낸 뒤 3~4년이 지나면 EU가 제안한다. 그리고 다시 3~4년이 더 지나면 정부가 제안한다."는 비판이 있었다. 이에 대해서 TUAC/EI 집행부는 이렇게 대답했다. "이 건물은 마샬 플랜의 본부였다." 마샬 플랜이란 제2차 대전 후의 유럽부흥을 가져온 경제계획으로서 집행부는 '뭘 새삼스레'라며 위협적인 태도로 돌변했다. OECD 역시 유럽 부흥을 가져온 조직이며 PISA는 유럽경제계의 국제적인 학력전략이라는 의미일 것이다.

신자유주의도 학교민영화도, 그리고 학력도 국경을 넘어서고 있다. 국제 전략이 있지 않은 나라는 터무니없이 싼값으로 매겨지고 빈곤화로 이용당할 뿐이다. 능력 면에서도 그렇다. 국제화라는 것은 그런 것이다. 학력이나 교육문제를 개인 경쟁으로 해체하면 사회적인 전망은 침잠하여 사라져버린다. 과연 일본은 국제세계 가운데에서 학력론을 구성하고 있는 것일까?

노르딕 모델의 변용

노르딕 모델은 유럽에서는 복지국가·복지사회 모델의 의미로 사용된다. 노르딕이라 불리는 북구 제국은 노르웨이, 스웨덴, 덴마크라는 '스칸디나비아 제국', 핀란드, 아이슬란드로 구성된다. 오늘날에는 그린란드, 페로 제도, 네덜란드의 자치령을 더해 5개국 3자치령을 '북구제국'이라고 부른다. 독일과 러시아라는 강대국의 틈바구니에서 독특한 정치노선을 만들고 안정된 경제, 혁신적인 사회를 만들었다. 현재에는 상트페테르부르크를 중심으로 한 러시아 서북부, 혹은 건너편의 발트 3국도 지역경제권으로 만들어내고 있다.

북구형 복지사회라는 노르딕 모델은 노르웨이와 스웨덴이 2차 세계 대전 이전부터 개척한 것인데 핀란드는 뒤늦게 이런 흐름에 동참했다. 핀란드에 복지국가가 만들어지기 시작한 것은 1960년, 평등한 종합제학교에 착수한 것은 1972년이다.

그런데 시대는 어디로 향하고 있는 것일까? 신자유주의는 미국이나 영국만의 정치 조류가 아니었다. 북구 사회복지국가에도 영향을 끼쳤다. 동시에 일본 경제의 영향력도 세계에 파급되었다. 그래서 유럽은 EU 결성으로 향했다. 이러한 흐름 속에서 종합제학교가 있던 영국과 북구, 특히 핀란드는 어디서 어떻게 달랐던 것일까?

1970년대 말부터 서방의 정치에는 새로운 조류가 탄생하여 '국제화'가 슬로건이었다. 새로운 조류에서는 사회 활동이 인간 개인의 경쟁으로 간주되어 사회민주주의가 그리는 생활과는 크게 달랐다. 대략 1980년대 초반에 확실히 그 모습을 드러낸 사회사상은 '신자유주의'와 '신보수주의'라고 일컬어진다. 신자유주의의 선구자격 이론가는 밀턴 프리드먼(Milton Friedman), 프리드리히 하이에크(Friedrich August von Hayek), 그리고 로버트 노직(Robert Nozick)이다. 당초 공적지출을 억제하는 방법으로서 제안된 시장원리는 그때까지 인류가 쌓아올린 사상(지혜)을 근본적으로 파괴하는 힘이 되고 말았다.

북구에 보급된 사회민주주의, 복지국가의 논리와 거기에 변경을 강요했던 '신자유주의', '신보수주의' 원리를 대조해보면 표 3-1과 같이 정리할 수 있다.[3]

이를테면 지역에서 살아가는 실재하는 개인 육성에서 산업사회에 적응하는 인간상으로의 전환이 닥쳐온 것이다. 이러한 변화는 많은 국민들에게 받아들여져 북구의 복지국가의 상황 또한 변화시켰다. 그러한 변화는 왜 일어났을까?

1980년대의 경제성장은 '신중간층(신중산계급)'을 만들어냈다고 한다. 번영을 손에 넣은 그들은 개인적인 기호로서 이기적인 태도를 취할 여유가 생겼다. 산업 확대에 의해 직업 선택에서 상품 선택까지 가능하였다. 한 사람 한 사람이 다르다는 인식이 확대됨에 따라 균질적인 종합제 학교는 새롭게 출현한 다양한 기호에 부응할 수 있을 정도로 유연하지 않으면 비난을 받았다.

그래서 제안된 것이 교육과정과 수업의 '개인화'이다. 개인화란 개인에 맞추는 것으로, 기회의 균등이 아니라 개인의 성적에 맞추는 기회의 불균등을 의미한다. 여기서 평등의 의미가 바뀐다. 예전에는 기회의 균등이 결과의 불균등을 만들어내지 않도록 한다는, 즉 '교육성과의 평등'을 예측하여 기회를 균등하게 한다는 의미도 들어 있었다.

그런데 개인화를 중시하면 결과의 불균등을 전제로 능력에 맞춰 기회를 보장한다는 평등의 또 다른 해석도 나오게 된다. 구체적으로 말하면 재능 있는(있다고 간주되는) 아이가, 다시 말해서 다른 아이보다 빨리 학습하는 아이가 뒤쳐지는 아이에게 방해받지 않도록 엘리트로서 따로 교육받는다는 해석도 가능하게 된다. 유럽이 부정했던 계급적 우열반 수

---

3 _ 북구의 사회민주주의와 그 변화에 관해 성격을 규정한 낱말들은 「스칸디나비아 교육 연구 저널지」(Scandinavian Journal of Educational Research (Special Issue-Is there a Nordic School Model?), Vol. 50. No. 3, 2006.)에 수록된 다음 논문을 참조했다. Alfred Oftedal Telhaug, Odd Asbjorn Medias and Petter Aasen, "The Nordic Model in Education : Education as part of the political system in the last 50 years", pp.245-283.

표 3-1 / 북구 복지국가의 변화

사회민주주의의 교육의 기본원리	신자유주의가 가져온 원칙
진보주의의 교육철학 「아동중심주의」 「종합제학교」 「자기결정」, 「자기실현」, 「자기인식」 「개인적 의견」, 「정체성」의 중시	시장경제론 「탈중앙집권」, 「규제완화」 「이용자의 선택의 자유」 「경쟁」 「민영화」
사회민주주의의 교육가치	**신자유주의의 교육가치**
「평등」 「연대」, 「지역에 뿌리내린 연대」 「지식」, 「진리」, 「객관성」, 「합리성」 「지역애」, 「협동」, 「행복」, 「안전」 「정서적 건강」 「자기긍정」	「이윤」 「효율」 「표준」 「질」 「기능」 「생산고」
사회민주주의의 교육목표	**신자유주의의 교육평가 시점**
학생의 「도덕」, 「윤리」, 「사회성」 「개성」의 발달 「협동」, 「사회통합」	「개인의 기능」 「지적 도달도」, 「학습도달도」 「근면」 「취업능력」 「창조성」
사회민주주의가 취한 교육방법	**신보수주의가 취한 교육방법**
「평점」이나 「시험」 등 「외부 유인」을 거부 하고, 스스로·배운다. 「성적관리」, 「성과관리」는 수행하지 않고 과정을 중시하고, 깊이 생각한다. 모둠 학습 등 협력활동	획일적·전통적 교과 일제수업, 수업시간의 확대 시험을 학습의 유인으로 사용한다. 교사의 권위 결과중시, 성과주의
사회민주주의에서 중시된 교과	**신보수주의·신자유주의에서 중시된 교과**
교과를 가로지르는 살아가는 힘	모어(국어 상당), 수학, 과학, 외국어
사회민주주의에서 학습자의 위치부여	**신자유주의에서 학습자의 위치부여**
권리주체	「이용자」, 「고객」, 「소비자」 경제적 이윤을 낳는 「재료(인재)」

* 사회민주주의는 꽤 일찍부터 시험 점수에 기초한 교육관리를 폐지하였다.

* 핀란드는 과정을 중시하는 깊이 생각하는 수업, 모둠 학습 등 협력 교육이라는 사회민주주의 교육 원리를 신자유주의의 규제완화 원리에 결부시켜 실현하고 있었다.

* 영국은 사회민주주의가 취한 교육원리를 신보수주의의 관점에서 부정하려고 했다.

업이 부활된 것이다. 균등과는 정반대 방향으로 향하고 말았다.

2차 세계대전 후 공교육은 국가에 대해 국민이 부담하는 의무가 아니라 부모가 아이에 대해 의무를 져야 할 사적 영역이 공동화된 것이라는, 이른바 '교육의 사사성(私事性)' 논리가 주류가 되었다. 이러한 '교육의 사사성'론은 사회민주주의에서 볼 수 있었던 것처럼 반국가권력이나 반중앙집권주의와 결부되었다. 그 결과 지역애, 지역에 뿌리를 둔 연대, 자기긍정의 중시라는 방향을 취하였다. 그런데 1980년대가 되면 '교육의 사사성'이라는 개인주의는 지역의 공동체를 붕괴시키고 사회의 격차구조를 전제로 삼은 개인 경쟁 논리로 진행되었다. 경제 성장 가운데에 신자유주의를 받아들일 바탕이 사회적으로 넓게 형성되어 갔던 것이다.

1990년대에는 OECD 여러 나라에서 교육의 탈중앙집권화가 진행되었다. 그것은 '교육정책 재편의 탈중앙집권화증후군'이라고 부를 정도로 광범위하게 일어났다. 탈중앙집권화는 교육의 시장화를 초래하여, 그 때문에 교육영역에 선택과 경쟁이 생긴다는 전망이 그려졌다.

북구 나라도 예외가 아니었다. 1990년대 초반은 사회민주주의 정당이 이념을 재조합하여 전통적인 사회민주주의의 요소를 남겼지만 여기에 대립하는 보수주의의 요소도 섞어 놓았다. 교육과제는 산업에 유익하고 경제이익이 되는 '인재', '인간자본'의 육성이라는 측면으로 중점이 이동하여 '엘리트 교육'이라는 개념까지 제기되었다. '평등', '공정'이 여전히 사회의 중심적 가치로 계속되었지만, '효율', '질', '기능'이 더욱더 중요한 요인으로 간주되었다. '연대'나 '청교도주의'가 '개인의 자유'와 '자기실현'의 원리로 바뀌었다.

그러나 1980년대 말부터 시작하여 1990년대 전반에 극적으로 변하고 지금까지도 계속되고 있는 변화는 사회복지이념의 방임과 같은 부정적인 취급 일색만은 아니다. 사회민주주의의 측면에서 보면 그 변화는 근대화 후기에 생긴 새로운 과제에 대처하기 위한 '사회민주주의적 진보주의교육의 개혁'[4]으로도 파악될 수 있는 것이다. 왜냐하면 북구의 여러 나라는 국가보다 사회를 중시하는 민주주의가 여전히 존재하고 있고 개개인의 행위의 자유와 자율이 중시되며, 강력한 국민경제와 지식을 기반으로 하는 복지국가의 사상이 여전히 계속되고 있기 때문이다.

소규모의 후발국에서는 북구의 여러 나라를 여전히 국민 형성과 경제발전을 동시에 실현하는 모델로서 계속 주목하고 있다. 예컨대 에스토니아의 연구기관이 서술하는 노르딕 모델은 아래와 같다.[5]

❶ 높은 노동생산성과 수입의 평등은 긍정적으로 결합할 수 있다.

❷ 적극적인 노동시장정책은 일에 소비하는 시간을 절약할 수 있다.

❸ 사회적 파트너와의 견실한 대화는 고용자와 피고용자의 안정된 관계의 기반이 된다.

❹ 노동시장의 유연성과 안전은 대립조건이 아닌 전제조건이다.

❺ 피고용자의 평생학습 · 훈련 · 발달은 경쟁적이며 강력한 노동력의 열쇠이다.

---

4 _ Petter Aasen, What happened to social democratic progressivism in Scandinavia? Restructuring education in Sweden and Norway in the 1990s. In M. Apple, P. Aasen, M. K. Cho, L. A. Gandin, A. Oliver, Y. K. Sung et al.(eds.), *The State and the Politics of Knowledge*, Routledge Falmer, 2003, p.145.

5 _ *The Nordic model-a model for Lisbon? : Contribution made by Danish, Finnish and Swedish Social Democrats in the European Paliament*, SDE delegatsioon PSE frakssioonis, Tallin, 18 May 2005, p.15.

❻ 노동력에 여성을 통합시키는 것은 지속가능한 번영을 얻는 중심요소이다.

❼ 개방적·통합적인 노동시장은 유럽이 직면하고 있는 인구 동향에 대처하는 유일한 방법이다.

❽ 진보적인 환경법과 환경의무는 '개척자'의 주도권을 약속하며 경쟁력을 강화한다.

❾ 선험적인, '지성'과 대등관계에 기초한 공적투자는 수요축소기의 성장을 가속화한다.

국가 경쟁력은 사회의 평등을 기반으로 해서 성립된다는 것을 확인하고 있는 점에서 이와 같은 파악은 주목될 것이다.

아시아화한 앵글로색슨 모델

국제학력평가의 역사는 오래되었다. 그 발단은 1960년의 '가능성 평가'에서 시작되었다. TIMSS의 전신이 되는 '제1회 국제수학평가(FIMS)'는 1964년에 시작되었는데, 그 동기는 생산의 과학기술 혁신과 정치·경제의 능력주의에 있었을 것이다. 이러한 움직임은 인류 최초의 소비에트 인공위성 스푸트니크호 발사 직후에 시작되었다.

교육비교로부터 서방 측이 배운 것은 소비에트의 학교는 ① 수업시간이 길고 ② 이과계 수업을 남녀가 함께 거의 전원이 학습하고 ③ 계획적·계통적·단계적인 수업이 이루어지고 있다는 점이었다. 이를 의식해서 서양 교육의 질을 확보할 과제를 담당할 국제학력평가가 등장하였다.

토르스텐 후센(Torsten Husén)은 교육의 국제화를 오래 전부터 지적해 왔던 스웨덴의 교육사 연구가이다. 그는 1960년대의 교육변화를 후기 중등교육(일본에서는 고등학교교육)의 대중화, 평생학습과 정신노동자의 국제적 이동의 시작으로 파악하였다. 그는 이렇게 변화한 사회를 '학습사회'라고 부른다. 또 각국은 이러한 변화에 따른 비용을 강요받고, 이를 위해 교육정책의 타당성을 판단하는 교육평가가 불가피했다고 그는 지적했다.[6]

세계의 움직임과 비교하면 일본에서 나타나는 1960년 전후의 전국학력평가는 대단히 민첩한 대응으로 주목된다. 1970년대 당시 정평이 나 있던 국제학력평가는 '국제수학평가'와 '국제과학평가'(1970년부터)였다. 미국과 영국은 성적이 나빴고 아시아 여러 나라와 유럽의 몇몇 나라는 점수가 높았다. 그런 까닭으로 미국과 영국은 일본을 위시로 동아시아 교육에 주목하며 그들의 개인주의 교육방법을 버리고 집단주의 동아시아형 교육을 도입하였다.

그때 만들어진 이른바 서방 측의 정치인식은 교육이란 '국가 번영의 주요 수단'이며 학교는 '주요한 상승수단'이라는 것이다. 즉 학교교육은 국가 번영의 수단이다.

이러한 학교교육에서 교사가 해야 할 것은 개인이나 소집단을 대상으로 한 개별적인 수업이 아니라 '일제 수업'이다. 또한 교과서로 가르치는 수업시간 비율을 확대하여 같은 문제를 일제히 풀면서 집단으로 생

---

6 _ Torsten Husén, *The Learning Society*, Methuen, 1974, pp.84–85, 238–241. 후센의 저서는 아주 이른 시기에 세계화에 대한 OECD의 변화를 지적하고 있다.

각하는 방식을 취하고, 자주 시험을 치며, 학습요소에 숙제를 포함시키는 것이다.[7]

미국 교육행정에서는 이미 1970년대 초기에 설명 책임이 주창되었다. 그리고 1990년대에는 재학생 수로 예산을 결정하는 '바우처 제도', 설립·유지는 공공 단체 비용이지만 민간위탁으로 운영하는 '차터 스쿨' 등의 시장원리가 한꺼번에 들어왔다.

이러한 흐름에 따라 교육행정제도의 전환, 소위 신자유주의의 교육관이라 불리는 일련의 논리, 그러나 실제로는 신자유주의와 신보수주의가 혼합된 논리가 만들어졌다. 즉 국가규모의 교육관리제도를 만들고 교육성과를 점수화하는 것에 의해 교육을 시장경쟁원리(학교 선택, 인사고과제도 등)에 위임하였다. 앵글로색슨형 교육이라 불리는 이러한 국제적 교육정책은 교육활동의 '성과'에 초점을 맞췄기 때문에 현황무시의 성과주의라는 비판을 불러왔다. 이런 경우의 평등이란 각자에 맞게 교육을 받는 것이다. 다시 말해서 평등의 의미를 경쟁의 성과에 따라 받아야 할 서로 다른 질의 교육으로 해석하였다. 그러나 사실은 경쟁과 신자유주의는 논리적으로 맞지 않다. 경쟁의 규칙이 '자유롭지 않은' 방식으로 작용하기 때문이다.

한편 교육제도의 대표적인 전환은 영국의 1988년 교육법에서 찾아야 한다. 그것을 다시 한 번 정리해보자. 실은 이는 제도의 전환으로 보이는데 교육에 관한 사상이나 가치관이 변경된 점을 재확인해보고 싶다.

---

7 _ Julian G. Elliott, Neil R. Hufton, Wayne Willis & Leonid Illushin, *Motivation, Engagement and Educational Performance : International Perspectives on the Contexts for Learning*, Palgrave Macmillan, 2005, pp.4–5.

이 법은 5세에서부터 16세까지를 대상으로 의무적인 국가교육과정을 도입하여 이 성과를 전국학력평가로 확인하고 학교순위표를 공개하여 부모의 학교선택과 학교·아이의 경쟁을 촉진하였다. 게다가 교육기준청이라는 외부 기관을 재편하였다. 이는 학교장학 기관으로서 수업의 방법과 교사의 역량을 일방적으로 평가하고 나아가 학교의 존재 그 자체까지 결정했다. 목표를 외적으로 고정하여 평가도 외부기구가 판정하고 과정의 활동부분만을 자유경쟁으로 했다. 자유화, 분권화의 착지점은 여기였다는 셈이다. 경영자의 자유에 반해 현장에는 부자유가 강요되었다. 학교는 비교되고 서열화되어 경쟁하는 구조가 되었다. 그 결과 점수를 얻는 '학력'에만 시선이 가서 교육목적은 인격의 종합적인 성장에 놓이지 않았고 능력은 부분화되었다. 결국 인간은 부품화되어 사회적으로 자립할 수 없게 되는 사태로 진행되었다.

한편 '신보수주의'는 민족적·전통적인 문화 부흥, 국가의 권위 강조, 법률에 의한 지배, 종속 관계, 규율, 근면을 필수로 하여 서열적인 '격차사회'를 인정한다. 그 영향으로 국제조약에서 확인된 인권에 기초한 교육 원리는 전통문화나 민족적 가치를 중시하는 것으로 전환되었다. 또한 민주주의에서 강조되었던 '지역'이 다시 국가나 민족으로 전환되었다.

마찬가지로 '신보수주의'는 특정 집단의 특권 유지, 이익 획득을 전통 지키기라는 방법으로 유지하려고 하였다. 그 때문에 '신보수주의'는 인간 일반, 인권을 존중하는 평등한 사회를 민족이나 종교, 계급 등의 소수 집단과 분열시키도록 재촉하였다.

여기서 기묘한 결합체가 발생한다. 격차사회에서 양자의 이론이 일치한 것이다. '신보수주의'는 국제경쟁화 시대에 국가 이익의 획득을 목적으로 하고 '신자유주의'는 거기에 경쟁원리라는 방법을 제공한다. 개인의 이익이 국가의 이익에 의해 보장되는 한에서 '신자유주의'와 '신보수주의'는 결합한다. 이렇게 변질된 '신자유주의'는 법률에 의한 국가의 직접적인 규제를 약화시키고 개인의 도덕이나 가치체계를 중시하며 개인, 가정, 지역에 사회참여를 설득하였다. 여기에는 사회적 제재의 원리가 내재되어 있어, 경우에 따라서는 사회책임을 다하지 않는 사람에게는 복지도 사회적 권리도 제공할 수 없다는 논리로까지 발전한다.[8] 작은 정부를 만든다고 하면서 실제로는 목표설정과 평가기관을 장악하는 식으로 국가권력은 도리어 강화되었다. 경쟁의 척도가 새로운 규제가 되어 경쟁하면 할수록 규제가 강해지는 구조 속으로 빠져들었다. 이와 같은 극심한 부자유의 시스템이 앵글로색슨 모델이다.

노르웨이 교육사 연구가 피터 아센은 이를 두고 다음과 같이 시사하였다.

"이렇게 국가는 권위가 약화된 것이 아니라 더 강화되었다고 할 수 있다. 즉, 탈중앙집권화는 강력한 국가 안에서 한층 더 규칙을 수호하는 제도였을 뿐이었다."[9]

---

8 _ 영국에서의 권리와 의무의 해석에 대해서는 다음 책 4장에 정리되어 있다. Peter Dwyer, *Understanding Social Citizenship : Themes and perspectives for policy and practice*, Policy Press, 2004.

9 _ Petter Aasen, "What happened to social democratic progressivism in Scandinavia? Restructuring education in Sweden and Norway in the 1990s." In M. Apple, P. Aasen, M. K. Cho, L. A. Gandin, A. O liver, Y. K. Sung et al.(eds.), *The State and the Politics of Knowledge*, Routledge Falmer, 2003, p.142.

북구의 시장원리 도입과 학교 민영화

예기치 못했던 1990년대 전반의 경제위기는 북구 여러 나라의 정치를 전환시키는 요인이 되었다. 이때 북구의 여러 나라는 적극적으로 철저한 교육 관리의 분권화에 나섰다. 1995년에 스웨덴과 핀란드가 EU에 가맹했는데, 특히 핀란드는 통화를 유로화로 전환하여 적극적으로 국제화를 받아들였다.

국제화에 박차를 가한 것은 경제협력개발기구나 세계은행 등의 국제경제기구였다. OECD는 1980년대부터 교육에 관한 국가별 보고서를 작성하여 학교 민영화를 촉진하는 것으로 교육시장의 개방에 개입하기 시작하였다. 핀란드에 대한 개입은 꽤 일찍부터 시작되었다. 1993년부터는 교육상황을 측정하여 비교 가능한 자료를 편집하여 『도표로 보는 교육(*Educational at a Glance*)』을 간행하기 시작했다. 또한 TIMSS에 대항하여 2000년부터 언어·정보, 수학, 과학의 실천적 문해력을 측정할 목적으로 OECD 국제 학업성취도 비교평가(PISA)를 시작하였다. 나아가 유럽의 여러 나라는 자국의 교육제도에 관한 국내의 평가·평정기구를 설립했다. 또한 EU는 2010년까지 '세계에서 최고로 경쟁력이 있는 약동적인 지식기반경제'를 확립한다는 '리스본 전략'(2000년)을 명확히 내세웠다.

국제학력평가의 결과는 각국, 특히 복지국가의 교육정책도 전환시켰다. 측정된 학업 성적은 예상외의 결과였다. 특히 TIMSS 1995 과학(4학년) 시험에서 유럽 최하위였던 노르웨이는 과학교육이 1년 늦다고 판정받아 충격을 감추지 못하였다. 스웨덴과 노르웨이는 산수·수학, 그리고 과학의 저학력이 지적되어 산업의 관점에서 교육개혁이 제기되었다. 이른바 '저학력' 비판이다. 지금까지 교육을 이끌었던 정치적 좌파나 교육연구가는 이러한 결과에 대해 침묵하거나 아니면 측정도구가 잘못되었다는, 다시 말해 북구 민주주의의 기초적인 사회적 가치의 획득을 평가하지 않았다는 비판만 제기할 뿐이어서 유효하게 대처할 수 없었다. 그 결과 교육과정 개혁이 시행되어 모국어(국어 상당)와 수학 수업시간을 늘릴 것을 고려하게 되었다.

크게 변한 것은 사회적인 통합을 가져왔던 종합제학교였다. 학교의 관리권은 중앙 정부로부터 지역자치체로, 더 나아가서는 이용자들에게 이관되었다. 나아가 사립학교를 보조적으로 도입하여 공립학교와 경쟁하도록 하였다. 스웨덴에서는 1988년 이후 일련의 국회결의에서, 또 노르웨이는 2003년 국회결의에서 사립학교를 확대하기로 계획했다. 덴마크에서는 전통적으로 사립학교가 뿌리내리고 있었으나 현재에는 이민자와 기존의 덴마크 인이 분리되어 통학하고 있다. 학교가 민족별로 나누어져 이른바 '거주지 분리'에 이용되고 있다. 이민 인구는 초 · 중등학교의 재적학생 중 13%로, 코펜하겐 시는 25%까지 이른다.[10]

'국제적인 경제경쟁'을 목적으로 북구의 여러 나라에서도 중간층의 개인적인 이익을 반영한 경쟁적 학교가 재편성되어 학교선택제를 도입하는 데까지 이르렀다. 또한 최근에는 전국학력평가가 북구의 여러 나라에도 도입되었다. 예를 들면 노르웨이는 이미 실시하고 있고 덴마크

---

10 _ 덴마크 교육 현상에 관해서는 졸저를 참고할 것. 「テストの点数よりも「確かな學力」を-デンマーク教育の豊かさと動搖」, 國民教育文化研究所編, 『教育と文化』 45(2006. 夏), アドバンテージサーバー, 39~47쪽.

는 결정은 했지만 실시를 연기하고 있는 상태다.

핀란드는 TIMSS에서 성적이 그리 좋지 않다(표 5-2). 그러나 핀란드는 스웨덴과는 다른 길을 선택했다. 이에 대해서는 뒤에서 설명하도록 한다.

스웨덴 변용의 결과

스웨덴은 북구 제국에서 '신자유주의'의 영향을 가장 많이 받았던 나라로 알려져 있다. 탈중앙집권화 노선은 사회민주주의 정권 아래에서 1980년대 말에 시작되었다. 교사조합의 강한 저항을 받아가면서도 1989년에는 교사의 고용을 국가에서 지역자치단체로 옮겼다. 이 때문에 교사의 급여나 근무조건은 지역에 따라 차이가 났다.

1991년 총선거에서 사회민주주의정권이 붕괴하고 중도우파 연합정권이 성립하게 되자, '탈중앙집권화'와 '성과주의'로 전환하여 개혁을 시작하였다. 1993년에는 교육예산을 교부금화하여 교육비의 경계를 모호하게 했다. 이것으로 자치체에 의한 교육비 삭감이 가능하게 되었다.

다음으로 정부가 새롭게 바꾼 원리는 학교 교육재원을 학생 수에 맞게 배분하는, 이른바 바우처 제도이다. 이는 1992년에 도입된 것으로 스웨덴 정부는 이것으로 사립학교의 확대를 노렸다. 여기서 사립학교라는 것은 공설 민영학교를 의미한다. 또한 학교선택제가 도입되어 부모는 어느 공립학교든지 선택할 수 있게 되었다. 다만, 일정 지역 우선 범위가 이 시점에서는 존재했으나 2000년 스톡홀름 시에서는 지역범위도 폐지되어 완전히 경쟁원리에 맡겨졌다.

1993년에는 린드벡 위원회 보고서가 제출되었다. 여기서 학급정원 축소는 성적향상과 결부되지 않는다는 결론을 내렸고, 대신 대규모 학급(학급정원의 증가)과 숙제를 늘릴 것을 제안했다. 다시 말해 인간의 성장을 개인의 자기책임으로 간주하고 경쟁적으로 학교교육을 조직하여 개인의 노력을 촉진한다는 것이다.

이처럼 사회민주주의 정권이 붕괴된 1991년부터 1994년에 걸쳐 교육의 신자유주의화는 단번에 진행되었다. 그 후 사회민주주의 정권으로 돌아갔지만 근본적인 대안을 명확히 내세우지 못하고 기존의 노선을 답습했다. 그것은 '객관적인 지표에 기초한 관리', '탈중앙집권화', '전국학력평가', 그 밖의 '평가', '경쟁과 소비자 의식을 촉진하여 시장으로의 적극적인 유도', '학교관리자의 권한 강화' 등이다.

1995년에는 교원 급여의 결정이 학교단위에 맡겨져 업적주의가 격화될 가능성이 대두되었다. 2002년 시점에는 사립학교에 재적하는 학생이 6%까지 증가했다. 자치체의 절반 정도가 사립학교를 설립하여 큰 도시에 집중되는 경향이 있었다. 지역차가 확대되고 있는 것이다. 그럼에도 2005년 시점에는 평가 방법이 학교마다 달라 전국학력평가는 강제가 아닌 자유참가로 치룰 수 있었다. 또한 학교평가에 대해서도 성적 공개를 의무화하지 않았다.

조사 연구에 따르면 민영화로 향한 스웨덴의 학교 개혁은 그렇게 큰 효과를 거두지 못하였다. 또한 국내의 학력격차도 그렇게 크지 않았다. 그러나 특정집단, 예를 들면 도시에 살고 있는 대부분의 이민 자녀들은 학교 선택제도에 의해 민영화된 학교에 입학하지 못하였으며, 결과적으로 그 제도는 약자에게 불리하게 작용되었다 한다. "탈중앙집권화된 선택 유도형 제도는 스웨덴 아이들의 학업성적에 큰 효과를 거두지 못하였다."고 한다. "이 연구의 주요한 결론은 급진적인 시장 유도형 교육개혁에 기적적인 결과를 기대해서는 안 되는 것처럼 불평등의 극적인 증가 또한 기대해서는 안 된다."[11]는 것이라고 연구서는 밝혔다. 신자유주의적인 경쟁원리를 도입하더라도 국민 전체의 학력 향상은 기대할 수 없으며, 오히려 불평등은 증가하고 다른 문제가 일어난다는 것이다.

시장원리의 도입에 관한 영국과 스웨덴의 교육정책 비교 연구에 따르면, 영국에서는 '최근의 교육정책에 여전히 엘리트주의의 강한 전통'이 보이지만 스웨덴은 '침식되고 있다 하더라도 여전히 교육의 종합제적 가치에 의거'하고 있다[12]고 분석하였다. 스웨덴의 교육에는 시장 원리만 기능하고 있는 것은 아니라는 것이다.

또한 잉글랜드, 스코틀랜드, 그리고 스웨덴의 비교 연구에서는 "스웨덴에서 시행된 북구형 복지제도는 적어도 우리들이 연구해 온 교육학과 교육의 분야에서, 또 적어도 잉글랜드와 스코틀랜드에서 시행된 자유주의적 복지제도와 비교하면 꽤 바람직하게 기능하고 있다."[13]고 지적한다. 스웨덴에서는 아직까지도 경쟁적인 측면이 적다는 지적이다.

---

11 _ Anders Björklund, Melissa A. Clark, Per-Anders Edin, Peter Fredriksson, and Alan B. Krueger, *The Market Comes to Education in Sweden : An Evaluation of Sweden's Surprising School Reforms*, Russell Sage Foundation, 2005, p.10.

12 _ Christine Hudson & Anders Lidstrom(eds.), *Local Education Policies : Comparing Sweden and Britain*, Palgrave, 2002, p.237.

13 _ Bronwen Cohen, Peter Moss, Pat Petrice and Jennifer Wallace, *A New Deal for Children? : Re-forming education and care in England, Scotland and Sweden*, Policy Press, 2004, p.201.

노르딕 모델을 민족의 균질성에 원인을 돌리는 분석도 있다.[14] 사회민
주주의 정권기에 키워 온 평등과 상호 협력의 사상은 아직까지 남아 있
다. 학력의 학교 간 격차는 세계적으로 보면 아직 작고, 이민을 받아들
이면서 여전히 노르딕 모델은 기능을 하고 있다고 봐야 할 것이다.

핀란드의 신자유주의 전개

핀란드의 교육 정책에 변화가 찾아온 것은 1980년대 후반의 일이다.
1986년 의회 내의 한 위원회가 행정기구의 '탈중앙집권화'에 대해 보고
서를 정리했다. 이미 OECD는 교육의 '구조개혁'을 제기하고 있었다. 이
방침에 근거하여 1980년대 말 OECD는 핀란드의 교육을 조사하여 핀란
드도 학교와 산업의 연대를 강화해야 한다고 제기했다. 구체적으로 말하
면 '교육과정의 개인화'와 '산업에 개방적인 학교 운영'을 제시했다.[15]

핀란드도 1980년대 말이 되자 고용자 측 조직, 다시 말해 기업가 연합
(TT)이나 자치체 연합(KT)이 신자유주의적인 발언을 시작했다. 특히 기
업가 연합은 일련의 교육개혁 팸플릿을 발행했는데 그 구상은 아래의
네 가지로 정리될 수 있다.[16]

첫째, 신공공관리론(NPM)의 제 원칙을 학교교육제도에도 적용한다.
학교의 경영 결정권과 운영 책임은 국가 교육위원회에서 지역자치체로

---

14 _ Sinikka Salo, *Nordic Model-A Sucess Story? : Remarks in the seminar at the Banco de España*, 27 March 2006, Finland Bank.

15 _ OECD, *Structural Adjustment and Economic Performance*, OECD, 1987.

16 _ Sirkka Ahonen, "From an Industrial to a Post-industrial Society : changing concepts of equality in education", *Educational Review*, Vol. 54, No. 2, 2002, p.178.

이관해야 하고 지역자치체는 학교에 효율을 요구하고 학교 동료를 경쟁 시키며 예산은 성과에 따라 배분해야 한다. 이것으로 세금의 낭비가 사라질 것이다.

둘째, 자유경쟁이 교육의 질을 보장한다. 학교장은 교원을 경쟁적으로 조직해야 하고 학교의 성적은 공적·사회적으로 조사해서 공개해야 하며 부모는 학교선택권을 가져야 한다.

셋째, 수업에 구성주의 학습 이론을 적용한다. 교사의 지도는 학습자의 자율과 발견적 교수법으로 바꾸어야 한다.

넷째, 창업가적 기능을 학교 교육과정에 포함시킨다. 또한 경제와 관계가 깊은 수학과 과학의 수업 내용을 끌어올린다.

이 개혁안의 세 번째 부분은 열린(무제한 개방형) 지식관이라고도 불리는데 앵글로색슨 모델에는 없는 시각으로 주목된다. 신자유주의 원리를 철저히 하기 위한 예라는 것이 매우 흥미롭다.

한편 신자유주의의 제 원칙이 제안되어 1990년 국회는 큰 소동이 일어났다. 국회는 시장원리를 동반한 신공공관리론(NPM)의 해석을 교육부에 일임했다. 교육부는 즉시 신자유주의에 준하는 행동계획을 작성했다.

우선 1991년 법률에서 학교선택제가 도입되었다. 교육예산도 학생 수에 따라 지원되는 방식이 채택되었다. 국가교육위원회는 행정기관에서 전문기관으로 전환되었다. 장학관제도 역시 폐지되었다.

다음으로 1992년에 학교 거리에 관한 규제가 해제되었다. 이것으로 학교 통폐합이 가능하게 되어 몇백 개의 농촌학교가 폐쇄되었다. 1930년대 말에 구축된 학교 망이 붕괴된 것이다. 동시에 교과서 검정 제도도 폐지되었다. 지식에 관한 규제 해제이다.

그리고 1994년에는 국가교육과정이 골자화되고 교육내용에 관한 국가 규제가 대폭으로 완화되어 가이드라인의 성격으로 전환되었다.[17] 동시에 교육내용·방법의 재량권(해석 운용권)을 지역자치체·학교·교사 등 아이들에게 가장 가까운 곳으로 이관시켰다. 1994년의 교육과정에는 '창업가 교육'이라는 항목이 들어갔다. 게다가 국가교육위원회는 무역산업부, 노동부, 교육부 및 산업·고용자협의회와 합동으로 '창업 10년 계획'(1995년)을 책정했다.

이러한 일련의 개혁은 "그때까지 '매우 중앙집권적'이라 평가되었던 핀란드 교육제도의 대전환으로 불릴 수 있는 개혁이었다."[18] 다시 말해서 1990년대 전반의 교육개혁 그 자체가 신자유주의를 따랐다.

이 시기 핀란드는 소연방 붕괴의 영향을 정면으로 받아 경제는 밑바닥으로 떨어졌다. 학교 민영화가 개선책으로서 채택되었다. 기업가연합은 물론이고 지역자치체연합이 학교의 경제적 설명 책임으로서 이를 추진했던 것이다. 그러나 핀란드에서는 좌파정당, 구 농민당, 거기에 일부 사회민주주의 정당에 의해 '복지전선'이 결성되어 종합제학교 민영화 반대, 전통적인 고밀도 학교망 유지, '이웃 학교'에 다니는 아이들의 권리 유지를 목표로 싸웠다. 그 결과 사립 초등학교 설립을 막을 수 있었고 1998년에는 '이웃 학교'라는 낱말이 법률에 들어가게 되었다. 이웃 학교란 장애가 있는 아이들도 지역의 학교에서 공부한다는 '통합 교육'의

17 _ 교육과정의 탈중앙집권화 그 자체가 교육의 시장화라는 관점에서 평가되는 성격을 가진다. Kristiina Erkkilä, *Entrepreneurial Education : Mapping the debates in the United States, the United Kingdom and Finland*, Garland, 2000, p.141.
18 _ 渡邊あや,「フィンランドの子どもと教育の今」, 庄井良信·中嶋博編,『フィンランドに學ぶ教育と學力』, 明石書店, 2005, 27쪽.

이념을 표현하는 용어였는데, 이 이념이 모든 아이들에게 적용되었던 것이다.

탈중앙집권화에는 많은 교육연구자가 반대했다.[19] 특히 교육비를 국세에서 포괄적 재원으로서 지역에 교부하는 것에 대해 반대했다. 지역에 따라 교육 수준이 다르게 되고 교육 서비스에 대한 접근에 불평등이 생긴다는 이유였다. 또한 국가교육과정에 관해 자치체 재량이 너무 크다는 것도 비판했다. 그 결과 2004년 교육과정에서는 학년의 구분이 일부 부활되어 학습 방법이 보다 상세하게 제시되었다. 탈중앙집권화에 대한 비판은 계속되었지만 PISA에서 좋은 성적을 받아 기본적으로는 신자유주의적 개혁이 진행 중이다. 오히려 이러한 비판이 있었기 때문에 신자유주의적 교육정책의 부정적인 면을 제지하고 긍정적인 면을 확대하는 움직임이 생겼다고 볼 수 있다.

민영화를 저지한 효과는 같은 노르딕 모델의 여러 나라들과 결정적인 차이를 만들어 내었다. 지금도 기초교육단계에서 사립학교 수는 1%, 사립학교에 다니는 학생 수는 2%로 소수에 지나지 않는다. 그 결과 공립학교를 유지해가면서 '끌어올리기' 정책을 취하는 것이 가능하다. 사립학교는 일반 고등학교 단계에서 11%, 직업학교에서는 52%를 차지한다. 지역 생활을 유지하는 목적에서 지역자치체와 기업이 학교를 공동으로 설립했기 때문에 모든 학교가 국가교육위원회가 지정하는 국가교육과정이나 직업 자격의 기준을 유지하고 있으며 일부 예외를 제외하고 사립학교는 교육비를 개인에게 징수할 수 없게 되었다. 다시 말해 핀란드

---

19 _ Matti Kyrö and Kari Nyyssölä, "Attitude towards Education in Finland and other Nordic Countries", *European Journal of Education*, Vol. 41, No. 1, 2006, p.60.

의 사립학교는 개인이나 주민의 설립 등 역사적인 경위로 그렇게 부르는 것에 지나지 않으며 경제 격차를 반영한다든지 수험 체제 등을 특징으로 하지 않는다.

한편 1990년대 전반 에스코 아호(Esko Aho) 정권은 불황기의 핀란드 정부를 떠맡았다. 아호는 중앙당 당수로서 1991년 36세라는 젊은 나이에 수상에 취임하여 1995년까지 맡았다. 그는 신자유주의 정책을 차례차례 명확히 내세우며 교과서 검정 폐지, 학교 장학제도의 폐지 등을 탈중앙집권화·규제 완화의 일환으로서 진행하였다. 이 시기 1994년부터 교육부 장관이 되었던 사람은 올리페카 헤이노넨(Olli-Pekka Heinonen)이다. 그는 29세의 젊은 나이에 장관으로 취임하여 6년 동안 신자유주의의 폐해를 극력으로 눌러가면서 이를 교육계에 적용시켰다.

1998년 교육법 작성 시점에서는 '평등'의 개념을 둘러싸고 '신자유주의자'는 '개인의 기회' 평등을 주장했다. 1999년에 성립된 교육법에서는 개별 학교의 설명책임과 학교의 성과에 관한 정보를 부모에게 제공하는 의무가 명기되었다. 2000년부터는 교원과 학생의 자율성이 확대되었는데, 이는 경쟁적인 측면을 강조하는 것으로 설명된다. 말하자면 자유가 늘었다는 것이다.

그러나 핀란드의 현실을 분석해 보면 신자유주의의 여러 원리를 도입해가며 그 효과를 스스로 선택하여 부정적인 영향을 없애는 데 생각을 모았다는 것을 알 수 있다.

핀란드의 지혜, 종합제학교의 부활

우선 '신공공관리'라는 첫 번째 원칙에서 말하면 핀란드는 권한을 지역에 이관했으나 성과주의는 배제했다. 중앙의 틀은 가이드라인에 그치고 교원 등 전문 스태프 지원에 철저히 하며 중앙행정권한을 조건정비와 정보 제공으로 한정했다. 그 결과 현장에 자유와 책임이 증가해 학생 개개인에게 알맞은 질 높은 본래의 교육이 실현되었다.[20]

국가교육과정(학습지도요령 상당)은 국가교육위원회가 결정하지만 그것은 대강의 것으로 가이드라인 정도의 성격이다. 어느 학년에서 몇 시간 어느 교과를 배울 것인지는 지역자치체와 학교가 정한다. 또한 어떻게 가르칠 것인가는 학교 안에서 교사가 정한다. 예를 들면 중학교에서는 가정과가 3시간으로 정해져 있다. 그렇지만 필자가 참관한 어느 학교에서는 그것 대신 요리라는 교과를 3시간, 과학의 일부로 두어 거기서 교육과정의 내용도 수정하였다. 또한 어떤 교과를 어떻게 편성시키고, 어디에 중점을 두고, 계획대로 나가지 않았을 경우에는 어디를 건너뛴다든지(단순화) 하는 것 등, 시간표 운용은 교사 각자가 정할 수 있다. 교과서 검정이 없고 교과서는 질 좋은 교재 중 하나에 지나지 않으며 여러 가지 자료와 함께 그 지역이나 개개인의 학생에 맞도록 지식을 구성해 가면 된다. 국가교육과정을 목표로 해서 내용은 자신들이 만들면 된다고 한다. 국가교육과정의 해석권·운용권은 교사에게 있다는 것이다.

교육비의 포괄적 지역교부금화는 지역의 자유재량권 강화로도 간주

---

20 _ 핀란드 교육의 실태에 관해서는 졸저를 참조하라. 『競爭やめたら學力世界一 ― フィンランド 教育の成功("핀란드 교육의 성공")』, 2006.

된다. 헬싱키 시에서는 "남은 돈은 교육비로 돌리는 것이 불문율로 되어 있다."고 학교장이 설명할 정도로 교육비의 우선순위가 높다. 또한 로흐야 시에서는 "비록 적자가 되더라도 교육에는 돈을 들이고 싶다."고 교육장이 발언할 정도이다. 학교통폐합이나 관리직의 학교 겸임이라는 합리화는 진행되었지만 초등학교에서 대학까지의 수업료는 물론, 기초 교육단계에서는 교재, 교구, 급식에 이르기까지 무료이고, 특히 교재 중 워크북의 질적 충실과 무상배포가 매년 확대되어가고 있다는 점이 주목된다.

둘째, 핀란드는 경쟁원리를 부정한다. 핀란드에서도 자치체 규모로 학생·부모가 교사를, 교사가 학교장을 평가하는 조사를 2년에 한 번꼴로 실시할 것을 도입하였다. 그러나 학생에게는 자기 평가란을 크게 해서 스스로를 평가하는 측면을 강화하였다. 또한 부모는 무기명으로 의견을 보낸다. 교장과 교사는 부모나 학생의 의견을 참고하여 토의하고 개선점을 함께 찾는다. 마찬가지로 행정 측과 학교장이 그 자료를 참고하여 개선책을 의논한다. 그 이상은 아니다. 평가는 아이들의 교육을 개선하기 위한 데 있을 뿐이다. 어디를 개선해야 할지 알 수 있는 질문을 하고 결과를 바탕으로 협동하여 해결을 찾는 것이 목표로 되어 있다. 따라서 순위를 붙여 부모에게 학교를 선택하게 하는 그런 것은 하지 않는다. 어디까지나 현장의 힘을 강화하도록 작용할 뿐이다. 게다가 사회민주주의에서 볼 수 있던 것처럼 지역에 살고 있는 인간의 육성이라는 시각에서 학교 평가나 교사 평가를 시민의 사회 참가, 사회의 자체 관리의 한 과정으로 간주하여 시민성을 기르는 의의 있는 행위로서 적극적으로 이해하였다. 즉 학교 평가란 보다 좋은 학교를 목표로 학생, 교사, 학교,

학부모, 지역이 각각 노력하는 과정 자체라는 말이다. 평가는 개선의 수단이었지 관리의 수단이 아니었다.

또한 교사에 대한 인사고과는 절대로 하지 않는다. 교사가 하고 있는 일의 질이 사람마다 다르기 때문이라고 한다. 교사의 급여는 경력 연수만으로 결정된다.

이와 같이 신공공관리를 수용해가면서도 특별한 외부의 평가·감시·관리 기구를 필요로 하지 않음으로써 비용이 거의 들지 않는 효율 좋은 운용을 하고 있다.

학교나 교사뿐만 아니라 학생도 경쟁하지 않는다. 자유는 교육의 질을 보장한다고 간주되지만 경쟁이 교육을 보장하는 것은 아니라고 생각하여 16세까지의 경쟁은 배제하고 있다. 교육의 질은 경쟁을 배제함으로써 보장된다고 생각한다. 개개인의 개성은 비교하지 않고 가능한 한 신장되도록 배려하고 수업에서 일률적으로 제한하지 않는다. 진학이나 선택 수업, 혹은 보충 수업 등 넓은 의미의 진로 선택은 자기의 도달 정도나 의지를 체크하는 것으로 순위를 붙이지 않는다. 만약 역량이 부족할 경우에는 꿈을 변경하는 것이 아니라 선택을 연기하여 힘을 기르면 된다.

예를 들면 대학제도는 유럽공통의 고등교육제도인 '볼로냐 프로세스'를 받아들여 학부 3년, 석사 2년의 제도로 되어 있는데, 국가는 각각 플러스 1년을 상정하여 천천히 많이 배우는 것을 당연시하고 있다. 또한 핀란드에서는 진도가 늦는 학습자를 위해서 10학년의 설치를 자치체에 의무로 규정하고 있으나 필자가 2007년 2월에 조사한 로흐야 시에서는 10학년이 유명무실화되어 오히려 고교 단계를 3~4년으로 하여 후기 중등

교육에서 1년 더 배우는 식으로 전환되었다. 이처럼 제도의 수정까지 지역자치체의 판단에서 가능하였다.

평등에 대한 해석도 기회평등개념으로부터 개개인의 필요에 맞춘 교육으로 변하고 있었다. 그 때문에 학습 진도가 뒤떨어지는 기미를 보이는 아이에게는 보충을, 학습 곤란을 보이는 아이에게는 특별지원 교사를 붙여 특별한 교육적 요구를 보장하고 있다. 개성을 신장시키기 위해 중학교에서 음악이나 이과계의 특별반을 만드는 경우도 있다. 이 경우도 선택과목 2시간과 추가 한도의 3시간을 합쳐 주 5시간 정도로 확대하지만 교과의 학습 진도는 다른 반과 같게 하고 선발 또한 의욕을 중시해 진학 대책이나 엘리트 코스가 되지 않도록 배려하고 있다. 말하자면, 중학교에서 클럽 활동의 수업시간표화가 일어나고 있는 것이다. 이렇게 예술·음악 등 특별한 분야를 제외하고 "일반 교과는 어느 학교에서도 배울 수 있게" 되어 있어서 고등학교를 포함해 지역의 학교에 다니는 것이 보통이다. 행정은 학력 평가를 해서 지역의 소규모 학교, 교사의 충족 등의 관점에서 불리한 조건에 있는 학교를 향상시키는 것을 목표로 한다. 행정은 조건 정비를 철저히 하는 것이다.

핀란드의 전국학력평가는 10~15%의 추출조사이며 학교가 희망하면 응시할 수 있다. 학교는 불리한 조건을 호소한다든지 학교 측이 자신들의 교육성과를 특별히 확인할 필요가 있는 경우에 한해서 시험을 희망할 수 있다. 그리고 학교의 성적평가는 운영상의 개선점을 분석할 것을 목적으로 하고 평가나 개선책의 판단은 현장에 위임하고 있다. 그 때문에 교사의 일상적인 평가가 가능한 좋은 수업이 이루어지고, 시험 결과 역시 다음 교육에 유의미하게 살아 있다.

그림 3-1 국가별 학력 격차와 그 요인(PISA2000 독해력) 대상 15세

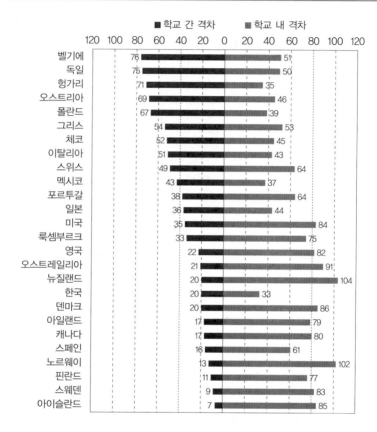

■ 학교 간 격차   ■ 학교 내 격차

국가	학교 간 격차	학교 내 격차
벨기에	76	51
독일	75	50
헝가리	71	35
오스트리아	69	46
폴란드	67	39
그리스	54	53
체코	52	45
이탈리아	51	43
스위스	49	64
멕시코	43	37
포르투갈	38	64
일본	36	44
미국	35	84
룩셈부르크	33	75
영국	22	82
오스트레일리아	21	91
뉴질랜드	20	104
한국	20	33
덴마크	20	86
아일랜드	17	79
캐나다	17	80
스페인	16	61
노르웨이	13	102
핀란드	11	77
스웨덴	9	83
아이슬란드	7	85

* 경제협력개발기구, 『도표로 보는 교육(2003년판)』, 아카이시서점, 91쪽. / 앞서 나온 책이어서 원문
  인용 없이 명기한다.
* OECD 학력 격차 평균을 100으로 한다.
* 2000년에는 일본의 학력 격차 전체는 핀란드보다도 작다.

이렇게 하여 OECD 조사에서 보는 것처럼 핀란드는 학교 간 격차가
최소한으로 억제되어(그림 3-1, 3-2 참조) 기초 교육 단계에서 학교 선택
의 원리는 부적응 등 예외적인 경우에만 사용되고 경쟁적으로 작용하지

그림 3-2 국가별 학력 격차와 그 요인(PISA2003 수학적 이해력) 대상 15세

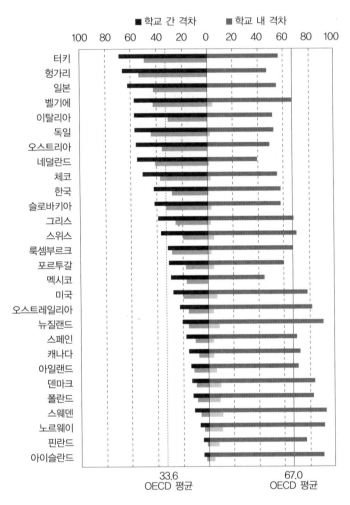

■ 학교 간 격차　　■ 학교 내 격차

* 경제협력개발기구, 『도표로 보는 교육(2005년판)』, 아카이시서점, 84쪽.
* 그래프 하단은 격차 가운데 사회경제문화적 배경지표에 의해 설명되는 부분이다.
* 2003년이 되자 일본의 학력 격차 전체는 커졌다. 게다가 학교 격차의 절반 이상은 사회경제문화적 배경, 곧 가정, 학교 환경의 좋은 점으로 설명된다.
* 핀란드의 학력 격차는 가정과 학교의 차이에 따른 것은 거의 없고, 학생 개인의 차이에 따른다.

않는다. 개인의 학력 격차는 인정하지만 그것은 학교 내에 국한될 뿐이다. 이는 학교 간의 학력 격차를 적게 하여 결과적으로 국내의 학력 격차를 최소한도로 하고 국제적으로는 가장 높은 성적을 나타내게 한다. 그림을 보면 학교제도가 조금 맞지 않다. 조사 대상이 되는 15세 학생은 일본의 경우 고등학교 1학년이며 구미는 중학교 3학년에 해당한다. 그래서 일본 쪽이 학교 간 격차가 크게 나타난다. 그와 동시에 일본의 경우 고등학교에 진학하지 않은 이들(3% 상당)은 제외되었다. 몇몇 요소를 고려하더라도 핀란드의 아이들은 16세까지 격차가 거의 없는 학교에서 배우고 있고 일본의 아이들은 16세에 이미 학교 간 격차 속으로 던져져 있다. 최근 들어 그 격차가 더욱 커지고 있다.

개인의 능력 차는 인정한다. 그러나 아이들의 성장에 미치는 사회적·경제적 배경의 격차는 어떻게든 줄인다. 그리고 아이들 하나하나를 사회가 확실히 받아들인다. 이것이 핀란드이다. 신자유주의가 제기하는 규제 완화라는 것이 반드시 복지사회를 파괴하고 약육강식의 경쟁으로 치닫게 하는 것은 아니다. 인간의 지혜로 개개인의 발달을 보장하는 자유로 변화시키는 것도 가능하다. 오늘날의 핀란드가 가르쳐 주는 것이다. '아이들을 위해서'라는 철학이 흔들리지만 않는다면 말이다.

기업가 연합이 세 번째로 제안한 구성주의적 학습 이론에 대해서 핀란드의 교육계는 이 안을 전면적으로 수용했다. 게다가 1990년대 세계에서 진전된 최신의 교육 이론을 받아들여 사회구성주의로까지 발전시켰다. 구성주의라는 것은 지식은 주체 스스로 배워 구성한다는 시각이다. 이는 유일한 절대의 지식이나 기능을 부정한다. 규제를 해제하면 교과서 검정은 물론 100점(만점)이라는 발상도 점수 따는 경쟁도 불필요하다. 인정되는 것은 서열이 아닌 다양성이다. 다시 말해 교육의 장에서 주입과 강제가 완전히 배제되고 아이 스스로 공부하며 협동 학습을 조직하는 식으로 전환된다. 그 결과 열린(무제한 개방형) 지식관에 드디어 도달하게 된다. 이는 스스로 배워 가면 국가교육과정이 상정한 틀을 넘어버린다는 의미이다. 여기에는 탐구의 결과, 지식의 내용은 날로 진보하기 때문에 고정되어 있지 않다는 견해가 전제되어 있다. 즉 아이가 교사의 예상을 뛰어넘어서 성장한다는 것을 인정하는 것이다.

그 때문에 핀란드는 교사 한 명 한 명의 질(전문성)을 높이고 그 전문성이 발휘되도록 학급 정원을 줄이고 필요에 따라 학급보조원을 두어 최고의 효과가 나도록 교육 조건을 정비했다. 학급 정원은 지역자치체에서 정하는데 대략 초등학교는 25명, 중학교는 18명이 상한선이다. 교과에 따라 다시 이를 더 작게 나누는 것이 보통이다. 통계에 의하면 교사한 명당 초등학교는 16명, 중학교는 11명의 학생으로 구성되어 있다.[21] 필자와의 인터뷰에서 헬싱키 시내에 있는 한 중학교의 교감은 한 명 한명의 학생을 파악하는 데에 "20명 이상은 무리이다."[22]라고 답했다. 이렇게 해서 아동중심주의의 자유주의적 교육이 지금까지도 강화되고 있고 한층 더 철저해졌다.

또한 교사는 전문가로서 존중되어 자기연수가 충분히 보장되어 있다. 예를 들면 교사는 수업시간이 끝나면 귀가하는 것이 상식으로, 여름방학 두 달은 학교에 가지 않는다. 그 대신 교사는 장기적으로 그리고 일상

21 _ Opetushallitus Utbildningsstyrelsen, *Koulutuksen määrälliset indikaattorit* 2005. Tammer-paino Oy, 2005.
22 _ 졸저, 『格差をなくせば子どもの學力は伸びる』, 2007, 177쪽.

적으로 공부하며 여름방학에는 자기 계발 세미나에 참가하여 다음 해 수업준비를 확실히 한다. 그래서 한 명 한 명의 학생들에게 맞춰 적절한 도움을 제공한다. 이렇게 핀란드는 통합적이지만 개별적으로, 다시 말해서 사회와 같이 학교·학급은 이질집단으로 구성되지만 수업은 획일적이지 않는 고도의 개인화 교육을 실현할 수 있게 되었다.

기업가 연합이 네 번째로 제안한 경제와 교육의 결합에 관해 핀란드는 이 역시 전면적으로 수용하였다. EU에서 화제가 되고 있는 '교과 횡단적 주제'도 교과 전체를 통해서 추구하였다. 산업이나 학교에서 사용할 수 있는 학력으로서 수학적 능력, 과학적 능력에 대해 주목했을 뿐만 아니라 '문해력'의 정의도 재빨리 개혁하였다. 과거 식으로 비교적 긴 문학작품을 감상한다든지 평론을 읽어 교양을 쌓는 것보다도, 짧으면서도 다양한 정보를 이해하고 분석하고 평가하여 표현하는 능력, 이른바 '언어·정보 능력'으로 독해력의 정의를 전환했다. 이는 1994년 교육과정 개혁에 이미 나타나고 있었다.

경제·사회의 변화에 대응한 이러한 움직임은 '후기 산업사회'에 대응한 학력이라고 불리는데,[23] OECD가 개발한 국제 학업성취도 비교평가에서 좋은 결실을 맺고 있다.

게다가 주목해야 할 것은 1997년에 여러 정당이 연합해서 '무지개 연합' 혹은 '무지개 정부'를 만들어냈다는 것이다. 이들은 꽤 오래 전부터 "교육에 한해 정당 사이에는 이견이 없다."고까지 말하였다. 각 당은 교육의 내용이나 방법은 전문가에게 맡기고 정치는 거기에 참견하지 않고

---

23 _ 다음을 참조하라. 厚生勞働省報告書, 『轉換期の社會と働く者の生活 - 「人間開花社會」の實現に向けて』 http://www.mhlw.go.jp/shingi/2004/07/s0720-1.html 등.

조건 정비만 다룰 것을 합의하였다. 저마다의 분야에서 책임을 지고 전문성을 발휘하여 아이를 위해 부모도 사회도 협력하는 것이다. 2000년 이후 호조된 경제와 증명된 국제적 고학력에 의해 경쟁을 배제했던 교육정책은 무너지지 않았다.

학교에 자유를 보장하고 자유로운 운영을 맡긴다는 점에서는 영국의 학교도 마찬가지다. 그러나 현장에 목표 설정과 평가의 자유가 허락되는지, 그리고 학교에 평등이 보장되는지 여부에 있어서는 큰 차이가 난다.

그림 3-3, 3-4에서 나타낸 것처럼 영국은 교육 행위에 대한 투입과 산출의 관리가 크고 현장에 주어지는 재량은 극히 작다. 특히 국가교육과정에서 교육내용을 엄격하게 규정하고 외부 시험에 해당하는 전국학력평가나 외부 장학 기관인 교육기준청이 실시 상황을 감시·관리하고 있다. 부모 등 사회도 학교순위표에서 학교의 성적을 주시하고 있다. 그 때문에 교사의 재량권은 적어지고 교육내용의 범위는 좁아지며 교육 방법도 기계적으로 되는 경향이 많다.

게다가 정부는 학교 현장에서 일어나고 있는 것에 대해 현장의 자기 책임론을 취하며 거기서 일어나고 있는 일들에 대해 눈감아 버렸다. 정부는 투입과 산출에만 관심을 기울였다. 런던 대학교 명예교수 폴 블랙은 이러한 상황을 '블랙박스 이론'이라 평가한다. "대처 개혁 이후의 정부의 자세는 '아이의 성적이 나쁜 것은 교사의 능력 부족이 원인이다. 학교에 평가와 성적 목표를 부과하여 목표가 달성되지 못하면 처벌하면 그만이다' 라는 것으로, 현장에서 무엇이 일어나고 어떤 것이 필요한지에 대해서 완전히 무시하고 있다."[24]고 말하였다.

이에 비해 핀란드 모델은 국가교육과정은 있지만 가이드라인에 그칠 뿐이다. 또한 현장에서 변경 가능하다. 다시 말해서 해석·운용권은 현장에 있다. 학력의 외부 평가도 '대학 입학 자격시험'에 그치고 그 결과 역시 어디까지나 개인의 것으로 간주하고 학교의 책임으로 이어지지 않는다. 또한 전국학력평가는 추출방식으로 하며 결과는 행정책임, 이른 바 투입의 불충분함을 문제 삼을 뿐 학교나 개인을 경쟁시키지 않는다. 행정은 조건 정비와 정보 제공을 수행하고 현장을 돕는다. 게다가 교사의 탁월한 능력 때문에 아이들이 발달시킬 능력은 다양하고 질 높은 것이 되었다.

핀란드 교육의 성공은 낮은 이민 비율과 개인화에 대응할 수 있는 교사의 탁월한 능력 때문이라고 일반적으로 분석한다. 그러나 사립학교가 적고 공적인 교육보장을 충실히 할 수 있는 학교 교육제도가 있으며 개인의 자립이 국가의 경제발전과 유기적으로 관련되어 있기 때문에 '신자유주의'를 잘 소화할 수 있었다고 평가할 수 있다. 또한 교육의 성과를 개인뿐만 아니라 전체 국민을 위해 철저히 하고, 나아가 적극적으로 국제화를 꾀했기 때문에 '신보수주의'를 잘 피해갈 수 있었다고도 할 수 있다.

그러나 여기에는 국민의 상당한 노력과 지혜가 들어가 있었다. 평등한 복지국가가 신자유주의적인 경쟁사회로 이행한 것이라는 단순한 역사 도식으로는 충분히 설명할 수 없는 것이다. 이들은 다음과 같이 판단했다. 자유로운 능력 경쟁을 가능하게 하기 위해서 능력 이외의 조건에서

---

24 _ 阿部菜穂子, 『イギリス「敎育改革」の敎訓』, 앞과 동일, 59쪽. 혹은 Paul Black and Dylan William, *Inside the Black Box: Raising standards through classroom assessment*, nfer Nelson, 1998.

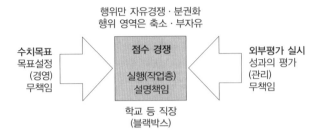

그림 3-3 앵글로색슨 모델

행위만 자유경쟁·분권화
행위 영역은 축소·부자유

수치목표
목표설정
(경영)
무책임

점수 경쟁

실행(작업층)
설명책임

외부평가 실시
성과의 평가
(관리)
무책임

학교 등 직장
(블랙박스)

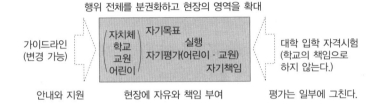

그림 3-4 핀란드 모델

행위 전체를 분권화하고 현장의 영역을 확대

가이드라인
(변경 가능)

자치체
학교
교원
어린이

자기목표
실행
자기평가(어린이·교원)
자기책임

대학 입학 자격시험
(학교의 책임으로
하지 않는다.)

안내와 지원   현장에 자유와 책임 부여   평가는 일부에 그친다.

* 앵글로색슨 모델은 신보수주의에 기초해서 투입(input)과 산출(output) 관리를 강화했다.
* 작업현장을 '블랙박스'로 간주하고, 성과의 유무를 모두 작업현장의 책임으로 하여 경쟁시켰다. 경쟁 장치는 학교선택제도이다. 이런 의미에서 신자유주의 시장원리가 관철되고 있다.
* 핀란드 모델은 투입과 산출의 관리를 최대한 배제하고 규제를 완화했다. 작업현장에 모든 권한을 주어 자유롭고 자기책임을 다하는 체제가 되었다. 이런 의미에서 신자유주의가 관철되고 있다.
* 신자유주의는 경쟁을 장려하려고 한 것이 아니라, 일의 선악, 일의 좋고 나쁨에 대한 판단을 시장의 동향에 맡기려고 했다. 다시 말해서 가치판단에 대한 국가의 개입을 배제하고자 하였다.

불리하지 않게 끌어올린다. 또한 교육을 상품화하지 않는다. 인위적인 학력평가는 능력을 틀에 끼워 맞추게 되므로 학력경쟁은 하지 않는다.

핀란드는 정책결정자들이 어떻게 균형을 맞춰가며 목표를 관철할 것인지에 대해 몹시 애를 썼다. 예를 들면 교육의 자유는 수용하지만 기초교육단계에서 경쟁을 포함시키지 않는다거나 교육을 상품화하지 않으려는 논리 같은 것으로, 핀란드의 정치연구자는 이를 '혁신시스템'이라는 낱말로 표현하였다.

영국에서는 '종합제학교의 종언(post comprehensive)'이 언급되는 데 반해 핀란드의 상황은 '종합제학교의 부활'로까지 간주될 정도다. 역사를 되돌려 종합제학교를 경쟁시켜 계급적 · 격차적으로 재편하려는 것이 아니라 평등하고 자유로운 교육이 가능하도록 역사를 진행시켜 버전을 향상했다. "시험도 없는데 아이들이 공부하고 있다."는 교육입국이 출현했던 것은 이런 이유 때문이다. 사회의 창조적인 분위기를 그들은 '혁신 문화' 혹은 '문화적 역동성'이라고 부른다. 경제의 국제화에 따라 많은 경제학자나 세계의 경제계는 복지국가를 부정적으로 보았다. 그러나 핀란드의 경제를 알면 이러한 관점이야말로 '이데올로기적'[25]이다. 말보다 증거를 대는 것이 확실하다는 것은 이런 뜻이다.

---

25 _ Pertti Pesonen & Olavi Riihinen, *Dynamic Finland : The Political System and the Welfare State*, Finnish Literature Society, 2000, p.216.

4장

모두가 승자다 – 전국학력평가 이탈로……

UNITED
KINGDOM

4장 모두가 승자다 – 전국학력평가 이탈로⋯⋯

FINLAND

"누구나 승자다. 모두가 상을 받아야 한다."[1]

루이스 캐롤, 「이상한 나라의 앨리스」

의무교육은 한 사람 한 사람이 인간으로 성장해 가는 인권의 과정이다. 여기에 패자가 있어서는 안 된다. 저마다가 승자여야 한다. 교육 철학이란 이런 것이다. 영리를 꾀하는 비즈니스 프로들에게 의무교육이 끌려가서는 안 된다. 그것을 허용하면 착륙지점은 황량한 문명 사막의 한가운데가 될 것이다.

일본에서 말하는 영국, 즉 영국의 정식 명칭은 그레이트브리튼 및 북아일랜드 연합왕국(UK)이다. 따라서 올림픽의 입장 행진 등 알파벳순이 되면 미국(USA)과 같이 마지막에 나온다.

여러 역사적 경위로 잉글랜드, 웨일스, 스코틀랜드, 북아일랜드라는 영국 지역들은 일본과 같은 일체감이 없다. 국제사회에서는 축구 등 따로 참가하는 종목도 있다.

변화의 고비는 1999년이었다. 이 해 영국 정부와 자격증명·교육과정국(QCA)은 1988년 교육법체제를 보다 강화하는 형태로 국가교육과정을 구체적이고도 상세하게 다시 정의하고 교육목적을 보다 자세하게 발전

---

1 _ Lewis Carroll, *Alice in Wonderland and through the Looking Glass*, Wordsworth, 1993, p.34. 『不思議の國のアリス』「3 ドードー競爭と長い尾話」.

적으로 규정하여 '국가교육과정 소책자'를 개정했다. 영국 교육계는 이를 학교에 대한 교육목적의 직접적인 강요라고 반발했다. 특히 역사적인 민족대립이 있었던 지역은 자치정부 전체에서 이탈하는 움직임을 보이기 시작했다.

왜냐하면 1999년은 블레어 정부가 지역의회를 인정하고 국가에 필적하는 대폭적인 권한을 지역 정권에 위양한 해이기도 하기 때문이다. 웨일스, 스코틀랜드, 북아일랜드는 지역 의회를 가지며 군사와 외교 이외에는 독자의 내정을 실행할 수 있게 되었다. 이 정책은 지역의 분리를 보증하는 형태가 되었다.

한편 유럽의 동향은 확실히 넓고 다양한 교육으로 향하고 있었다. 훈련을 통해서 협소한 지식이나 기능을 가르치는 학교 교육은 부정되는 경향이었다.

북아일랜드

1999년 북아일랜드의 교육부장관이 교육과정과 전국학력평가를 재검토하도록 제안했다. 이 해 가을부터 재검토가 시작되었으나 그 대상이 취학 전부터 초·중등 교육 전반에 걸쳐 있어서 보고를 정리하는 기간은 2001년에 시작해서 2005년까지 걸렸다.[2]

민족문제로 요동치던 북아일랜드에는 무력충돌로까지 발전할 정도의 몇 가지 역사적인 사건이 중첩되었다.

---

2 _ 보고서 일람은 다음을 참조하라. http://www.nicurriculum.org.uk/background/curriculum_review.asp

2001년 9월에는 벨파스트 지역의 프로테스탄트계 주민들이 카톨릭계 홀리크로스 초등학교(Holy Cross Catholic Primary School)에 등교하는 부자에게 돌을 던지고 습격한 '홀리크로스 초등학교' 분쟁이 표면화되어 전 세계에 보도되었다. 민족, 종교, 과거 정복의 역사, 현재의 정치적 · 경제적 격차가 이 사건에 집약되어 있었다.[3]

이 당시 카톨릭계 주민 중에는 게일어(아일랜드어)를 부활시키려고 하는 사람들도 있었다.[4] 게일어로 된 간판을 건 식당도 개업하고 있었는데 필자는 점심을 먹으러 그곳에 가 보았다. 지역의 문화회관에서는 켈트 음악이 연주되고 게일어 강좌가 열리며 게일어로 된 책이 팔렸다. 그러나 그 당시 학교에서의 게일어 교육에 대해서는 아직 인지되지 않았다.

북아일랜드에서는 '교육과정 · 시험 · 평가 위원회(Council for the Curriculum, Examinations and Assessment)'가 목적기반 교육과정이라는 개념을 발전시켰다. 좋은 학교란 무엇인가, 전통적인 교과나 과목만으로 괜찮은 것일까? 이러한 의문에서 출발해서 전환을 모색했다. 그 결과 CCEA는 2003년도의 '키 스테이지 3'에 『살아가는 힘(Pathways)』[5]이라는 교육과정(학습지도요령)을 만들었다.

---

3 _ 拙稿, 「テロに怯えながら−北フィンランド, ベルファーストの聖十字小學校紛爭から危機における人間心理の形性を考える」, 『心理科學研究』第22巻 第2号, 2002. 3. 27〜50쪽. 혹은 동 「テロに怯えながら−北フィンランド, ベルファーストの聖十字小學校紛爭から地域における共存を考える」, 『都留文科大學大學院紀要』第六集, 2002. 3. 1〜29쪽.

4 _ Camille C. O'Reilly, *The Irish Language in Northern Ireland : The Politics of Culture and Identity*, London : Macmillan, 1999.
Don Anderson, *How to Broadcast the Irish Language in Northern Ireland : Irish Language Broadcasting and the Belfast Agreement*, ULTACH Trust, 1999.

5 _ CCEA, *Pathways : Toward a more coherent, enjoyable, motivating and relevant curriculum for young people aged 11–14*, 2003. http://www.ccea.org.uk/ks3/

'살아가는 힘'에서는 교육과정이 '삶과 노동을 위한 학습'에 보다 밀착되었다. 또한 전국학력평가 제도는 평가 본래의 목적에 부합하도록 '외부평가'가 아닌 교사의 평가로 대치하였다. 그리고 '교육과정·시험·평가위원회'가 교실 내의 조사방법, 기록, 전국 공통 학력시험을 포함하는 북아일랜드 지역 내 학력시험의 설정, 부모용 보고에 관해서 이후 구체적인 안을 작성하였다. 게일어 수업을 부활시키는 데까지는 나아가지 않았지만 영국의 '국가교육과정', '전국학력평가'라는 체제에서 이탈한 것만은 확실하다.

웨일스

웨일스에서는 웨일스어의 교육과정을 둘러싸고 꽤 이전부터 영국 정부와 갈등이 있었다. 1950년경 애버리스트위스 시는 초등학교의 5분의 1을 영어와 웨일스어의 이중국어로 수업을 했던 것으로 보인다. 1993년에는 '웨일스 언어법'이 성립되어 웨일스어 교육에 탄력이 붙었다.

웨일스에서는 11세 전국학력평가의 시험결과를 잉글랜드처럼 1997년 2월에 공표하였다. 그러나 공표 자료는 학교가 특정될 수 없는 형태로 되었다.

1997년 5월 총선거에서 노동당이 정권을 잡자 영국정부와 웨일스 지역자치정부의 관계는 진전하였다. 웨일스는 이른바 "경제적인 효율이나 발전을 추구하는 것뿐만 아니라 사회적인 배제나 불평등을 줄인다."[6]

---

6 _ Richard Daugherty, Robert Phillips and Gareth Rees, *Education Policy-Making in Wales*, University of Wales Press, 2000, p.1.

는 노동당의 정책을 거리낌 없이 실시할 수 있었기 때문이다.

'학교 교육과정·평가국(ACAC)'은 평가의 중심을 교사에 의한 평가로 옮기기 시작하여 2000년에는 잉글랜드와는 다른 유형의 시험을 도입하기로 결정했다.

제인 데이빗슨은 웨일스 의회의 교육·평생학습장관이었다. 그녀는 교사 경험도 있었고 청년들이 자존심이나 인생에 대한 동기를 강화할 수 있는 교육을 추구하였다. 그녀는 시험 폐해를 살펴 전국학력평가의 재검토를 자문했다. 웨일스 대학교의 리처드 도허티 교수(당시)를 장으로 '전국학력평가 재검토 위원회'를 2003년 6월에 편성하고 2004년 5월에 최종보고서를 정리하였다.[7] 이 보고서는 천여 쪽에 달하는 상세하고 방대한 것이다. 이 보고서에서는 전국학력평가가 학교 간·지역교육청 간 경쟁을 부추기기 때문에 현행의 시험 제도를 중지하고 아이들을 위해서 '새로운 방식'의 것을 도입해야 한다고 결론지었다. 그 결과를 받아들여서 제인 데이빗슨 교육·평생학습장관은 웨일스의 모든 학교에 전국학력평가를 폐지하고 '시험중심주의' 대신에 학생을 중심에 두고 교사의 역할을 중시하는 교육체제를 지향한다고 발표했다. 이것이 2004년 7월의 일이다.

일본을 방문한 도허티 웨일스 대학교 교수가 되풀이하여 말한 것은,

---

7 _ Daugherty Assessment Review Group, *Learning Pathways through Statutory Assessment at Key Stages 2 and 3: interim report*, January 2004. http://www.learning.wales.gov.uk/pdfs/daugherty-interim-report-e.pdf
Richard Daugherty et al., *Learning Pathways through Statutory Assessment at Key Stages 2 and 3: Final Report of the Daugherty Assessment Review Group*, Group. Cardiff: Welsh Assembly Government, May 2004.
http://www.learning.wales.gov.uk/scripts/fe/news_details_printable.asp?NewsID=1226

장관이 6년간 장기간에 걸쳐 안정되게 재임했던 것이 무엇보다 좋았다는 것이다. 원리 전환을 동반한 교육개혁을 실행하는 경우에는 정치 방침이 핵심을 찌르고, 나아가 장기간 흔들리지 않는 것이 필요하다. 그렇지 않으면 국민의 힘은 결집되지 못하고 분산되어 버릴 것이다.

스코틀랜드

스코틀랜드에서는 이미 1970년대에 독자적인 교육과정을 만들려는 움직임이 있었다.

1988년 노동당의 영향력이 강했던 스코틀랜드는 대처 교육개혁에 대해 저항했다. 우선 종래의 '영국 왕립 교육사찰단(HMI)'을 그대로 두고 교육기준청을 설치하지 않았다. 또한 중앙정부에 직결되었던 관리강화를 피했다. 그다음으로 전국학력평가에 참가하지 않았다. 이와 같이 그들은 외부기구가 교육성과를 파악하는 것을 피하고, 이른바 산출 관리를 중앙정부로부터 분리하는 데 성공했다. 스코틀랜드는 이를 대처 정권하에서 해냈다.

그러나 한편 그러한 저항과 맞바꾸어 스코틀랜드는 독자적으로 학력 수준을 정하여 스코틀랜드 지역 내 학력시험을 실시할 것을 영국정부와 합의하였다. 그런데 1991년부터 1992년에 걸쳐 학부모를 중심으로 반대운동이 일어나서 전기 중등교육(일본의 초등학교, 중학교)까지 '학교순위표'는 작성도 공표도 하지 않았다. 16, 17, 18세에 해당하는 후기 중등교육에서는 1991년 이래 스코틀랜드 지역 내 학력시험을 실시하여 결과를 연차 보고하도록 되어 있었다. 시험 점수는 교사가 하는 종합 평가의 일부로 사용되고 학생의 성적을 촉진하기 위해 학교가 이용하는 것이라고 설명했다.[8] 결국 스코틀랜드에도 외부시험의 점수로 학력을 측정하는 대변화가 일어났다.

이와 같이 스코틀랜드는 영국정부가 제창한 전국학력평가와는 다른 '신 표준 등급시험'이라는 스코틀랜드 지역 내 학력시험을 실시하였다. 스코틀랜드 지역 내 학력시험에서는 각 학교의 교사 판단이 이전보다도 한층 더 존중되었다. 시험 한 달 전에 각 학교는 스코틀랜드 시험위원회에 '성적순 수험생 명단'을 보내는데, 여기에는 합격 여부에 대한 교사의 예상을 나타내는 붉은 선이 그어져 있다. 만약 이 선보다 더 높은 점수의 학생이 시험에 합격되지 않는다면 학교는 그 학생의 합격이 정당하다는 증거를 위원회에 제출한다. 만일 시험 당일 학생의 몸 상태가 나빴을 뿐이라고 판명되면 위원회는 즉시 합격증명서를 발행한다. 대략 6%의 수험생이 매년 평가 재심을 신청해서 그 중 3분의 1가량이 합격한다. 새로운 시험에서는 각 수험생에 대한 교사의 평가를 더해서 이 예측을 시험 전에 컴퓨터에 등록한다. 위원회 시험 종료 후, 양자의 점수를 비교해서 큰 차이가 있으면 자세히 점검한다. 두 점수 차가 적고 기대하는 점수에 근소한 차로 도달하지 못한 경우에는 학교 측의 판단을 존중해서 자동적으로 점수가 올라간다. 말하자면 스코틀랜드 지역 내 학력시험은 일시적인 시험 점수에 한정되지 않고 교실 내 교사의 행위를 존중하도록 구성되었다.

---

8 _ Palma Munn, "Standard and Quality." In Margaret M.Clark and Palmela Munn(eds.), *Education in Scotland : Policy and Practice from Pre-school to Secondary*, Routledge, 1997, pp.116-117.

이러한 스코틀랜드 방식은 외부 시험이 절대적으로 유일한 것이 아니라는 것을 시험위원회가 인정하며 교사의 판단도 마찬가지로 중요하다는 것을 고려한 특징이 있다. 시험 성공의 열쇠는 "학교와 시험위원회 사이의 지혜 비교가 아닌 협력"에 있다고 설명한다.[9] 평가가 보다 교육적으로 되고 있다고 생각할 수 없는 것은 아니다. 그렇지만 외부 시험에 의한 서열 매기기가 전체 학교에 널리 미치고 있어 솔직히 환영할 만한 일은 아니다. 일본식으로 바꿔놓고 생각해 보면, 고등학교 성적을 매기는 경우에 대학 입시에도 사용할 수 있도록 내신서의 평점까지 전국학력평가의 성적을 고려해서 전국수준에 맞춰 평가하게 되었다는 것이다.

스코틀랜드 지역 내 학력시험을 실시하면 학교 교육은 시험 중심으로 움직이게 마련이다. 어느 교육 연구가는 "교사들이 시험에 휘둘리게 되었다."고 말하였다.[10]

그 때문에 1999년을 경계로 스코틀랜드에서도 시험에 한정되지 않는 교육을 목표로 개혁을 하게 된다. 그리고 스코틀랜드 정부는 2004년 11월에 '우수함에 이르는 교육과정'을 공표했다.

이는 3세부터 18세까지의 교육과정 전체를 일관되게 파악하려는 시도로서 아이가 성장하고 자립할 때까지를 염두에 두고 구성한 것이다.

마찬가지로 고학년 학생에게는 학생에 의한 교과 선택 폭을 확대하여 자기의 개성을 더욱 깊이 탐색하는 기회를 늘리고, 노동 기능 등 비학문적(학과 이외의) 측면을 늘렸다. 교육목적은 모든 젊은이가 '잘해가는 학습자', '자신감 있는 개인', '책임 있는 시민', '유효한 공헌자'가 되도

---

9 _ 『サンディ・タイムズ』紙, 1988.5.8.
10 _ 阿部菜穂子, 『イギリス「教育改革」の教訓』, 앞과 동일, 39쪽.

그림 4-1 　우수함에 이르는 교육과정 (스코틀랜드)

잘해가는 학습자

있음
- 학습을 위한 열기와 동기
- 높은 수준의 성적에 도달하는 결의
- 새로운 사고와 생각의 개방

할 수 있음
- 문해력, 의사소통 기능, 계산력을 사용함
- 학습을 위한 기능을 사용함
- 창조적이며 자립적으로 생각함
- 개인인 동시에 집단의 일원으로서 배움
- 합리적인 가치판단을 내림
- 새로운 상황에 다양한 종류의 학습을 결부시켜 적용함

자신감 있는 개인

있음
- 자존심
- 신체적, 정신적, 정서적인 충실감
- 안정적인 가치관과 신념
- 대망

할 수 있음
- 타자와 관계를 맺고 스스로 관리함
- 건강하고 적극적인 삶의 형태를 추구함
- 자신을 앎
- 자신의 신념이나 세계관을 교류·발전시킴
- 가능한 한 자립적으로 살아감
- 위험을 살피고 정보에 기반한 결정을 내림
- 다양한 영역의 활동에서 잘해나감

모든 젊은이들이 할 수 있게 되는 것

책임 있는 시민

있음
- 타자에 대한 존경
- 정치적, 경제적, 사회적, 문화적 생활에 책임을 가지고 참가하는 의무감

할 수 있음
- 세계와 그 속에 있는 스코틀랜드에 관한 지식과 이해를 발전시킴
- 다양한 신념과 문화를 이해함
- 정보에 기초해서 선택과 결정을 내림
- 환경 문제, 과학·기술 문제들의 중요성 숙지
- 복잡한 문제에 관해 정보를 바탕으로 윤리관을 전개시킴

유효한 공헌자

있음
- 창업가적 태도
- 회복력
- 자기 독립심

할 수 있음
- 다양한 장면에서 다양한 방법으로 의사소통함
- 협력관계에서 또 집단 안에서 일함
- 솔선하고 리드함
- 새로운 상황에서 긴급하게 필요한 사고를 적용함
- 창조하고 발전시킴
- 여러 문제를 해결함

* The Curriculum Review Group, A Curriculum for Excellence. Scottish Executive, 2004, p.12.
　http://www.scotland.gov.uk/Publications/2004/11/20178/45862에서 서류를 선택하였다.
* 모든 젊은이가 '살아가는 힘'을 몸에 익히도록 교육목표가 설정되었다.

록 하는 것이며 내용은 그림 4-1과 같이 규정되어 있다.[11]

학력평가는 학급에서 교사가 실시하는 것으로 바뀌었고 학습은 지식이나 기능의 응용으로 중점이 이동되었다. 스코틀랜드 지역 내 학력평가는 전수평가가 아니라 통계적으로 참가자를 선발하는 추출 방식으로 전환되었다.

유네스코의 평생학습 구상

유네스코의 평생학습 전략은 1965년의 제3회 성인교육 추진국제위원회에 폴 랑그랑(Paul Lengrand)이 회의를 위한 '시안'을 제출하면서 시작되었다. 현행 교육의 본래의 모습을 변혁하고 교육을 생애에 걸친 자기교육으로 간주하게 하려는 취지였다.

이러한 사상을 이어받은 에토르 겔피(Ettore Gelpi)는 교육이 불평등과 차별의 재생산이 되어서는 안 된다고 경고하고 평생교육은 사회의 민주화를 위해서 존재하는 것이며 전면발달이야말로 교육의 궁극적 목적이라는 것을 지적했다.[12] 다시 말해 힘 있는 사람이 능력을 더 키워 격차가 더 벌어지도록 평생교육을 이용해서는 안 된다는 의미이다.

1972년 에드가 포르(Edgar Faure)를 위원장으로 하는 유네스코 '교육개발 국제위원회'는 『미래의 학습』[13]이라는 보고서를 제출하였다.

---

11 _ 阿部菜穂子, 『イギリス「教育改革」の教訓』, 앞과 동일, 41쪽.

12 _ エットーレ・ジェルピ著, 前平泰志譯, 『生涯教育 －抑壓と解放の弁証法』, 東京創元社, 1983.

13 _ Edgar Faure et al., *Learning to be : The world of education today and tomorrow*, UNESCO & George G. Harrap, 1972. 일본어 번역은 다음을 참조하라. 국립연구소 내 포

거기서 확인되고 있는 것은 첫 번째가 민주주의와 참여의 중요성이다. 민주주의는 "인간이 기계의 노예가 되는 것을 막는 유일한 방법"이며 "인간의 존엄성과 양립 가능한 유일한 조건"이기 때문에 "민주주의를 강력하게 지지하지 않으면 안 된다." 그리고 지금이야말로 민주주의는 책임 분담과 결정에 "시민을 참여하게" 해야 한다. 그래서 이 목적과 관련된 교육적 요청은 가능한 한 지지를 해야 한다. 왜냐하면 "교육으로 극단적인 불평등의 계층 차별이 생기는 한, 그들 계층 간에는 민주적인 평등관계는 물론, 장래도 있을 수 없기" 때문이라는 것이다.

두 번째는 평생학습 사회의 제창이다. 과학기술 시대에는 지식이 끊임없이 수정되고 '혁신'된다. 그래서 자기 학습의 기능을 확대하고 지식 습득에 대한 적극적·의욕적 태도의 가치를 높여 스스로 생각할 수 있는 것에 기반을 둔 교육의 위신이 점점 높아지고 있다. 이는 '평생교육'과 '평생학습'에 의해 보장된다.

이런 생각을 뒷받침할 수 있도록 '모든 사람에 대한 기회평등'이란 '모든 사람을 똑같이 대하는 것'이 아니라 '각 개인의 특성에 알맞은 속도와 방법으로 적절한 교육을 받는 것'이라는 미묘한 표현으로 '교육의 평등'론을 재해석하고 있다.

그러나 이 부분은 다음과 같이 이해하지 않으면 안 된다.

"교육은 이미 엘리트의 특권도 아니고 어떤 특정한 연령에 부수된 것도 아니며 사회 전체를 그리고 개인의 전 생애를 포괄하는 방향으로 점점

르보고서 검토위원회(フォール報告書檢討委員會), 『未来の學習』, 第一法規出版, 1975.

확대해 가고 있다."

"미래의 학교는 교육 대상을 자기 자신의 교육을 수행하는 주체로 삼지 않으면 안 된다. 교육을 받는 인간은 스스로를 교육하는 인간이 되어야 한다. 타인의 교육에서 자기 자신의 교육으로 전환되어야 한다. 이 근본적인 변혁이야말로 앞으로 수십 년에 걸친 과학·기술혁신 시대에 교육이 직면해야 할 가장 어려운 문제이다."

"<u>가르치는 전통적인 교수 원리로부터 '학습존중'의 원리로 중점이 이동한다.</u>"

학습사회가 도래하고 "모든 시민이 학습과 훈련, 그리고 자기 계발을 자유롭게 할 수 있는 수단을 어떤 환경에서든 손에 넣을 수 있어야 한다. (……) 시민 전체가 자신의 교육에 관해 <u>이전과는 근본적으로 다른 위치</u>에 놓이게 될 것이다."(밑줄은 저자 후쿠타) 따라서 이 '교육평등'론의 재해석은 평등사상을 버리는 것이 아니라 평등론을 철저히 한 것이다. 모든 사람이 예외 없이 사회에 주체로서 참가하면서 자기를 실현해 가는 장기적 과정으로 교육을 파악해야 한다는 철학이 제기되어 있다.

'아동권리조약'의 성립을 이끌었던 유네스코는 1972년의 '제3회 유네스코 국제 성인교육회의'에서 '학습권'에 관해 논의를 시작하여 1985년의 '제4회 유네스코 국제 성인교육회의'에서 '학습권 선언'을 채택하였다.

"학습권이란 읽고 쓸 권리이자 계속 묻고 깊게 생각할 권리이며 상상하여 창조할 권리이자 자기 자신의 세계를 이해하여 역사를 구성할 권리이며 온갖 교육 방법을 얻을 권리이고 개인적 · 집단적 기능을 발휘시킬 권리이다."[14]

유네스코의 그동안의 움직임을 더듬어 보면 우리는 준비된 지식이나 기능을 몸에 익히는 단순한 학습론이 아니라 사회를 비판적으로 받아들여 새로운 것을 창조해가며 주체로서 살아가는 힘을 발달시키는 학습론을 간파할 수 있다. 게다가 개인만이 아니라 집단적 기능이 목표로 되어 있다.

유네스코는 국제기관으로서 세계를 이끌며 주입식 교육에서 벗어날 것을 활동방침으로 분명히 하고 있다는 것에 주목하고 싶다.

한편 가르칠 대상으로 여겨지던 아이는 인간으로서 성장할 권리주체로서 다시 파악되었다. 그러나 권리주체로 파악한다면 필연적으로 아이는 가르침의 대상에서 스스로 배우는 학습주체로 다시 간주되어야 한다. 그렇게 되면 사회의 교육론도 바뀌지 않으면 안 된다.

사실 아이들을 학습주체로 다시 파악하는 것은 현대의 경제적인 요청에도 부합하는 것이다. 그것을 지금부터 이야기하고자 한다.

EU와 OECD, 역량을 규정하다

2007년 1월 EU에는 27개국이 가맹해서 인구 4억 9000만의 연합체가 완성되었다. 국경을 넘어 물건도 사람도 움직인다. 하나의 기업, 하나의

---

14 _ 堀尾輝久, 河内德子編, 『平和 · 人權 · 環境教育國際資料集』, 靑木書店, 1998, 256쪽.

공장, 하나의 직장에 다민족·다문화·다언어가 혼재하게 된다. '하나의 민족, 하나의 언어, 하나의 국가'라는 근대 국가의 원칙은 변모한다. 그런 까닭으로 근대국가를 대신해서 EU처럼 다민족 정치공동체를 구성하는 경우에는 국민을 대신할 새로운 사회적 인간상을 모색해야 할 필요가 있다. 그래서 시민(내지 '유럽 시민')이라는 개념을 논의하게 되었다.

유럽에서는 몇 개의 통합 조직이 있다. 유럽연합(EU)과 이와 관련하여 '유럽의회(European Parliament)'와 '유럽위원회 교육문화분과(Directorate-General for Education and Culture of European Commission)' 등이 있고, 또 '유럽평의회(Council of Europe)', '유럽안보협력회의(OSCE)' 등의 조직이 구성되어 있다. 또한 국제연합의 전문기관 중 '국제노동기구(ILO)'와 '국제연합교육과학문화기구(UNESCO)'의 본부가 유럽에 있다. 국제협조와 유럽 통합 장치가 몇 겹이나 만들어져 있다.

1974년에 EU의 교육부장관은 국경을 넘는 노동력에 관해 주요 세 부문에 관련해서 결의를 채택하였다. 다시 말해서 ① 교육의 유동화 ② 이민 노동자 자녀들에 대한 교육 ③ '교육에서의 유럽 차원(European dimension in education)'을 실현할 의지를 확인했던 것이다. 이러한 동향을 받아들여 각국의 교육과정은 '유럽 차원'을 확보하고 또 국경을 넘어 교육을 받으면서도 교육통합을 목표로 하였다. 대학생의 유동화라는 유학생 교류를 목적으로 하는 '에라스무스 계획(Erasmus Plan)'(1987년), 유럽의 여러 언어 학습과 교육을 목표로 하여 외국어교사 교류를 목적으로 하는 '링귀 계획(Lingua)'(1989년), 게다가 보통교육에서 성인교육까지 포괄하는 '소크라테스 계획'(1993년), 직업교육의 통합을 목적으로 하는 '레오나르도 다빈치 계획'(1995년)이 차례차례 만들어졌다.

1992년 2월에는 유럽공동체 12개국의 수뇌가 '유럽연합조약(Treaty on European Union)', 이른바 마스트리히트 조약에 조인하였다. 그 중에는 EU시민권이 설정되어 국민과 더불어 유럽 시민이라는 법적 지위가 확립되었다. 또한 조직을 개편하고 이름을 바꾼 EU는 그때까지 국내 정치였던 교육 문제에도 발을 들여놓아 초국가적인 권한을 확대하였다. 예를 들면 조약에는 '교육, 직업훈련 및 청년'장을 마련하고 일반교육(126조)과 직업훈련(127조) 두 조항을 설치하였다. 유럽연합은 각국의 비준이 완료되자 그 다음해인 1993년에 출범하였다.

1992년부터는 평생학습사회의 이념과 실천을 진행시키기 위하여 더욱더 철저한 접근을 개시했다. 교육 분야, 특히 고등교육의 국경을 넘어선 협력은 유럽의 경쟁력을 강화하고 유럽 시민의 형성에 도움이 된다고 주장했다.

1996년 세계무역기구(WTO)의 서비스 무역에 관한 일반협정(GATS)에는 학위 등의 국제적 통용성 확보, 고등교육의 질 보증, 국경을 넘어선 고등교육의 제공이 더해져 고등교육 문제는 국제경제 문제로 발전하였다. 그래서 1997년에는 유럽위원회와 각 대학장 사이에 '소크라테스 대학 계약'이 교환되고 EU 고등교육정책은 국가를 넘어서 통일적으로 움직이기 시작하였다.

또한 유럽평의회와 유네스코는 1997년에 '유럽지역 고등교육에 관한 자격 인정협정(Lisbon Convention on the Recognition of Qualifications)', 이른바 '리스본 협정'을 정리하였다.

유럽평의회에서도 이미 1997년 2월부터 '민주 시민성을 위한 교육(EDC)' 계획[15]을 발족하였고, '참여 시민'이 될 수 있는 가치와 기능을 익히게 하는 교육을 지향하였다. EDC가 상정하는 지식, 기능, 태도, 가치를 '핵심 역량(core competency)'으로 표현하였다. 게다가 이 해 1997년 10월 유럽 정상회의에서 "시민의 권리와 책임에 근거한 민주 시민성 교육을 발전시키고 또한 시민사회에서 젊은이의 참여를 고무시킬 것"이라고 하며 '민주 시민성을 위한 교육'에 몰두할 것을 행동계획으로 받아들였다.

이상과 같이 1990년대의 큰 동향은 국제적 · 대외적인 경쟁력 강화라는 경제적인 이유와 동유럽의 흡수라는 정치적인 이유에서 '지(知)의 유럽'을 향한 '적극적인 시민성'의 형성에 합의하였다. 우선 피고용자로서 지식 · 기능 · 자질과 같은 취업할 수 있는 능력을 지닌 '일할 수 있는 시민' 상이 부상했다. 그리고 주권자의 입장에서 유럽 사회에 참여하고, 그 사회에 대해 '비판정신'을 가지고 대처하는 '유럽 시민'이라는 대략의 이해가 공고해졌다.

국경을 넘는 자격과 학력

1999년 6월 19일 유럽 29개국, 행정구분으로 해서 30명의 교육부 장관들이 집합하여 유럽 고등교육의 조정을 꾀하였다. 이것이 볼로냐 선언

---

15 _ 中山あおい, 「歐州評議會のシティズンシップ敎育」, 嶺井明子編著, 『世界のシティズンシップ敎育 − グローバル時代の國民/市民形成』, 東信堂, 2007, 208~216.
16 _ 참가국은 오스트리아, 벨기에(프랑스어권), 벨기에(플라망어권), 덴마크, 핀란드, 프랑스, 독일, 그리스, 아이슬란드, 이탈리아, 룩셈부르크, 몰타, 네덜란드, 포르투갈, 스페인, 스웨덴, 영국(EU 가맹국), 아이슬란드, 노르웨이, 스위스(EFTA 가맹국), 체코, 에스토니아, 헝가리, 라트비아, 리투아니아, 몰타, 폴란드, 슬로바키아, 슬로베니아, 불가리아, 루마니아(EU 가맹 예정국)이다. 당시 EU 이외의 나라들도 포함하여 선언이 시작되었다.
http://ec.europa.eu/education/policies/educ/bologna/bologna.pdf

(Bolonga Declaration)이다. "2010년까지 유럽고등교육지역(EHEA)을 확립한다."라는 이 선언은 유럽 고등교육의 전환점을 만들었다.[16] 국경을 넘어 단위 교환을 가능하게 하고 권역 내 어디서 배우더라도 좋다는 제도에 착수하였다. 드디어 교육까지 국경을 넘게 되었다.

'볼로냐 선언' 승인국은 2년마다 추적조사하여 선언에서 규정한 규칙의 진척상황을 확인한다. 이것이 '볼로냐 프로세스'이다. 이후 추적조사는 프라하(2001), 베를린(2003), 베르겐(2005)으로 이어진다. 프라하 회의에서는 고등교육의 질 보증을 큰 목표로 한다는 공동 성명서를 발표했다. 이 회의에서는 리히텐슈타인, 키프로스, 크로아티아, 터키가 가맹했다. 게다가 베를린 회의에서는 알바니아, 보스니아, 헤르체고비나, 세르비아, 몬테네그로, 마케도니아, 안도라, 바티칸, 러시아연방이 가맹한다. 교육에서의 유럽화 움직임은 EU를 넘어 확대되고 있다. 특히 러시아연방의 가입은 유럽의 영향이 일거에 확대되었다는 점에서 주목될 것이다.

또 하나 주목되는 것은 '볼로냐 선언'을 한 그 다음해 OECD는 새로운 학력평가(PISA)를 실시하기로 결단을 내렸다는 것이다. 시대는 능력의 내용에 관해서도 같은 방향으로 걸어가기 시작했다.

PISA 시작되다

OECD는 1968년에 교육연구혁신센터(CERI)를 창설하고 1988년에는 국제교육지표사업(INES)을 시작했다. 교육지표 전반에 관한 INES의 연차 보고서가 『도표로 보는 교육』이다. 이 작업 가운데 CERI는 1995년 즈음 학교교육의 일부만을 측정하기 때문에 학교가 충분한 역량을 발휘하지 못하는 것은 아닐까 하고 생각하였다. 그러면 어떻게 할 것인가? 새로운 시험을 개발해서 새로운 질의 교육을 평가하게 되면 학교가 본래 해야 하는 교육활동에 분명한 시사점을 주어 이상적인 교육에 탄력이 붙을 것으로 전망했다.

그래서 OECD는 교과 지식의 습득보다도 사회에 나와서 사용할 수 있는 힘을 측정하기로 결정했다. 이 능력을 역량이라고 부른다. 이런 방향에서 국제적인 OECD '학생 학습도달도 평가'를 고안했고 이를 국제 학업성취도 비교평가(PISA)라고 부르게 되었다.

그러면 무엇을 측정해야 하는가? 학교교육이 기르는 '학력'이란 무엇인가? 고도로 교육을 받은 사회에서 중요한 것은 살아가는 능력이라고 할 수 있다. CERI는 그것을 전 교과를 통해 육성하는 '교과횡단적 역량(cross curriculum competence)'이라고 생각했다. 예를 들면 그것은 '사회적으로 책임 있는 행동'으로 이끄는 지식, 태도, 기능, 특히 사회적 기능, 또는 급속한 기술 변화와 후기 산업 사회의 경제에 대응할 수 있는 문제 해결능력 그리고 의사소통기능이다. 또한 사회 문제를 통제하기 위한 상당한 창조성과 자기신뢰, 증대하는 다양한 민족적·문화적 배경과 강한 개인주의적 지향을 연결하는 '사회 전체 구성원의 통합', 특히 유럽 통합에 의해 '다른 문화를 이해하는 것'이 절대적으로 필요하게 되었다. 사회생활을 하는 데에는 이른바 학문적 전문성만으로는 불충분하므로 '유연성, 자기신뢰, 노동관'도 중요하다고 지적한다.

PISA는 의무교육을 마치는 단계의 젊은이가 지금까지 무엇을 배웠는가가 아니라 '지금부터 무엇을 할 수 있을지'를 측정하는 시험이다. OECD는 PISA를 기준으로 이후 사회에서는 지식의 양이나 기능의 속도가 아니라 가진 지식이나 기능을 사용하는 '사고력'이나 '응용력', 나아가 시대의 진보에 따라 새로운 것을 계속 배우는 '학습력'이야말로 의무교육에서 익혀야 할 능력, 곧 학력이라고 간주하게 되었다.

이처럼 1995년부터 2003년에 걸쳐 OECD 중에서도 특히 EU가 학력관의 분명한 전환을 보인다.

그러면 어떻게 하면 그와 같은 실천적인 능력을 기를 수 있을까? CERI는 PISA를 신설하려고 결정한 1997년의 시점에서는 이러한 교육목표가 잠재적 교육과정에 의할 것인지, 아니면 교과횡단적 역량에 의해 교육되고 달성되어야 할 것인지 거의 알 수 없었다[17]고 정직하게 말하였다. 요컨대 PISA 시험을 시작했던 그 당시에는 역량을 어떻게 길러야 좋을지 알 수 없었던 것이다. 그렇지만 우선 시험부터 변경하고 학교의 교육활동을 유도하려고 했던 것이다. 1997년 당시에는 이해할 수 없었으나 '진보주의 교육' 이념에 근거하여 교과횡단적 교육과정과 '사회구성주의' 방법을 사용해서 핀란드가 새로운 학력을 훌륭하게 길러냈다는 것이 이후에 판명되었다.

의무교육의 학력을 통합한다

1997년 12월 역량의 내용에 대해서 각국 및 각계의 합의를 얻기 위해 OECD가 후원하고 스위스 연방통계청이 주도하는 가운데 PISA와 연결해서 '역량의 정의 · 선택(DeSeCo) 계획'을 시작하였다.

---

17 _ OECD 新國際敎育指標開發著, 中嶋博他譯, 『人生への準備は万全?』, 學文社, 1998, 28쪽. 원문은 1997년에 간행되었다.

마침 이러한 교육통합의 흐름 가운데에서 2002년 3월에 EU 유럽교육 정보네트워크 본부(Eurydice European Unit)는 '유럽위원회 교육문화분과'의 협력을 얻어서 '보통의무교육에서 교육목표로서의 역량'에 관한 보고서를 EU 각 가맹국에 요청하였다.

DeSeCo 계획은 실질적으로 유럽 중심으로 전개되었다. 세계적인 기구를 무대로 해서 국제표준의 학력상 등 유럽의 교육문제를 처리했다. DeSeCo 계획은 2002년 말에 작업이 끝났다. 최종보고서[18]는 다음해 2003년에 간행되었다.

DeSeCo 계획의 작업과정을 보면 관련 분야의 깊이와 폭으로부터 선진국 사이에 대단히 높은 사회적 합의를 끌어내어 부정하기 힘든 교육이론을 만들어냈다는 것을 알 수 있다. 이른바 '학력의 세계표준'을 만들어내어 이제는 이러한 흐름을 되돌릴 수는 없을 것이다.

그리고 과거 2회의 PISA에서 보듯이 이러한 학력관과 교육방법 전환의 흐름을 가장 잘 실현하고 있는 곳이 핀란드이다.

영국의 학력의 질

그러나 거꾸로 교과교육을 중시하는 교육개혁을 추진한 영국에서는 PISA가 학교의 수업내용 이해도를 측정하고 있지 않다고, 다시 말해서 PISA가 구상하는 학력과 시험 내용에 대해 의문을 나타내기도 하였다.

---

18 _ D. S. Rychen and L. H. Salganik(eds.), *Key Competencies for a Successful Life and a Well-Functioning Society*, Hogrefe & Gottingen, Germany, 2003. 일본어 번역은 ドミニク・S・ライチェン, ローラ・H・サルガニク著, 立田慶裕監譯, 『キーコンピテンシー ──國際準備の學力をめざして』, 明石書店, 2006.

가령 국립경제사회연구소 프라이스 교수의 경우가 그러하다. OECD 에서도 이 의견을 중시하여, 참고자료로 활용할 수 있도록 홈페이지[19]에 게시하였다.

프라이스 교수는 영국의 학력은 낮다고 주장한다. 그는 TIMSS 1995, TIMSS 1999의 각국의 성적을 비교한 뒤 영국의 성적을 스위스, 프랑스, 벨기에(플라망어권), 체코, 헝가리와 같은 성적이라고 결론짓는다. 그런데 PISA 2000에서는 영국 순위만 올라가 있다. 어떤 이는 이를 영국의 학력 향상으로 생각할 수 있을지 모르나 프라이스 교수는 그것을 잘못 측정한 결과라고 말한다.[20] PISA의 좋은 성적이 마치 불쾌하다는 반응이다. 프 라이스 교수는 학력의 질의 차이에는 어떤 관심도 없는 것 같다.

거기에 대해 OECD 측의 연구자 레이먼드 애덤스(Raymond J. Adams) 가 같은 교육 잡지에 반론을 제시하였다.[21] TIMSS보다도 PISA에서 좋은 성적을 나타내고 있는 나라는 영국 말고도 있는데, 예를 들면 독일이 그 렇다는 것이다. 그는 PISA의 결과를 그 자체로 받아들여야 하며 과거의 성적에 근거하여 영국이 저학력이라는 편견을 가져서는 안 된다고 주장 하였다. 또한 PISA는 개인 성적을 측정하도록 설계되어 있지 않으며 국 가 전체의 경향을 나타낼 뿐이라고 반론했다.[22]

---

19 _ Further Reading–PISA 2000. http://www.oecd.org/document/61/0,3343,en_32252351_ 32236159_33680573_1_1_1,00,html
20 _ S. J. Prais, "Causions on OECD's recent educational survey(PISA)", Oxford Review of Education, Vol. 29, No. 2, 2003, pp.139–163.
21 _ Raymond J. Adams, "Response to 'Causions on OECD's recent educational survey (PISA)", Oxford Review of Education, Vol. 29, No. 3, 2003, pp.377–389.
22 _ S. J. Prais, "Causions on OECD's recent educational survey (PISA) : rejoinder to OECD's response", Oxford Review of Education, Vol. 30, No. 4, 2004, pp.569–573.

여기에 대해 프라이스 교수는 다음과 같이 다시 한 번 언급하였다.

첫째, 영국의 아이들은 국제학력평가에서 저학력이었기 때문에 영국 정부는 교과에 근거한 수업을 실시하여 왔다. 고도의 수학을 배우는 데에는 우선 유아기부터 기초 계산력과 암산을 공부하는 것이라고 가르쳐 왔다. 그런데도 PISA 2000에서는 영국의 성적이 높았다. 이는 TIMSS의 학교 교과에 근거한 지문과 PISA의 '삶을 위한 기능'의 지문 비율이 반반이라면 인정할 수 있지만, 삶을 위한 기능에 지나치게 지문이 편중되어 있기 때문이다. 다시 말해서 훈련을 동반한 수업에서 익힌 지식의 양이나 기능의 정도를 측정하는 문제를 더 많이 내야 한다는 것이다.

프라이스 교수는 PISA가 의도하는 새로운 학력관의 의의를 중시하지 않는 것 같다. 그래서 다음과 같이 말하기도 한다. 즉, 둘째, PISA는 참된 삶을 위한 기능이라고 하더라도 그것에 대해서 교사가 학생의 능력을 어떻게 개선해야 좋을지 모르는 것은 아닐까? 또한 학급별 성적이 나오지 않는 평가로는, 예를 들면 '성취도별 집단 편성' 등의 교육 노력의 질은 알 수 없는 것은 아닐까? 경제학자에게 학급이란 '부가가치를 내는 공장과 같은 것'이기 때문에 학급 내 학력 분포의 국제비교까지 조사해야 한다고 말하는 것이다. 셋째, 영국에서는 조사 대상의 참가율이 66%였는데 이것으로는 정확한 자료가 되지 않는다. 넷째, PISA는 국가별 평균을 측정하고자 하나(복수의 지문을 배분하여 추출방식으로 회답시키고 있으나) 국내 모든 학생을 대상으로 하여 (동일 문제를 부과하여) 학생 한 명 한 명의 점수가 나오도록 해야 한다.

프라이스 교수는 애덤스의 반론에 대해 이상과 같이 재반론했다.

확실히 프라이스 교수가 지적한 것처럼 영국은 재미 있는 결과를 남

그림 4-2 PISA 2000 종합독해력 득점분포와 평균치의 차

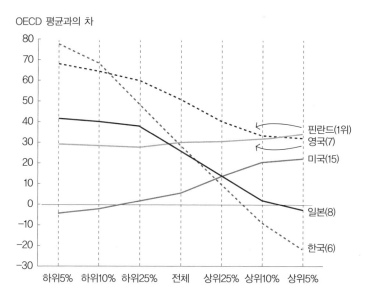

OECD 평균과의 차

핀란드(1위)
영국(7)
미국(15)
일본(8)
한국(6)

하위5% 하위10% 하위25% 전체 상위25% 상위10% 상위5%

* 국립교육정책연구소 편, 『살아가기 위한 지식과 기능(生きるための知識と機能)』, 교세이, 2002년,
  39, 44쪽에서 작성.

졌다. 그림 4-2, 4-3은 PISA 2000의 결과로부터 각 나라의 성적 집단별
평균점을 OECD의 평균점과 비교한 것이다. 영국은 PISA에 한하면 꽤
학력이 향상되었고 또한 성적 상위층의 비율도 미국과는 전혀 다른 분
포를 나타내고 있다. 이는 대처 교육개혁의 성과일까, 아니면 역으로 어
떠한 형태로든지 영국 교사에게 남아 있던 '진보주의 교육'의 영향일
까? 적어도 프라이스 교수가 대처 교육개혁을 추진하는 입장에서 이 결
과를 바람직하지 않은 것으로서 받아들이고 있는 것은 확실하다.

여기에는 후일담이 있는데, PISA 2003에서는 영국의 평가 대상 참가
율이 지나치게 낮아 결국 통계로부터 제외되고 말았다. 무엇을 학력으

그림 4-3　　PISA 2000 수학적 이해력 득점분포와 평균치의 차

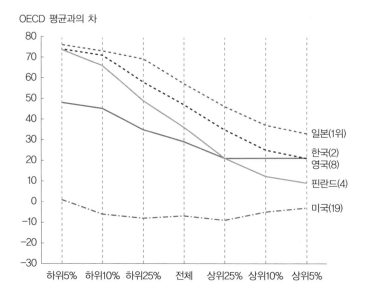

OECD 평균과의 차

일본(1위)
한국(2)
영국(8)
핀란드(4)
미국(19)

하위5%　하위10%　하위25%　전체　상위25%　상위10%　상위5%

* 국립교육정책연구소 편, 『살아가기 위한 지식과 기능(生きるための知識と機能)』, 교세이, 2002년, 39, 44쪽에서 작성
* 최저의 수준을 끌어올리고 있는 영국의 모습을 알 수 있다. PISA형 학력에서는 영국의 성적은 나쁘지 않다.

로 간주해야 할 것인가, EU는 미래를 향해서 노를 젓기 시작했는데 영국의 1988년 교육법 체제는 오히려 과거의 방법으로 회귀하고 말았다는 것을 알려주는 일화이다.

유럽에서 전개된 학력의 질

학교교육의 교과 구성 방식에서도 오스트리아는 핵심 기능이라는 말을 써서 지식 편중을 피하려고 했다. 교과는 언어와 의사소통, 인류와 사

표 4-1	덴마크의 핵심 역량

의무교육 수료까지 획득되는 핵심 역량의 선택	
• 사회적 역량	• 민주적 역량
• 문해력 역량	• 환경적 역량
• 학습 역량	• 문화적 역량
• 의사소통 역량	• 건강 · 스포츠 · 신체 역량
• 자기관리 역량	• 창조 · 혁신 역량

* Directorate–General for Education and Culture, European Commission, *Key Competencies : A Development Concept in General Compulsory Education*, Eurydice, 2002, pp.63–64.

회, 자연과 기술, 창조성과 설계, 거기에 건강과 운동이라는 5개의 교육 영역으로 통합되어 각각의 역량을 정의하였다.

독일은 핵심 기능을 의사소통, 계산응용, 정보기술, 협동, 자기 학습 과 성적 개선, 문제 해결이라는 6개의 광 영역 아래 각각 5개의 실행단 계로 분류하였다.

덴마크는 '국립 역량 평가(the national competency account)'라는 교육 부, 교육청 간의 프로젝트를 설립하여 세 가지 핵심가치를 특별히 정하 고 또한 OECD의 DeSeCo 보고서에 근거하여 표 4-1과 같은 핵심 역량 을 정하였다.

또한 핀란드는 2001년 결정 1435호에서 기초교육의 국가적 과제를 인간성과 사회성의 성장, 지식과 기능의 필요성, 교육의 평등과 평생학 습의 촉진(표 4-2)이라는 세 분야 22항목으로 제정하고 2002년 8월 1일 부터 시행하였다.

2000년 9월에 도입된 잉글랜드, 웨일스, 북아일랜드 국가교육과정에 서는 모든 키 스테이지에서 교육과정 전체 활동을 통해 추구할 핵심 기 능을 6종류의 기능 분야로서 규정하고 있다(표 4-3). 그러나 이는 어떻게

표 4-2	핀란드 기초교육의 국가적 과제

1. 인간성과 사회성의 성장

- 건강한 자기신뢰를 지닌 균형 있는 인간
- 생명, 자연과 인권에 대한 존경
- 학습과 자기의 직업과 다른 사람의 직업에 대한 존중
- 신체적, 정신적 그리고 사회적인 건강과 행복의 육성
- 예의 바름
- 협동의 책임과 능력
- 민족, 문화와 집단에 대한 관용과 신뢰
- 적극적인 사회 참가
- 민주적이고 평등한 사회에서 활동하는 능력
- 지속 가능한 발전의 촉진

2. 지식과 기능의 필요성

- 인간의 감정과 그 요구, 종교와 인생관, 역사, 문화, 문학, 자연과 건강, 경제와 기술에 관한 지식
- 실천적인 기능과 창조성 및 신체의 기능
- 사고와 의사소통 기능(모국어, 제2공용어, 그 외 언어)의 발달
- 수학적인 사고와 그의 응용
- 정보통신기술(ICT)의 습득
- 모국어 이외에 수업을 받을 경우에 모국어와 그 문화에 관한 특별한 지식과 기능을 가르침

3. 교육의 평등과 평생학습의 촉진

- 개인으로서 그리고 집단의 구성원으로서 성장하고 학습함
- 정보에 관한 독립된 비판적인 탐구 및 협동하기 위한 다양한 능력
- 장래 학습과 평생학습을 향한 준비와 희망
- 긍정적인 자기 이미지
- 얻은 지식과 기능을 분석하고 사용하는 능력

* *Key Competencies : A Development Concept in General Compulsory Education*, pp.136−137.

표 4-3	잉글랜드, 웨일스, 북아일랜드의 핵심 기능 (key skill)

<table>
<tr><td colspan="2" align="center">의무교육 수료까지 획득하는 핵심 역량의 선택</td></tr>
<tr><td>• 의사소통</td><td>• 협동 활동</td></tr>
<tr><td>• 계산의 응용</td><td>• 자기 학습이나 성적의 개선</td></tr>
<tr><td>• 정보기술</td><td>• 문제해결</td></tr>
</table>

* *Key Competencies : A Development Concept in General Compulsory Education*, p.152.

표 4-4	스코틀랜드의 핵심 기능 (core skill)	
핵심 기능	**구성요소**	**참조**
의사소통	구어의 의사소통 문어의 의사소통	효과적으로 읽기 · 쓰기 · 말하기 수화도 포함
계산력	도형 정보를 사용함 산수를 응용함	정확하게 계산함. 도표나 그래프, 지도를 사용함
정보기술	정보기능을 사용함	정보기술 시스템을 조작하고 컴퓨터 소프트웨어를 사용함
문제해결	비판적으로 사고함 계획하고 조직함 조사하고 평가함	문제를 해결하기 위해 문제를 분석하고 해법을 계 획하며, 행동을 조직하고 수행하며 평가함
협동활동	다른 사람과 함께 활동함	다른 사람과 효과적으로 활동하기 위해 협동의 기 능이나 자기조직의 기능을 사용함

* *Key Competencies : A Development Concept in General Compulsory Education*, p.165.

보더라도 다른 여러 나라에 비하면 단순한 이해에 지나지 않는다. 게다가 시험 체제 속에서 이를 현장에서 실행하는 것은 확실히 어렵다.

스코틀랜드에서도 다섯 가지의 핵심 기능을 규정하여 각각을 5단계로 정의하였다(표 4-4).

DeSeCo, 핵심 역량을 확정하다

DeSeCo 계획에서는 "교육은 보다 전체적이며 광범위한 인간의 제 목표를 달성하는 것이어야 한다."는 결론을 도출했다. 다시 말해서 학교교육에서 길러야 할 능력, 일본에서 말하는 '학력'을 넓은 의미에서 파악하였다. 또한 핵심 역량을 사회의 구체적인 사태를 대상으로 한 개인의 과업이 아니라 다양한 인간관계 가운데에서 협동하고 몰두할 수 있는 능력으로 간주하였다.

표 4-5	국가별 보고서에서 핵심 역량 영역의 언급 빈도	
높음	**중간**	**낮음**

• 사회적 역량/협동
• 문해 능력/지적이고 응용적
  인 지식
• 학습력/평생학습
• 의사소통 역량
	• 자기 역량/자기 관리
	• 정치적 역량/민주주의
	• 환경 역량/자연과의 관계
	• 가치방향 설정
		• 건강/스포츠/육체적 역량
		• 문화적 역량(미적, 창조적,
		  다문화상호적, 미디어 역
		  량)

*Domique Simon Rychen and Laura Hersh Salganik(eds.), *Key Competencies for a Successful Life and a Well-Functioning Society*, Hogrefe & Huber, p.37.

국가별 보고서에서 지적된 역량은 강조에 따라 표 4-5처럼 세 부분으로 나눌 수 있다.

이러한 역량의 실태를 이제까지 OECD가 실시해 왔던 공통이해라는 기반 위에 놓고 역량의 핵심부분을 추려내고자 했다.

학력으로서 사회적으로 어떤 점이 요청되고 있는지 정리하고 최종적인 목표를 현대적으로 '성공적인 삶'('성취한 인생'으로도 번역할 수 있다-저자주)으로 다시 정리했다. 개인의 입장에서 말하면 이는 말 그대로 성공적인 삶(표 4-7)이 된다. 사회의 입장에서 말하면 '잘 기능하는 사회'로 바꿔 말할 수 있다. 그리고 DeSeCo 계획은 이들에 대처하기 위해 보다 포괄적인 응용 능력으로 핵심 역량(key competency)이란 개념틀을 만들었다. 핵심 역량은 '이질 집단 속에서 상호 교류한다', '자율적으로 행동한다', '상호 교류적으로 도구를 사용한다'라는 세 가지로 정리되었다.

표 4-6	OECD의 사회적 관심 리스트
• 건강	• 상품과 서비스에 대한 접근
• 교육과 학습	• 물리적 환경
• 고용과 노동생활의 질	• 사회적 환경
• 시간과 여가	• 개인의 안전

*Domique Simon Rychen and Laura Hersh Salganik(eds.), *Key Competencies for a Successful Life and a Well-Functioning Society*, Hogrefe & Huber, p.119.

표 4-7	성공적인 삶의 기본 영역
경제적 지위와 자원	**사회적 네트워크(사회자본)**
• 취직	• 가족과 친구
• 수입과 부	• 친척과 지인
정치적 권리와 정치력	**여가와 문화생활**
• 제도적 교육을 향한 참가	• 여가 활동 참가
• 학습 토대의 이용 가능성	• 문화 활동 참가
주택과 인프라	**개인의 만족과 가치부여**
• 주택의 질	• 개인의 만족
• 주위환경의 인프라	• 가치부여의 자율성
개인의 건강과 안전	
• 정신적 건강과 신체적 건강	
• 개인의 안전	

*Domique Simon Rychen and Laura Hersh Salganik(eds.), *Key Competencies for a Successful Life and a Well-Functioning Society*, Hogrefe & Huber, p.121.

직업자격을 일치시키다

DeSeCo 작업이 끝날 무렵 다른 작업도 거의 완성에 이르렀다.

EU를 운용하는 유럽위원회는 국제적인 경쟁력 강화를 의도로 1995년 마드리드 EU 정상회의에서 백서 『교육과 학습―인지적 사회를 향해서」를 제출하였다. 또한 이 정상회의에서 1996년을 '유럽 평생교육 · 훈련의 해'로 선언하였다. 그리고 OECD 국가들은 1997년에 PISA를 시작하였다.

게다가 계속해서 2000년 3월 리스본 EU 정상회의는 "2010년까지 유럽을 가장 경쟁력 있는 약동적인 지식기반경제로 만든다."고 목적을 설정하였다. 이 10년 계획을 '리스본 전략'이라고 한다. 이 '지(知)의 유럽'은 미국이나 일본에 대항하는 종합적인 대전략으로 간주된다.

뒤이은 2002년 6월에는 EU 가맹국, 유럽위원회, 다른 유럽 나라들의 대표자들이 모여 대대적인 브뤼셀 회의를 열었다. 여기서는 노동력 이동의 촉진, 교육과 훈련의 질 향상이 과제가 되었다. 거기서 특히 주요하게 다뤄진 것은 언어문제였다. 여기서 유럽언어회의가 '볼로냐 선언과 언어에 관한 과제'로 제목을 붙이고 언어 면에서 고등교육기관이 취해야 할 방향을 심의했다. 브뤼셀 회의에서 재차 확인한 교육목표는 학생은 유럽 시민으로서 어느 가맹국에서도 자유롭게 거주하고 취업할 권리가 있다는 것이다. 그 때문에 학생들은 여러 언어로 의사소통할 수 있고 필요에 따라 언어의 범위를 넓힐 수 있는 힘을 확보하지 않으면 안 되게 되었다.

그리고 2002년 11월 코펜하겐 회의가 열렸다. 이 회의에서는 유럽 나라들과 그 외 교육관계 각료 31명이 출석하여 직업교육 원리를 심의하고 '유럽수준에서의 협동'의 중요성을 확인하였다. 다시 말해서 교육과 훈련은 앞으로 유럽 사회를 창조하는 데 결정적인 역할을 한다는 것을 확인하였다. 또한 '평생학습과 이동성'은 '취업 능력, 적극적 시민성, 사회적 통합과 개인의 발달'을 촉진하는 데 있어서 불가결한 것이며 '지식기반형 유럽'을 발전시켜 유럽노동시장을 모든 사람에게 개방하여 유럽의 직업교육과 직업훈련이 모든 '행위자'에게 주요한 과제가 되었다는 것을 이 회의에서 지적하였다. 이것이 '코펜하겐 선언(Copenhagen Declaration)'이다.[23]

일반적으로 코펜하겐 선언의 실현과정을 '코펜하겐 프로세스' 혹은 '브뤼셀·코펜하겐 프로세스'라고 부른다. 2003년의 베를린 회의에서는 구 유고 연방을 포함한 40개국의 교육부 장관이 참가하였다. 유럽의 질 보증 네트워크가 구축되어 학점교환뿐만 아니라 이수학점의 축적을 증명하는 수단으로 보급하는 것도 확인하였다. 즉, 자격취득용 이수학점을 지역 내 어디서든 사용할 수 있도록 하여, 이른바 국경을 넘어 학점을 쌓아갈 수 있게 한 것이다.

이러한 세계의 동향은 지금이야말로 '학력'은 한 국가에 머무르는 것이 아니라는 것을 우리에게 가르쳐 주고 있다.

지식은 개방적인 것, 지구화에 대한 경제국제기관의 대응

오늘날 경제의 지구화는 사회생활의 지구화를 초래했다. 사람들은 직업과 경제적인 풍요로움을 찾아 국경을 넘어 이동하였다. 노동자나 난민을

---

23 _ 코펜하겐 선언 참가국·지역 = 유럽 29개국, 행정 구분으로 하고, 31명의 교육부 장관이 집합하여 유럽고등교육의 조정을 꾀하고 있다. 참가국은 오스트리아, 벨기에(네덜란드어권), 벨기에(프랑스어권), 불가리아, 체코, 덴마크, 에스토니아, 핀란드, 프랑스, 독일연방교육예술국 협의회, 슐레스비히-홀슈타인 주 교육과학예술문화국, 그리스, 헝가리, 아이슬란드, 아일랜드, 이탈리아, 라트비아, 리투아니아, 룩셈부르크, 말타, 네덜란드, 노르웨이, 폴란드, 포르투갈, 루마니아, 슬로바키아, 슬로베니아, 스페인, 스웨덴, 스위스, 영국.
http://ec.europa.eu/education/copenhagen/copenhagen_declaration_en.pdf

받아들인 나라는 그들을 정착시키기 위해, 혹은 받아들일 만한 유효성을 확인하기 위해 '역량(일본어로 말하자면 학력)'이 중요한 관심사가 되었다.

EU는 영국, 미국과는 다른 대응을 하였다.

지식은 오늘날 지구화에서 대단히 큰 의미를 지닌다. 다시 말해 지식은 자본주의의 결정적인 자원이다. 그와 동시에 그 경우 "현실의 지구화는 고용에서도, 그 외에서도 적극적인 탐구를 촉진한다."고 한다.[24]

즉 세계의 정부나 국제기관은 '살아 있는 지식(Knowledge-in-action)'이 경제 성장과 '사회적 웰빙'에 결정적으로 중요하다고 간주하였다. 지구화는 교육을 경제와 사회 발전의 주된 도구로서 강조한 것이다.[25]

하지만 그것은 엘리트만의 교육이 아니라 사회 전체 교육수준의 향상, 이른바 인프라 정비를 목표로 하였다.

여기서 유의해야 할 점은 오늘날 주목받는 지식은 고정적인 지식이 아니며 교육 역시 지식의 주입이 아니라는 것이다. 세계은행은 인적자본으로서 교육이 제공해야 할 것은 적응성, 창조성, 유연성, 혁신성이라고 간주하며 그것의 질은 규제를 없앤 교육제도에서 가장 잘 제공될 수 있다고 생각하였다.

OECD나 세계은행은 '지식경제'나 '학습사회'를 구상하였다. EU는 '리스본 전략'에서 '지식기반경제'로 이행하는 것을 정책으로서 명확히 하였다.

24 _ Jenny Ozga, Terri Seddon and Thomas S. Popkewitz(eds.), *World Year Book of Education 2006 : Education research and policy : steering the knowledge-based economy*, Routhledge, 2006, pp.6-7.

25 _ Jenny Ozga, Terri Seddon and Thomas S. Popkewitz(eds.), *World Year Book of Education 2006*, 앞과 동일, 6쪽.

그러나 필자는 그들의 지식의 이해방법이 일본과는 다르다는 점에 주목하고 싶다.

"지식이란 다른 상품과는 달리 정해진 내용을 채워 넣을 수 있는 것이 아니다. 그것은 사용하는 것이지 완성품이 아니다. 사용할수록 한층 더 많은 지식을 만들어낸다. 즉, 지식의 가치는 희소성에 있지 않다. 지적 특성은 적극적으로 알려고 하는 행위를 물화된 지식으로 향해 탐구하는 것이다. 그래서 한 번 고정되면 지식은 가치를 잃어버리게 된다."[26]

다시 말해서 정해진 지식의 주입을 기대하는 것은 아니다.
사실, 지식의 '생성성'에 대해서는 이미 1959년, 앞서 말했던 미국의 우즈 홀 회의에서 논의한 바 있다.

"지식이라는 것은 비축하는 것이 아니다. (……) 많은 경우 '학습'은 현재 생각하고 있는 것을 넘어 나아가기 위해 이미 알고 있는 것을 어떻게 사용할 것인지 알아내는 것이다. 그것을 하는 데는 몇 가지 방법이 있다. (……) 그러나 모든 방법은 지금 숙고하고 있는 것의 '구조적인' 어떤 것, 다시 말해서 그것이 어떻게 구성되어 있는지 아는 데 전적으로 달려 있다. 어떤 것이 어떻게 구성되어 있는지 아는 것은 그에 관한 무수한 사실을 아는 것만큼이나 가치가 있다. 그렇게 함으로써 여러분은 그것을 넘을 수 있다."[27]

---

26 _ Jenny Ozga, Terri Seddon and Thomas S. Popkewitz(eds.), *World Year Book of Education 2006*, 앞과 동일, 7쪽. 제솝(B. Jessop)의 설을 인용하면서 언급하고 있다.
27 _ ジェローム · S · ブルーナー著, 田中一彦譯, 『心を探して-ブルーナー自伝』, 앞과 동일, 297쪽.

브루너에 의하면 심리학이 인간의 마음을 본격적으로 연구하기 시작한 것은 엘리 로슈(Elly Rosch)와 제리 앵글린(Jerry Anglin)의 저서 『사고의 연구』(1956년) 이후로, 여기서 인지과학이 시작되어 행동주의가 힘을 잃게 되었다.[28]

그런데 지금도 학교는 주입식 교육이 횡행하고 어떤 유형(결론이 정해진 지식)을 반복하여 주입시키고 기억, 학습하게 하는 교수법을 적지 않게 시행한다. 이는 행동주의 이론이다. 그렇다면 많은 교육관계자들은 행동주의가 1960년대 인지과학에 의해 부정되었다는 사실을 망각하고 있거나, 아니면 알지 못한다고 해야 할 것이다. 오늘날 국제적인 규모로 인지과학의 기본원칙을 되살린 것은 EU다.

유럽 지식관을 바꾸다

당시 EU 가맹국 15개국, 모두 18개 국가와 지역에서 제출한 보고서는 2002년 10월 유럽위원회 교육문화분과의 이름으로 정리되어 「핵심 역량(Key Competencies)」이라는 문서로 간행되었다. 발행기관으로 말하면 이 문서는 EU 국가들 내에서 상당히 권위 있는 것으로 간주해도 좋을 것이다.

이 보고서 「핵심 역량」에는 EU로서 공통의 교육 목표를 설정하려는 강한 의지가 담겨 있다. EU 확대에 즈음하여 인구 증가, 이주의 시작,

---

28 _ 역주: 저자 후쿠타의 위와 같은 언급은 부적절하다. 브루너의 말처럼 그들이 대충 얼버무리고 지나간 문제들을 당시 탁월한 대학원생이었던 로슈와 앵글린이 바로잡는 등 이 책에 대한 그들의 기여도는 높다(다음 브루너의 글을 보라. Jerome, Bruner, *In Search of Mind*, Harper & Row, Publisher, 1983, p.120.). 그러나 이 책의 저자는 브루너와 굿노, 오스틴이다. Bruner, Jerome S., Goodnow, Jacqueline J., Austin, George A., *A study of thinking*, New York : John Wiley, 1958.

복잡한 자격의 증가, 높은 실업률, 사회적 차별의 위험을 주시하며 해결책으로 과거와 같은 '국민의식' 형성에 대신할 것을 교육목표로 삼았다.

"유럽의 국가들은 새롭게 등장한 '지식주도사회'에서 적극적인 역할을 다할 시민을 육성하기 위해 지식, 기능, 역량, 능력, 태도의 확립에 점점 더 관심을 기울이고 있다."[29]

그리고 보고서는 '지식기반경제'라든가 '지식기반사회'가 1990년대에 EU 국가들의 합의에서 나온 것임을 설명하며, 나아가 '지식에서 역량으로'의 전환이 일어났다고 지적한다. 그러나 지식기반사회란 지식을 사용할 수 있는 사회이지 지식이 많으면 좋은 그런 사회는 아니다. 이 점을 일본에서는 오해하고 있는 것 같다.

교육론에 관해서도 「핵심 역량」은 꽤 명확하게 "학교교육의 최종 목적은 학교를 떠나서 효과적으로 기능할 수 있도록 학습자가 준비하는 것"이라고 진술하고 있다.

또한 교육학 이론에 관해서도 1960년대 이후는 인지주의 혹은 구성주의 접근으로 전환하고 있다고 판단하고 "전달을 위한 교육은 교사 중심에서 학습자 중심의 교육방법으로 전환되며", 교사는 "기억하기 위한 지식을 제공하는 이가 아니라 학생의 역량 구축 과정을 지원하는 이로 바뀐다."고 보고서는 설명하였다.

교육원리를 전환하는 측면에서도 핀란드의 대응은 빨랐다. 1994년 교

---

29 _ Directorate General for Education and Culture of European Commission, *Key Competencies*, Eurydice European Unit, p.11. 보고서 원고는 2002년 10월에 완성되었고 2003년 2월에 출간되었다. 동시에 인터넷에도 공개되었다.(http://www.eurydice.org/ressources/eurydice/pdf/032EN/001_foreword_032EN.pdf). 또한 기자회견용 보고서 요약도 준비되었다.(Eurydice. *Press release : Key competencies : A developing concept in general compulsory education.*)

육과정 개혁시점에서 새로운 방향에 착수하였기 때문이다. 이 점을 OECD는 높게 평가하였다.

OECD는 교육과정의 내용과 구조가 '최신의 지식 공급'이나 '교과의 높은 달성'만을 보장해서는 안 된다고 했다. 다시 말해서 '좋은 사람보다 좋은 머리'를 위한 교육과정이어서는 안 된다고 했다. 이른바 '좋은 사람'도 '좋은 머리'도 함께 추구해야 한다는 것이다. OECD는 듀이뿐만 아니라 포스트모더니스트들도 그들과 같은 입장을 취한다고 소개하였다. "교육과정은 숙달된 수험생이나 고득점자, 혹은 순종적인 종업원을 만들어 내기" 위해서가 아니라 "젊은이가 자기 자신이나 동료가 민주사회의 일원이 될 수 있도록 지적이면서도 풍부한 감수성을 지니고 용기를 갖고 생각하고 행동할 수 있도록 장려하기 위해 존재한다"고 취지를 밝히고 적극적으로 사회를 유도하려고 하였다.[30]

'좋은 사람'과 '좋은 머리' 두 가지 모두를 중시하는 나라는 지식의 획득뿐만 아니라 지식의 구조에 대한 정리, 분석 그리고 비판을 학생에게 장려하고 '그 지식의 사용법'을 강조한다. OECD는 핀란드를 그런 나라의 대표로 소개하였다. 1994년 핀란드의 국가교육과정[31]은 "지식의 증대를 확인해가면서 어떻게 지식이 유도되고 선택되는지를 이해하고, 또한 지식의 구조나 유효성을 이해해야 한다."고 기술하고 있었다. 학생들은 "자신이 해결하려고 몰두하고 있는 문제에 적합한 지식을 어

---

30 _ OECD教育研究革新センター, 嶺井正也 監譯, 『カリキュラム改革と教員の職能成長－教育のアカウンタビリティーのために』, アドバンテージサーバー, 2001, 68〜69쪽. Centre for Educational Research and Innovation. *Making the Curriculum Work*, OECD, 1988, p.34.

31 _ *Framework Curriculum for the Comprehensive School 1994*, National Board of Education, 1994.

떻게 적용할 것인지, 자신의 지식구조를 어떻게 조직할 것인지 배워야 한다."고 기술하였다.

오늘날 핀란드는 대학 교사양성과정에서 예비교사를 '탐구자' 내지 '지원자'로서 양성한다. 교사양성 연구서는 지식이란 "정적이며 전달된 내용으로 구성된 것"이 아니라 "재생 가능하며 다른 학습자와 함께 조직될 수 있는 것"이라고 지식관의 전환을 보여준다. 따라서 교사는 "학습과정의 메타 지식"을 필요로 하고 "학습자가 자신의 지식을 통제하고 적극적인 학습자가 되기 위한 전략을 찾을 수 있도록" 지원해야 한다. 그 때문에 "타자와의 협동으로 어떻게 지식이 구성되는지를 알고, 학습과정의 사회적 요소를 이해" 할 필요가 있다고 주장한다.[32]

다시 말해 핀란드는 올바른 결론만을 지식으로서 가르치는 교육이 아니라 학생 스스로 지식을 구성하는 방법(메타 지식)을 얻을 수 있도록 지원하는 교육이 진행되었다. 그리고 OECD는 이런 방향을 지지하였다.

유럽은 지식관이 변했고 교육도 '고정된 지식·기능의 주입'에서 '학습지원'으로 전환해갔다. 아마 핀란드 교육은 이러한 유럽 교육개혁 흐름의 최첨단에 위치하고 있다고 해야 할 것이다.

PISA의 전략, 평가를 바꾸면 학교도 바뀐다

OECD의 PISA는 DeSeCo의 결론을 기다리지 않고 시작했지만 다른 관

---

32 _ Ritva Jakku Sihvonen and Hannele Niemi(eds.), *Research-based Teacher Education in Finland : Reflection by Finnish Teacher Educators*, Finnish Educational Research Association, 2006, pp.24-26.

| 표 4-8 | PISA의 측정 관점 |

범주의 특징과 원리 설명	결과측정을 위한 척도 구축에 이용된 학생의 특징	학생에게 기대되는 표현 예
A. 학생의 전략 학습 전략은 학생이 자신의 목표를 달성하기 위해 선택한 계획이다. 이 능력이 자기 학습을 조정할 수 있는 역량 있는 학습자를 구별한다. 정보처리기능을 필요로 하는 인지 전략은 정보 전달 능력 등과 함께 암기와 정리를 포함한다. 학습의 의식적 조정을 의미하는 메타 인지 전략은 통제 전략 개념으로 요약된다.	1. 암기 전략을 사용한다. 기억에 저장된 지식을 어떠한 처리도 하지 않은 채 있는 그대로 표현하는 것 등이다.	'공부할 때에는 가능한 한 기억한다.'
	2. 새로운 소재를 이전의 학습과 관련짓는 정리 전략을 사용한다. 다른 맥락에서 익힌 지식이 어떻게 해서 새로운 소재와 관련될지 검토하는 것으로, 학생은 단순한 암기가 주는 것 이상의 이해를 얻을 수 있다.	'공부할 때에는 자기가 배우고 있는 것에 사물이 어떻게 적합할 것인가를 생각한다.'
	3. 자기의 학습목표가 달성되는 것을 확실히 하는 통제 전략을 사용한다. 자신이 배운 것을 확인하고, 배워야 할 것을 완수하며, 학습자가 눈앞의 과제에 적용하는 것이 가능하도록 하는 것이다. 이 전략이 PISA가 측정하는 학습에 이르는 접근의 중심부분이다.	'공부할 때에는 배운 것을 기억하고 있는지 체크하고자 한다.'
B. 행동의욕 선택과 의지력 행동의욕은 학습 배경이 되는 동인이라고 볼 수 있다. 그것은 좋은 성적의 외적인 보수, 예를 들어 상이나 장래성에서 생긴 동인이 아니며, 교과의 관심과 같은 내적인 일반적 동인도 아니다. 행동의욕이란 학습 시 보이며, 끈기와 노력으로 이끄는 의지력이다.	4. 도구적 행동의욕을 가진다. 다시 말해, 학생이 좋은 직업전망과 같은 외적보수에 의해 학습을 자극받는 것이다. 장기적인 연구에 의하면 행동의욕은 학습 선택에도 성적에도 영향을 미치고 있다.	'취직하기 위해 공부한다.'
	5. 독서에 대한 흥미를 나타낸다(6을 참조).	'독서할 때에는 모두 받아들이려고 하기도 한다.'
	6. 수학에 흥미를 나타낸다. 교과에 대한 관심은 학습상황에 몰입하는 집중도와 지속성, 전략의 선택, 이해의 깊이에 영향을 미치는 비교적 안정된 방향을 정한다. 학생이 흥미를 나타내는 학력(學歷)은 학교제도의 중요한 장점이면서 단점이기도 하다.	'수학은 재미있으니까 포기하지 않는다.'
	7. 끈기와 노력을 나타낸다. 이는 의지력, 즉 학습과정의 이전과 학습과정 중에 직접 나타나며, 학습하고자 하는 의지를 필요로 한다.	'공부할 때에는 최선을 다한다.'
C. 자기 신뢰 학습자는 자기의 역량과 학습태도에 관한 견해를 형성한다. 이들의 견해는 학습자가 목표를 설	8. 자신감(self-efficacy)은 상황을 효과적으로 학습하고 어려움을 극복하는 자신의 능력에 대한 믿음이다. 이는 흥미를 끄는 과제를 맡아서 그것을 풀기 위해 노력하고 끊임없이 몰두하고 있는 학생의 의지에 영향을 미친다.	'표시된 자료 중에서 가장 어려운 것을 자신은 이해할 수 있다고 확신한다.'

범주의 특징과 원리 설명	결과측정을 위한 척도 구축에 이용된 학생의 특징	학생에게 기대되는 표현 예
정하는 방법, 학습자가 사용하는 전략, 또는 학습자의 성취도에 꽤 영향을 미쳐왔다. 신념을 정의하는 두 가지 방법은 학생이 (자기에게) 곤란한 과제라도 다룰 수 있다고 생각하는 것, 다시 말해 자기유효성과 자기 능력을 믿는 것으로, 자기 개념이다. PISA는 이 양자를 배려하고 있다. 어느 경우에도 자기에 대한 신뢰는 행동 의욕에 있어서도, 학습 과제에 도전하는 방법에 있어서도 중요하다.	9. 독해에서 자기 개념이란 자기의 언어 역량에 대한 신뢰이다(11을 참조).	'영어 수업에서 모든 것을 빨리 배운다.'
	10. 수학적 자기 개념이란 자기의 수학적 역량에 대한 신뢰이다(11을 참조).	'나는 항상 수학을 잘한다.'
	11. 학구적 자기 개념이란 교과 전체와 관련된 자기 역량에 대한 신뢰이다. 자기 능력에 대한 신뢰는 성공적인 학습과 꽤 상관이 있다. 뿐만 아니라 자기 능력에 대한 신뢰는 그 자체로 하나의 목표이며, 잘하지 못하는 학생에게 특히 중요한 행복과 인격발달에 영향을 미친다. 학생이 개별 교과에 능력이 있다고 여기는 것은 중요하다. PISA의 연구는 언어능력이 있다고 확신하는 학생은 언어와 수학적 영역의 강한 상관관계가 시사하는 것만큼 수학적 능력에 확신하지만은 않는다는 것을 보여준다. 교과 전체의 학구적 믿음은 개별 교과에 대한 믿음의 단순한 종합이 아니라, 사회 환경을 포함한 많은 요인에 영향을 받는다.	'대부분의 교과에서 모든 것을 빨리 배운다.'
D. 학습상황과 선택 우수한 학습자는 혼자서도, 모둠 안에서도 배우는 것이 필요하다. 평생학습에서도 이는 당연한 것이다. PISA는 이 두 가지 학습상황에서의 학생 성적을 검토했다. 어느 쪽 유형의 학습이 우수하다고 말할 수 없으며 한 쪽 유형을 선호했다고 해서 다른 쪽의 유형을 상호 배제하는 것도 아니다. 이러한 정보는 학생이 장래 노동 생활에서 협동 프로젝트를 수행하는 것에 대해 검토할 수 있는 약간의 시사를 준다.	12. 협동 학습을 우선시한다.	'다른 학생과 함께 학습할 때 최고의 것을 배운다.'
	13. 경쟁 학습을 우선시한다.	'다른 사람보다 더 나아지려는 노력이 학습을 잘되게 한다.'

*PISA, *Learners for Life : Student Approaches to Learning. Results from PISA 2000*, OECD, 2003, pp.13~14

*11의 '학구적(academic)'이란 교과에 관한 것을 의미한다.

*PISA는 메타 인지, 학습 조정력, 의지력을 중시하고 있다.

표 4-9 　PISA의 설문 유형

(1) 개방형 구성과제

학생은 장문의 답을 한다. 폭넓은 범위의 다양하고 개성적인 응답이나 다른 관점이 허용된다. 이 과제는 대체로 학생에게 질문 문항에 있는 정보나 생각을 자신의 경험이나 견해와 관련짓도록 요구한다. 학생이 선택한 입장을 평가하는 것이 아니라 그 입장에 근거를 들거나, 설명하기 위해 과제문에서 읽고 이해한 것을 사용하는 능력에 주목해도 좋다.

(2) 폐쇄형 구성과제

정답이 제한된 범위 내에서 자기의 반응을 구성하는 과제이다. 많은 경우 정답·오답을 나눠 채점할 수 있다.

(3) 즉답과제

폐쇄형 구성과제 중, 가능한 해답 범위는 넓으나, 간단히 답해도 좋다. 정답을 묻더라도 부분점수라도 무방하다.

(4) 복합선택형 과제

일련의 선택지가 있어 O를 치거나 간단한 낱말(예를 들어 예, 아니오)로 답하는 과제. 모든 문제의 정답만을 평가하든 부분점수를 주든 상관없다.

(5) 선택형 과제

4, 5항목에서 한 개의 정답에 O를 치는 것과 같은 과제. 정답과 오답으로 평가된다.

---

* PISA. *Learning for Tomorrow's World : First Results from PISA 2003*, OECD, 2004, p.335. 원문에는 번호가 붙어 있지 않다.

점을 가지고 있었던 것은 아니다. 오히려 일치했다.

PISA는 아이들을 '인생의 학습자'로 정의한다.[33] 아이들은 학습의 주체이며 학습은 수동적인 것이 아니라 '적극적인 과정'이고 '자기 조정적' 학습이다. 그것을 개인의 능력으로 표현하면 '자율적으로 행동하는 능력'이라는 핵심 역량과 일치한다. 학습자인 학생을 시험으로 측정하는 데에는 표 4-8과 같은 여러 측면이 측정의 관점이 된다.

특히 표 4-8의 A란은 '메타 인지'라는, 인지 과정을 실현하고 통제하는 힘을 중시한다는 점에서 주목된다. 수동적으로 외우는 것이 아니라

---

33 _ PISA, *Learners for Life : Student Approachs to Learning. Results from PISA 2000*, OECD, 2003, pp.13-14.

표 4-10	학력관의 대비	
	낡은 학력관	새로운 학력관
교육관	계통적인 지식 · 기능 (유일성) 조직적 · 계획적인 주입 · 습득 (성과 는 비교 가능) 교사는 교육을 주도	목적적으로 추구되는 지식 · 기능 (다양성) 주체 스스로가 얻고 구조화함 (성과는 비교 불가능) 교사는 학습을 지원
하이퍼 능력주의	「근대화형 능력」 「기초학력」 표준성 지식량, 지적 조작의 속도 공통척도에서 비교 가능 순응성 협조성, 동질성	「포스트 근대화형 능력」 「살아가는 힘」 다양성 · 특이성 의욕 · 창조성 개별성 · 개성 능동성 네트워크 형성력, 교섭력
국제학력평가	TIMSS의 학력관	PISA의 학력관
교육과정	교과기반 교육과정	역량기반 교육과정

* 하이퍼 능력주의 부분은 혼다유키의 다음 책을 참고로 작성하였다. 本田由紀, 『多元化する「能力」と日本社會-ハイパーメリトクラシー化のなかで』(NTT出版, 2005), 22쪽.

스스로 배우고 지식이나 기능을 얻는 자세가 관철되고 있다.

　게다가 시험의 구체적인 지문에서 과제를 표 4-9와 같이 다섯 가지 측면으로 설계하였다.[34] 여기서 주목되는 것은 기술식 지문 같은 형식적인 특징이 아니라 '개방형 구성과제'처럼 정답이 엄밀히 정해져 있지 않은 해답 방식이다. 하나의 답을 기억하면 되는 틀에 박힌 학습으로는 이에 대응할 수가 없다. 항상 탐구하는 학습자세가 요구된다. 여기에는 교사가 답을 가르치는 것이 아니라 아이들이 지식이나 진리를 탐구하도록 지원하는 새로운 지식관과 인간관이 놓여 있다.

　세계의 동향은 이렇게 고정된 지식을 전달하는 교육에서 학습 방법을

---

34 _ PISA, *Learning for Tomorrow's World : First Results from PISA 2004*, OECD, 2004, p.335.

배우는 교육으로 바뀌었고 교육과정을 폭넓게 하여 다양한 인간육성에 대응할 수 있도록 변화하였다.

학력관은 이미 바뀌었고 새 술은 새 부대에 담아야 한다. 따라서 시험문제(측정방법)도 바뀌지 않으면 안 된다.

일본이나 영국에서 일어난 '저학력' 비판의 잘못은 낡은 부대에 새 술을 담으려고 한 데 있다. 낡은 방법을 취하는 한 언제까지나 낡은 학력밖에 잴 수 없다. 아니면 낡은 학력밖에 잴 수 없기 때문에 '저학력'으로 보일 뿐이다. 판단해야 할 것은 점수의 높낮이가 아니라 기준을 바꾸는 데에 있다는 것을 그들은 모르고 있었다.

5장

일본이 가야 할 곳은 어디인가

UNITED
KINGDOM

5장 일본이 가야 할 곳은 어디인가

FINLAND

"세상은 무대, 모든 사람들은 단지 배우에 지나지 않는다."[1]

셰익스피어, 「뜻대로 하세요」

"나는 선량하고 창조적인 교사가 냉혹한 '시험 위주의 교육' 게임을
하게 되는 방법에 대해 점점 화가 났다."[2]

영국의 중학교 교감, 경력 20년

공부는 학력 경쟁이다. 일본의 많은 어른들은 그
렇게 생각하고 있다. 아이들도 마찬가지로 경쟁하는 것이 인생이라고
굳게 믿어버린다. 인생은 게임일까? 인생은 연기일까? 연기하는 채로
인생이 끝나도 좋은 것일까?

국제학력평가를 어떻게 대할 것인가

각국 정부에 대한 국제학력평가의 영향은 크다.

예를 들어 2005~2006년에 미국에서 베스트셀러가 된 토머스 프리드
먼의 『평평한 세계-경제의 대전환과 인간의 미래』에서는 평가에 대해
다음과 같이 소개한다.

---

1 _ 셰익스피어가 활약했던 런던 글로브 극장 정면 현관에 걸려 있었던 글 '모든 세상 사람들은 배
우로서 역할을 하고 있다(Tous mundus agit histrionem)'와 셰익스피어의 「뜻대로 하세요」에
나오는 대사, "세상은 무대, 모든 사람들은 단지 배우에 지나지 않는다."(JAQUES, All the
world's a stage, And all the men and women merely players.) 셰익스피어는 제이퀴즈의
입을 통해 세상을 극장으로 생각하는 당시의 세계관, 인생관을 멋지게 표현했다.
2 _ 전국교사조합(NUT), 『全國學力テストに反對する』, 2003.9.3.(NUT, *The Case against
National Curriculum Tests*, 2003. http://www.teachers.org.uk)

"미국은 TIMSS에 참여하고 있다. TIMSS 2003의 결과는 지난번과 비교하면 미국 학생이 아주 근소한 정도밖에 향상되지 않았다는 것을 보여주었다. (……) 이 평가를 운영하는 보스턴 대학교 국제연구센터 소장 멀리스는 아시아 나라들은 과학과 수학에서 선두에 위치하고 있다고 AP통신에서 밝혔다. 예를 들면, 싱가포르의 중학교 2학년 44%, 대만에서는 38%가 수학에서 최고수준의 득점을 올렸다. 미국에서는 겨우 7%였다. 2004년 12월에는 다른 국제학력평가, PISA 2003의 결과가 공표되어 미국의 15세는 수학을 실제 응용하는 힘에서 국제평균에 못 미치고 있다는 것이 드러났다."[3]

프리드먼은 국경 없는 세계의 모습을 평평함으로 표현해가면서 "평평한 세계에서 신장할 수 있는 첫 번째, 그리고 가장 중요한 능력은 '공부하는 방법을 배우는' 능력"[4]이라고 지적하였다. 명백히 PISA형 학력을 염두에 두고 있다.

그럼에도 대체로 매스컴은 국제학력평가의 성적순위에만 관심을 두기 때문에 어떠한 학력을 기를까 하는 방향으로 논의가 발전되지 않는 것이 보통이다. 그렇기 때문에 시험 점수만이 횡행하고 이 수치가 교육의 장에 시장논리를 관철시키는 도구가 되었다. 국제적으로 요구되는 학력이란 지식량이나 기능의 속도가 아니라 사고력, 응용력, 창조력이

3 _ トーマス・フリードマン著, 伏見威蕃譯, 『フラット化する世界－濟の大轉換と人間の未來』 (下), 日本 濟新聞社, 2006, 90〜91쪽. 기사가 『워싱턴 포스트』지에 게재된 것은 2004년이며, 단행본은 2005년, 증보개정판은 2006년에 출간되었다.
4 _ トーマス・フリードマン著, 伏見威蕃譯, 『フラット化する世界－濟の大轉換と人間の未來』, 앞과 동일, 45쪽.

나 학습력이다. 그런데 점수에 사로잡힌 나라는 정말로 필요한 해결방법과는 정반대로 가버리는 듯하다.

저학력 비판이란 무엇이었을까

『분수를 못하는 대학생』(도요게이자이신보사, 1999년) 등 일련의 대학생 학력 비판을 전개하고 일본 전체의 '저학력' 비판을 시작한 것[5]은 니시무라 카즈오(西村和雄), 토세 노부유키(戸瀬信之), 이토 타카토시(伊藤隆敏) 등 경제학 연구자들이었다. 그들은 일본 학생들의 이과계 학력저하를 지적하고 수업시간을 늘릴 필요가 있다고 주장했다. 문제는 시간의 양이 아니라 배움의 질이라고 필자는 이 책에서 설명해 왔다. 이러한 의견차는 교육관의 차이에 있기 때문이다. 예를 들면 니시무라 카즈오 교토 대학교 교수는 다음과 같이 달리기 시합의 예를 인용하면서 교육에는 경쟁이 필요하다고 설명한다.

"운동회뿐만 아니라 교과 시험에서 자신이 반이나 학년에서 어느 위치에 있는지 아는 것은, 그리고 성취도나 잘 하는 점 혹은 부족한 점을 아는 것은 의미가 있다. 잘하는 점과 부족한 점이 눈에 띄지 않도록 평가를 애매하게 하는 것은 아이들에게 자신의 특징을 자각하지 못하게 하여 진로를 그르치게 하며, 다른 사람의 특성을 평가하지 않는 데서 아이들은 존

---

5 _ '여유' 교육을 원인으로 삼은 '저학력' 비판은 와다 히데키의 다음 책에서 시작하였다고 생각할 수 있다(和田秀樹, 『受驗勉强は子どもを救う』(河出書房新社, 1996.)). 1999년에 신 학습지도요령이 고시되면서 '저학력' 비판이 일거에 터져 나왔는데 이를 '학력논쟁'이라고 하였다.

경하는 마음을 잃게 된다. 사회적으로 적정한 평가가 이루어지지 않으면 적재적소의 배치가 이루어지지 않아 국가로서 잘 기능하지 못하게 된다.

적재적소의 배치가 자연스럽게 이루어지게 하는 방법이 경쟁이다. 경쟁에는 규칙이 있다. 규칙은 공정해야 하고 참가자가 결과에 대해 이해할 수 있고 하고 싶은 마음이 생기도록 북돋워 줘야 한다. (……) 경쟁은 결과적으로 사회 전체에 보다 나은 생활을 가져오기 위한 탁월한 지혜다."[6]

"여유 교육의 도입이나 대학 측의 일방적인 입시과목 축소로 수험부담을 경감케 하려는 노력은 역으로 선발의 불확실성을 높이고 (……) 우수한 학생의 능력을 신장시키는 데에 실패한다."[7]

우선 위의 글에서 알 수 있듯이 경쟁은 교육학의 필요에서 나온 것이 아니다. 또한 그들의 관심은 아이들 개인이 스스로의 인생을 위해 공부하는 데 있지 않고 나라의 경제력 유지를 위한 데 있다. 니시무라와 같은 사람들의 교육목적은 아이들의 자립이 아니다.

"한 개인을 두고 볼 때 수학이 필요 없는 경우가 있다는 이유로 학교에서 수학을 가르치지 않아도 된다는 것은 잘못된 것이다. 자신이 수학을 하지 않더라도 문제가 없는 것은 누군가가 수학을 사용하는 일을 해 주고 있기 때문이다. (……) 영어, 국어, 사회만 공부해서는 일본경제는 이루어지지 않으며 개개인의 가계 생활도 유지될 수 없을 것이다."[8]

---

6 _ 伊藤隆敏, 西村和雄編,『敎育改革の經濟學』, 日本經濟新聞社, 2003, 19쪽.
7 _ 伊藤隆敏, 西村和雄編,『敎育改革の經濟學』, 앞과 동일, 78쪽.
8 _ 伊藤隆敏, 西村和雄編,『敎育改革の經濟學』, 앞과 동일, 18쪽.

"사람들이 의무교육을 받는 것은 앞으로 영어를 필요로 하는 직업에 누가 취업할지 모르기 때문이며, 아니면 영어가 필요 없다고 생각했던 직업에서 갑자기 영어가 필요한 상황에 직면하게 될 수도 있기 때문이다.

의무교육은 불확실한 장래에 모두가 필요로 하는 교육과 함께, 장래에 필요할 확률은 낮지만 필요할 때에 높은 가치를 지니게 되는 교육도 적극적으로 가르쳐야 한다."[9]

이 의견은 영국의 경제학자 프라이스 교수의 생각과 같은 것으로 교과의 지식·기능 습득을 학습이라고 여긴 것이다. 또한 경쟁에 의해 교육원리 그 자체가 왜곡되고 대체로 학습조건이 좋은 가정의 아이가 경쟁의 마지막까지 남게 되므로, 결국은 적재적소의 배치도 이루어지지 않는다는 것을 이해하지 못한 것이다. 무엇보다도 니시무라가 생각하는 "참가자가 결과에 대해 이해할 수 있고 하고 싶은 마음이 생기도록 북돋워 줘야" 하는 경쟁에서는 지극히 '규칙'이 단순화된다. 그러한 경쟁은 어른들이 예기치 못한 창조적이고 탐구적인, 다양하고 복잡한 학습에는 적용되지 않을 것이다. 경쟁을 하면 내용이 지나치게 단순화되고 만다. 적어도 그것은 교육학의 원리는 아니다.

또한 니시무라 등은 미국 교육을 이상으로 소개하는 책을 편집하였는데 그 책에 대한 설명은 다음과 같다. 1988년부터 '전통적 교육과정에 의한 본질적 교육으로 회귀한 레이건'을 뒤이은 부시 정권은 1990년 일반교서에서 "인간 자본이라는 낱말을 사용하고 학력을 향상시키는 교

---

9 _ 伊藤隆敏, 西村和雄編,「敎育改革の經濟學」, 앞과 동일, 115~116쪽.

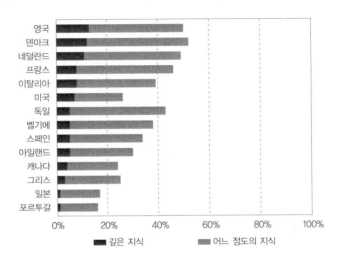

그림 5-1 성인의 과학적 이해력 (1996년)

0% 20% 40% 60% 80% 100%

■ 깊은 지식   ■ 어느 정도의 지식

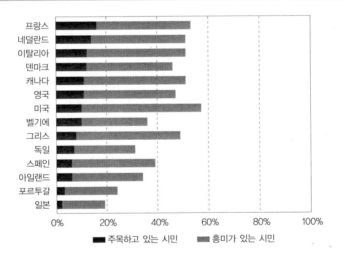

그림 5-2 성인의 과학기술에 대한 관심 (1996년)

0% 20% 40% 60% 80% 100%

■ 주목하고 있는 시민   ■ 흥미가 있는 시민

* 그림 5-1, 5-2 모두 다음의 책에서 참조했다. John Miller. *Public Understanding of Science and Technology in OECD Countries : a Comparative Analysis*, 1996.
* 일본은 국제학력평가에서 이과계 학력은 높다. 그러나 성인이 되면 그 성과는 쓸모없어진다. 시험을 준비하는 공부로는 사회에 나가서도 학력신장으로 이어지지 않는 듯하며, 오히려 배운 결과를 잊어버리게 되는 것 같다.

육투자를" 발표하였다. 여기에 근거해 만든 미국 교육부의 보고서에는 "전국적 시험체제를 만들어 성적 우수자를 대통령이 표창하고 장학금을 수여하며 정보를 공개하여 그 성적을 대학 입학이나 취직에까지 이용하는 것으로 되어" 있다. 1988년부터 대처 교육개혁이 시작된다. 미국에서도 같은 것을 생각하고 있었으나 이 계획이야말로 학력향상의 방법으로서 일본에 소개할 가치가 있다는 것이다.

"최근의 모든 조사에서 일본 아이들의 학교 외(즉 가정이나 학원) 공부 시간은 선진국 중에서 최저에 가깝다는 것을 알 수 있다. (……) 일본은 미국보다 적어도 30년 이상 뒤쳐져 있다고 말하지 않을 수 없다."

"조급히 미국의 개혁 예에서 배우는 것, 이것이 지금 일본에서 요구되고 있는 것이다."[10]

30년 이상 늦어 일본은 미국과 같은 저학력으로 되어 간다는 것일까?

그러나 기묘한 것은 같은 책 속에 OECD 보고서가 번역되어 있었던 점이다.

1996년 11월 도쿄에서 개최된 OECD 심포지엄 보고서에는 존 밀러(John Miller)가 가맹 14개국의 성인에 대해 실시한 과학기술 문해력에 관한 조사가 인용되었다.[11] 자료는 그림 5-1, 5-2처럼 되어 있는데 일본은 참담한 결과를 보여준다.

---

10 _ アメリカ教育省他著, 西村和雄, 戸瀬信之譯, 『アメリカの教育改革』, 京都大學學術出版會, 2004, x~xiii쪽. 또한 이 책의 띠지에는 "'여유 교육 비판'의 기점. 레이건에서 시작하여 현재까지 지속되는 올바른 교육으로의 회귀"라고 명기되어 있다.

11 _ 보고서의 주요 자료가 된 원래의 보고는 다음이다. John Miller, *Public Understanding of Science and Technology in OECD Countries*. 존 밀러의 조사 결과는 문부과학성에 인용되어 있다. 「科學技術に關する意識調査二〇〇一年二~三月調査」 (http://www.nistep.go.jp/achieve/ftx/jpn/rep072j/pdf/rep072j.pdf)

이상한 일이다. 각종 국제학력평가에 의하면 일본 등 동아시아 국가는 수학이나 과학에서 고득점을 얻고 있었다. 그렇다면 이와 같이 성인의 평가 결과가 좋지 않다는 것은 일본 학교가 기른 학력이 사회에 나와서 성인 생활에 도움이 되지 않거나, 암기하는 공부로는 학력이 정착되지 않는 것은 아닌지 하는 반성이 밀려든다. '산수를 못하는 대학생', '분수를 못하는 대학생', '소수를 못하는 대학생' 현상도 시험이나 입시가 끝나면 잊어버리고마는 그런 학력의 결과가 아니었을까 하는 의문도 든다.

무릇 이 책에서 소개한 것처럼 OECD는 주입식 교육을 비판하고 모든 학생들이 숙고하여 배우는 것을 장려하며 PISA를 발족시켰다. OECD 교육국 지표통계분석과장 슐라이허는 학교 간 격차 등 아이들에게 불리한 학습조건에 대한 경고까지 하였다.

일본의 교육과제는 수업시간의 문제가 아니라 교육의 질, 배움의 질의 문제인 것이다. '저학력' 비판을 시작한 사람들은 본래의 원인에 눈을 돌리지 않는다. '학력 향상'으로서 생각한 그들의 대응 또한 반대로 간다.

「교육기본법」 관련 참의원 심의 중에서

일본 역시 점수 경쟁에 사로잡힌 나라다. 그것은 왜일까?

2006년 11월 22일의 참의원 「교육기본법에 관한 특별위원회」에서 좀 색다른 질의가 있었다고 한다.[12]

아베 신조(安倍晋三) 수상 : "결과 평등의 전형적 예로서 예를 들면, 달리기 시합을 하는데 마지막에는 전원이 손을 잡고 결승점에 도달하는 것이 실제 행해지고 있다고 합니다만, (……) 저는 이런 식의 결과 평등주의는 좀 잘못된 것이라고 생각합니다."

〔중략〕

이토 타이스케(伊藤泰介) 의원 : "달리기 시합의 예를 잘 말씀하셨습니다만, 현장을 보셨습니까? 책에서 읽으셨습니까?"

이부키 분메이(伊吹文明) 문부과학성 장관 : "달리기 시합 이야기는 (……) 제가 보러 간 학교 운동회에서는 그런 예가 없었습니다. 그러나 총리가 말씀하신 대로 저도 신문에서 그런 것이 있다는 것을 읽고 재미있는 일이라고 생각했던 기억이 있습니다."

시오자키 야스이사(塩崎恭久) 관방장관 : "저도 (……) 본 적은 없습니다만, 이야기는 여러 곳에서 들은 적이 있습니다."

타카이치 사나에(高市早苗) 소자화(少子化) 담당장관 : "제가 본 달리기 시합은 손을 잡는 형식은 아니었습니다. (……) 끝에 순위를 매기지 않았던 것은 본 적이 있습니다."

국회에서 이런 이야기까지 하는 모양이다. 이야기되고 있는 내용은 결과 평등은 잘못된 것이며 그 이유는 달리기 시합답지 않은 것을 아이들이 하고 있었기(있다는 소문) 때문이라는 것이다. 그들의 주장은 '순위를 매기는 경쟁을 하라'는 것인데 그 근거는 잘 모르겠다.

---

12 _ 參議員記錄部, 「敎育基本法に關する特別委員會速記錄」, 2006.11.22., 46~47쪽

여기에서 생각해야 하는 것은 굳이 이런 논의가 국회에서, 게다가 교육기본법과 관련한 위원회에서 이루어졌다는 것이다. 아베 수상은 '나쁜 결과평등주의'라는 단어를 사용하고 있으나 이 이야기는 복지정책을 '악평등'으로 비판하는 입장과 통한다. 악평등이라는 것은 평등을 중시하는 정책이 오히려 복지 혜택을 받는 측의 향상심을 손상시키고, 복지를 받지 못한 사람과 불평등을 만들어내며 사회에 폐해를 만든다고 생각하는 입장에서 제기하는 '평등' 정책 비판론이다. 환언하면 사회주의 혹은 사회민주주의가 내세운 '결과의 평등'을 부정하고자 하는 표현이며 실질적으로는 약자에 대한 복지정책의 중단을 의미한다. '악평등'론은 재정이 어려운 시기에 많이 택하는 사상이다. 그러나 이런 입장은 더 나아가서 인간 한 명 한 명의 권리인 의무교육까지 악평등으로 멀리하는 분위기를 자아낸다. 다시 말해 이런 달리기 시합의 '비유'는 약육강식을 자기책임으로 돌리는, 행정개혁의 이름으로 공적 분야에 시장원리의 도입을 추진해 온 신자유주의·신보수주의의 입장에서 발언된 것이라는 특징이 있다. 일본의 지도자들은 어지간히 아이들을 경쟁시키고 싶은가 보다.

시험에 치우친 일본 학력관의 진부함

생각해보면 이상한 이야기다. 새로운 학력, '살아가는 힘'이라고 말하면서 종합 학습시간을 초등학교에서 고등학교까지 교육과정에 신설하고 학습지도요령을 크게 개혁하였다. 그런데 정작 2002년 4월부터 시작하려고 하자 추진을 담당한 행정이 물러나버렸다. 허풍을 떨었던 교육위원회도 틀림없이 곤란했을 것이다.

2004년 10월 문부과학성 기자회견에서 새로 취임한 나카야마 나리아키(中山成彬) 문부과학성 장관은 시험 결과를 공표하고 아이들의 경쟁의식을 높일 것이라고 발언했다.[13] 이것이 전국학력평가를 실시하는 계기가 되었다. 그는 토요일 수업 재개에 대해서도 언급하였다. 교육현장에서 경쟁의식을 강화하고자 전국학력평가의 도입을 생각했던 것이다.

게다가 나리아키 문부과학성 장관은 11월 2일 중앙교육심의회총회에서 교육현장에 경쟁의식을 높이기 위해 전국학력평가를 실시할 것을 포함한 의무교육개혁 사안(私案)을 제시하고 고이즈미 수상에게도 동일한 개혁 사안을 제언했다.

이러한 교육행정 자세의 변화 흐름 가운데 12월 7일에는 OECD의 국제 학업성취도 비교평가(PISA 2003), 15일에는 국제교육성취도평가협회(IEA)의 TIMSS(2003)의 결과가 잇달아 보고되고 매스컴은 일제히 일본 학력이 저하되었다고 보도하였다. 이때 나리아키 문부과학성 장관은 '서로 경쟁하는 마음이 출발점'[14]이며, 시험 체제야말로 해결책이라고 표명하였다.

---

13 _ 기자회견은 「平成一六年一〇月五日大臣會見の槪要」로 공표되었다.
　　http://www.mext.go.jp/b_menu/daijin/nakayama.htm에서 발췌. 이 기자회견은 "어제, 미야자키 현청의 기자회견 중에 학력평가 결과를 공표하고, 학교 간에 경쟁을 하면 좋지 않을까 하는 식으로 해석할 수 있는 발언을 했는데, 이 발언의 진의에 관해 말씀해주시기 바랍니다."라는 말로 시작되었다.
14 _ 『朝日新聞』, 2004.12.18. 「나의 시점 OECD, IEA의 학력평가결과를 받고(私の視点 OECD, IEAの學力調査結果を受けて)」 교육에 시장원리 도입을 꾀하고 경쟁원리를 주장하는 나카야마 나리아키 문부과학성 장관, 백 칸 계산(百マス計算)으로 유명한 오노미치(尾道)시립 츠치도 초등학교(土堂小學校) 교장 카게야마 히데오(陰山英男), 평소 종합학습 비판을 전개해 온 도쿄대 교수 카리야 타케히코(苅谷剛彦)가 있다. 국제학력평가를 치르고, 일본 교육의 방향을 논하는 매스컴의 여론 유도자세가 엿보인다.

게다가 새해 2005년 1월이 되자 드디어 나리아키 문부과학성 장관은 저학력을 이유로 '종합학습'(정식으로는 '종합 학습시간')을 삭감할 것이라는 발언까지 하였고 이 움직임은 2월 문부과학성 심의관의 '생활과' 재검토 발언에까지 이르렀다. 시험 점수에 직결되지 않는 수업은 줄이고 교과 수업시간은 늘리고자 한 것이다. 이른바 1999년에 일본에서 일어난 '저학력' 비판이 '여유' 교육 비판이 되어 마침내 2005년이 되자 '종합학습'을 줄이기에 이르렀다. 이 입장은 학습의 질이 아니라 학습량에 의해 성과가 정해진다는 주입식, 훈련식 교육관에 기반하고 있다.

일본은 국제학력평가의 평균점에서 보면 가맹국의 상위 그룹에 드는 고학력 국가이다. 오히려 일본은 인구 1억이 넘는 대규모 국가로서 상위에 위치한 극히 드문 나라다. 일본이 안고 있는 교육문제는 양보다도 질적인 측면이 더 크다.

일본 학력순위의 유일한 예외는 PISA의 독해력이 OECD 평균점 정도였다는 것이다. 문부과학성은 독해력을 향상시키기 위해 학교에서 일제히 독서를 하도록 장려하기까지 했다.[15] 학교에서는 행사를 줄이는 등 교과 수업시간을 늘리고 성취도별 수업을 보급하며 지역에 의한 학력평가를 실시하였다. 그 결과 점수를 참고로 학교선택까지 가능하

---

15 _ 학교에서의 일제 독서와 같은 대응은 이미 PISA 2000의 결과 공표 직후에 나타나고 있다. 2001년 12월 12일 의원 입법에서 '아동의 독서계획 추진에 관한 기본적인 계획'이 성립되고, 같은 날부터 시행되었다. 2002년 8월 2일에는 「아동의 독서계획 추진에 관한 기본적인 계획 개요」가 내각회의에서 결정되어, "학교에서 '아침독서' 장려나 목표를 설정하는 것 등에 의한 독서습관의 확립" 등이 명시되었다. PISA 2003의 결과가 공표되었던 2005년 12월에는 문부성이 '독해력'을 육성한다는 점에 교육의 주요과제를 한정하고, 「독해력 향상 프로그램」을 발표했다. 동시에 상세한 「독해력 향상에 관한 지도 자료」도 작성했다. 이는 「독해력 향상에 관한 지도요령-PISA평가(독해력)의 결과 분석과 개선 방향(讀解力向上に關する指導資料-PISA調査(讀解力)の結果分析と改善の向方)」(東洋館出版社, 2006)이라는 단행본이 되었다.

게 되었다. 교육제도에 커다란 변화가 일게 되었다. 드디어 2007년 4월부터 전국학력평가(정식명칭은 '전국학력 · 학습상황평가')가 약 40년 만에 재개되었다.

저학력 비판에는 우선 교육을 관리하는 데 이러한 시험 점수를 이용하도록 하는 신보수주의적 대응이 흘러들어왔다.

2005년 나리아키 문부과학성 장관은 신문취재에 답하여 "주입보다는 철저히 체득시키기"라고 말했다. 우선 그는 "평등, 평등, 결과평등이라는 학교 풍조에서 바꿔나가야 한다."고 행정개혁의 자세를 보였다. 다음으로 "결과적으로 주입식을 권하고 있는 것은 아닌가?" 라는 기자의 질문에 대해, "절대 주입이 아니다. 철저히 체득하게 하는 것이다. 되풀이하고 되풀이하여 제대로 익히라는 것이다. 찍어 넣는다고도 말할 수 있다. 기본을 익히지 않으면 아무것도 사고할 수 없다."[16]고 했다. 참으로 낡은 교육관을 드러내었다. 당시 교육행정의 장이 교육학을 아우르지 않고 터무니없는 주입식 교육론을 주장했던 것이다. 그는 "한문을 소리내어 읽는 것은 어린 시절부터 해야 한다."는 지론을 폈다.

그리고 나서 이 해 2005년 9월에 문과성은 전국학력평가를 2007년부터 실시한다는 방침을 굳혔다.

지금까지의 논의의 흐름을 정리해보면 전국학력평가는 시험 교육체제나 점수 · 순위라는 시험 결과가 학생에게 심리적 압박을 주어 그것이 학습동기를 형성한다는 잘못된 낡은 교육관에 의해 나온 것이다. 즉 시험을 친다면 공부할 것이라는 그릇된 생각에서 제기된 것이었다.

---

16 _ 『朝日新聞』, 2005.4.24.

전국학력평가에 관해서는 '전국적인 학력평가 실시방법 등에 관한 전문가 검토회의'(카지타 에이이치(梶田叡一) 효고교육대학장좌장)가 편성되었고 2006년 4월에는 전국학력평가 실시요강이 정해졌다. 이렇게 해서 2007년 4월, 43년 만에 전국학력평가가 부활했다.

그러나 실제 뚜껑을 열어보니 내용은 더욱 꼬여 있었다. 거기에는 지금까지는 없었던 유형의 설문이 포함되어 있었다. 그것은 B문제라고 칭해지는데 PISA와 전적으로 꼭 같은 평가이다. 낡은 학력관을 문부과학성은 경계했던 것이다. 아니면 국제순위가 낮아지는 것을 두려워했는지도 모른다. 이념을 시비하지 않고 시험 문제를 먼저 바꾼 것은 바람직한 태도이다. 그러나 지금까지와 다른 PISA형의 지문을 넣은 것이라면, 어떻게 하면 이와 같은 PISA형 학력을 올릴 수 있을까? 일본의 학교는 새로운 과제와 맞닥뜨린 형국이다.

교육에 시장원리를 도입하다

왜 행정이 교육이론과 거꾸로 갔을까? 그것은 교육학의 부재 때문만은 아니다. 행정개혁, 교육에 시장원리를 도입하는 교육에 대한 비즈니스나 정치 개입이 진짜 이유다. 이러한 사상적 입장을 신자유주의라고 부른다.

아주 이해하기 쉬운 예를 들자. 교육재생회 위원이었던 주식회사 와타미 사장, 와타나베 미키(渡辺美樹)는 당시 아베정권에 바라는 것으로서 '규제완화'를 과제로 들어 다음과 같이 말하였다.

"농업이나 의료, 학교 분야는 전혀 안 된다. (……) 경쟁원리가 작동하지 않고 있다. (……) 노력을 하지 않는 사람들이 결과적으로 이득을 본다."

"도전하려고 하지 않는 사람에게는 재도전할 기회를 주더라도 의미가 없다. 우선 교육을 개혁하고 도전할 의욕이 있는 사람을 기르지 않으면 안 된다."

"국가는 국민이 싫어하는 것도 해야 할 시기가 온다. (……) 중요하다고 생각하는 것은 국민 전체가 '안 돼!'라고 말하더라도 끝까지 해내는 것이 정치가의 자질이다."[17]

그는 경쟁이야말로 교육이라고 생각하였다. 설령 국민이 싫어하더라도 국민을 복종시키도록 해야 한다는 것이다.

그러면 무엇에 도전한 것인가? 그는 도내(도쿄 도) 사립중고일관교의 이사장이 되어 "신입생 중에서 스무 명의 도쿄대 합격자를 배출한다."고 선언했다.

"'도쿄대 스무 명'이라는 알기 쉬운 목표를 이미지화하는 것으로 수업의 질을 높이고 학생의 노력을 촉진시키는 경영방법으로 이상적인 학원을 목표"[18]로 한 것이다. 이 생각을 바꿔 말하면 자신에게 어떤 삶의 방식이 어울리는지 어떠한 인간으로 기를 것인지와 같은 교육이념은 없애고 경쟁에서 이기는 것, 그것을 위해 단순 명쾌한 경쟁 규칙을 설정해 경쟁시키는 것, 이것이 학교 교육의 목적이라는 논리다.

경쟁이 공공기관의 활동을 효율화한다는 것이 신자유주의의 첫 번째

---

17 _ 『讀賣新聞』, 2006.10.7.
18 _ 『日経ビジネス』, 2005.12.12., 41쪽.

주장이지만 최종적으로는 경쟁에서 진 것은 정리하고 공비지출을 억제하는 데 이른다.

일본에서도 이와 같은 신보주의와 신자유주의의 두 흐름이 보인다. 그것은 정책 가운데 어떤 경우에는 동일인물에서도 미묘하게 얽혀 있다.

영국, 일본, 핀란드

역사는 꼬여 있다. 여러 조건이 작용하여 어느 쪽이 어느 쪽의 영향을 받았는지 명료하지 않을 정도로 상호교류하면서 역사의 무늬에는 씨줄과 날줄이 얽혀 있다.

일본은 2차 세계대전 후 미국으로부터 신교육이 들어왔다. 이는 아이의 흥미나 관심에서 나오는 학습을 중시한 아동중심주의라는 교육이다. 교육방법도 아이들의 경험이나 학습활동을 크게 고려하고 있다. 이른바 진보주의교육이다.

구 교육기본법(1947년)에는 '자주적 정신에 충만한'(제1조) 국민을, '자발적 정신'(제9조)을 육성하고자 한다고 씌어 있다. '일본국헌법' (1946년)에는 지방자치가 중요한 요소로서 기재되어 있다. 문부성(그 당시)이 규정하는 '학습지도요령'에도 '시안(試案)'이라는 문자가 덧붙여져 있었고 '학습지도요령'은 하나의 모델로서 교육계에 제시되어 중앙집권적인 교육 관리를 피하려고 하였다.

이와 같은 입장은 1990년 이후의 핀란드와 아주 가깝다. 그러나 일본은 다른 길을 걸었다.

각 방면에서 일본의 전환은 전후 얼마 안 되어 냉전구조 속에서 시작되었다. 교육 분야에서 이러한 전환은 비교적 늦어 「지방교육행정조직 및 운영에 관한 법률」(1956년)에 의한 교육위원회 제도의 수정, 전국획일적인 「학습지도요령」의 고시(1958년)가 전환점이라고 간주할 수 있다. 그리고 그 후 고도경제성장기에 일본은 진보주의교육을 버렸다. 1956년에서 1966년에 걸쳐 전국학력평가가 실시되었다. 그 후 전국 규모의 학력시험은 폐지되었으나 현실적으로는 시판(市販) 평가나 현(縣)·시(市) 수준의 실력평가가 보급되어 외부시험이 일상화되었다. 이와 같이 시험으로 학력경쟁이 일반화되었다.

영국이 전국적으로 진보주의교육에 돌입한 것은 『플라우던 보고서』(1967년) 이후라고 한다. 또한 핀란드가 신교육을 과제로 삼기 시작한 것은 종합제학교 개혁특별위원회(1956~59년)와 제2차 종합제학교 개혁특별위원회(1964~67년)이고, 진보주의교육의 구체적인 실현은 종합제학교가 성립하는 1972년부터라고 한다. 영국도 핀란드도 일본이 버렸던 진보주의교육을 찾아냈던 것이다. 게다가 1985년이 되면 핀란드에서는 성취도별 편성이 폐지된다.

영국의 자유 교육은 일본에도 소개되어 많은 일본인 자녀가 다니고 있다. 가장 유명한 것은 서머힐 학교로 1996년에는 3분의 1이 일본인이었다고 소개하는 유학체험기도 나올 정도다.[19] 이 학교는 1921년에 독일에서 창립되어 다음해 영국으로 왔다. 그 학교의 교육철학은 강제가 아닌 자유가 주어질 때 아이들은 가장 잘 배운다는 것이다. 전체 수업이

---

19 _ 堀眞一郎, 「ニイルと自由な子どもたち―サマーヒルの理論と實際」, 黎明書房, 1999, 永田佳之, 「自由教育をとらえ直す―ニイルの學園＝サマーヒルの實際から」, 世織書房, 1996 등 다수.

표 5-1	PISA 2000 평균득점의 국제 비교					
순위	종합독해력	득점	수학적 이해력	득점	과학적 이해력	득점
1	핀란드	546	일본	557	한국	552
2	캐나다	534	한국	547	일본	550
3	뉴질랜드	529	뉴질랜드	537	핀란드	538
4	오스트레일리아	528	핀란드	536	영국	532
5	아일랜드	527	오스트레일리아	533	캐나다	529
6	한국	525	캐나다	533	뉴질랜드	528
7	영국	523	스위스	529	오스트레일리아	528
8	일본	522	영국	529	오스트리아	519
9	스웨덴	516	벨기에	520	아일랜드	513
10	오스트리아	507	프랑스	517	스웨덴	512
11	벨기에	507	오스트리아	515	체코	511
12	아이슬란드	507	덴마크	514	프랑스	500
13	노르웨이	505	아이슬란드	514	노르웨이	500
14	프랑스	505	리히텐슈타인	514	미국	499
15	미국	504	스웨덴	510	헝가리	496
16	덴마크	497	아일랜드	503	아이슬란드	496
17	스위스	494	노르웨이	499	벨기에	496
18	스페인	493	체코	498	스위스	496
19	체코	492	미국	493	스페인	491
20	이탈리아	487	독일	490	독일	487
21	독일	484	헝가리	488	폴란드	483
22	리히텐슈타인	483	러시아	478	덴마크	481
23	헝가리	480	스페인	476	이탈리아	478
24	폴란드	479	폴란드	470	리히텐슈타인	476
25	그리스	474	라트비아	463	그리스	461
26	포르투갈	470	이탈리아	457	러시아	460
27	러시아	462	포르투갈	454	라트비아	460
28	라트비아	458	그리스	447	포르투갈	459
29	룩셈부르크	441	룩셈부르크	446	룩셈부르크	443
30	멕시코	422	멕시코	387	멕시코	422
31	브라질	396	브라질	334	브라질	375

* 국립교육정책연구소 편, 『살아가기 위한 지식과 기능: OECD 학생 학습도달도평가(PISA), 2000년 평가국제결과보고서』, 교세이, 2002년, 5 · 7.

* 영국은 PISA에서 좋은 성적을 올린다. 그러나 영국정부는 이에 대해 그다지 기뻐하지 않는다.

| 표 5-2 | 첫째 해 참가국의 성적 추이 (TIMSS 수학) | | |

FIMSI 1964 중학교 2학년 (70점 만점)		SIMSS 1981 중학교 1학년 (100점 만점, %)		TIMSS 1995 중학교 2학년(득점)		TIMSS 1999 중학교 2학년(득점)	
이스라엘	32.3	일본	62.3	일본	605	일본	579
일본	31.2	네덜란드	57.4	벨기에 a	565	벨기에 a	558
벨기에	30.4	프랑스	52.6	네덜란드	541	네덜란드	540
서독	25.5	벨기에 a	52.4	프랑스	538	오스트레일리아	525
영국	23.8	스코틀랜드	50.8	오스트레일리아	530	핀란드	520
스코틀랜드	22.3	벨기에 b	50.0	벨기에 b	526	미국	502
네덜란드	21.4	영국	47.4	이스라엘	522	영국	496
프랑스	21.0	핀란드	46.9	스웨덴	519	이스라엘	466
오스트레일리아	18.9	미국	45.5	독일	509		
미국	17.8	이스라엘	44.7	영국	506		
핀란드	16.1	스웨덴	41.6	미국	500		
스웨덴	15.3			스코틀랜드	498		

* 국립교육정책연구소 편, 『산수·수학교육 국제비교』, 교세이, 2001년, 26쪽.

* 벨기에 a는 플라망어권, 벨기에 b는 프랑스어권

* TIMSS를 보면 영국의 순위는 그다지 좋지 않다. 게다가 순위는 점점 낮아져 '저학력' 문제가 일어나게 된다. 반대로 핀란드의 순위는 그다지 높지는 않으나 점점 순위가 높아지고 있다. TIMSS의 성적을 향상시키는 데에는 교과 공부만 늘린다고 되는 것도 아니고, 역으로 '진보주의 교육'만으로도 해결되는 것 같지 않다.

선택이며 어떻게 배우고 어떻게 지낼지는 본인의 자유에 맡긴다.

일본의 관리교육을 비판적으로 보는 교육관계자에게 영국의 진보주의교육은 아이들의 능력을 자유롭게 신장시키는 매력적인 것으로 비춰졌다. 이와 같은 전통 때문인지 응용력이나 사고력, 표현력을 중시하는 PISA의 시험에서 표 5-1에서 보는 것처럼 영국은 상위 그룹으로 간주할 만한 고득점을 올리고 있다.

그러나 영국에서 저학력 비판을 시작한 사람들이나 대처 교육개혁을 추진한 정부관계자는 학력을 교과 지식이나 기능으로 해석하고 국제학력평가에서도 TIMSS를 학력척도로서 보았다. PISA의 결과를 무시하였다.

오히려 영국은 일본을 보고 배워 중앙집권적으로 통일적인 학력을 규정하고 교과서에 기초해서 일제수업으로 가르치는 교육을 부활시키고자 했다. 이것이 1988년 교육법에 근거한 대처 교육개혁이다. 여기서 영국은 진보주의교육을 부정하게 된다.

피상적으로 표 5-2의 TIMSS의 결과만 보면 영국은 학력저하로 가는 것처럼 보인다. 중학생 수학 성적은 참가국이 늘었기 때문이기도 하나 영국은 5위(FIMSI 1964), 11위(SIMSS 1981), 23위(TIMSS 1995)로 점점 떨어지고 말았다. 대처 교육개혁을 해보았으나 개선되지 않았고(표 2-6) TIMSS 1999에서도 그리고 TIMSS 2003에서도 결국 미국보다 하위가 되고 말았다. 도대체 영국은 학력이 높은 것일까 낮은 것일까? 두 가지 국제학력평가는 전혀 반대되는 답을 나타내고 있다. 게다가 그 결과에 각국 정부는 휘둘린다.

도대체 OECD가 생각하는 것처럼 PISA형 학력이 경제성장력이 되는 것일까? 아니면 미국이나 영국 정부관계자가 생각하는 것처럼 TIMSS형 학력이 경제부흥력이 되는 것일까? 두 개의 학력관이 교육정책의 장에서 격돌하고 있다. 그 차이를 각국 정부는 끝까지 밝혀내지 않으면 안 된다.

영국은 교과 학력이라는 시각에서 지식이나 기능의 습득을 중시하는 수업을 전개한다. 그렇게 되면 종래의 진보주의 교육은 귀찮은 존재가 된다. 상징적인 사건은 서머힐 학교를 둘러싸고 일어났다. 서머힐 학교는 1990년대에는 아홉 번이나 교육기준청의 장학을 받았다. 1999년 3월에는 장학결과를 받고 블런켓 교육부장관이 법률위반이라고 비난했다. 마침내 서머힐 학교는 그해 연말 폐교의 위기에 몰리게 된다. 학교 측은 법정투쟁에 나서서 2000년 3월에 교육재판이 시작되었다. 나흘간에 걸친 청문회 후 조정안이 제시되어 학교는 존속하게 되었다. 학부모와 아이들이 원하면 정부가 지정하는 형태의 학력경쟁을 피하고 진보주의 교육을 존속한다는 영국사회 현황의 일면을 보여주고 있다. 만약 PISA가 의미가 있다면, 영국은 이러한 진보주의 교육의 유산을 오히려 부활시켜야 한다. 영국은『플라우던 보고서』이래 교과를 넘어선 PISA형 학력을 길러온 것에 대해 자신을 가져야 하는 것이 아닐까?

한편 핀란드는 PISA형 학력을 주도하고 OECD가 제창한 학력을 개척하고 있다.

덧붙여 말하면 핀란드는 TIMSS 2003에는 참가하지 않는다. 또한 TIMSS 1999에 참가하고 있으나 득점은 그다지 높지 않으며 참가한 38개국 중 14위로 러시아 아래 미국 위에 해당한다. 그러나 표 5-2를 보면 알 수 있듯이 영국의 정체에 아랑곳하지 않고 핀란드는 차근차근 순위를 올리고 있다.

교과중시로 돌아가 TIMSS에 대응한 영국이 TIMSS에서 성적을 올리지 못하고 교과횡단적인 진보주의 교육으로 PISA형 시험에 대응한 핀란드가 TIMSS의 성적을 높이고 있다는 설명은 피상적일 수 있다. 그러나 이것이야말로 OECD의 탁견이지 않을까? 핀란드가 나아간 길이야말로 교육학 본래의 길이 아닐까? 남은 문제는 PISA형 학력을 토대로 하여 교과의 지식이나 기능을 얼마나 발달시키는가 하는 점이 아니겠는가?

PISA형 학력을 기르는 베네세+핀란드 방법

그러면 일본은 어디로 나아가야 하는 것인가? 핀란드처럼 진보주의 교육을 받아들여 PISA에 대응해야 하는 것인가? 아니면 진보주의 교육과는 다른 길로 PISA에 대응해야 하는가? 그것은 학력경쟁이나 시험 점수에 의한 성과주의로서 대응 가능한 것일까?

2007년 4월에 재개된 전국학력평가에서 초등학교 채점을 담당한 것은 베네세 회사(옛날에는 후쿠타케서점(福武書店) 혹은 신켄제미(進研ゼミ)[20]로 알려져 있었다. 이하 베네세로 부름)라는 교육산업이다. 베네세는 재래의 교과 틀에 얽매이지 않는 교육방법에 주목하고 선구적인 노력을 하고 있다. 예를 들면 학교 교육에서 충실히 해야 할 과제로 다음 다섯 가지를 든다.

- 자신의 언어로 확실히 정리하여 기초기본 정착을 확실히 한다.
- 응용발전의 경우 학습한 것을 사용할 수 있는 유익함을 느끼게 한다.
- 자기의 생각을 가지고 활동한다. 특별활동 · 종합 학습 시간을 충실히 한다.
- PISA형 독해력을 익히고 신장시키는 활동을 충실하게 한다.
- 여러 사람의 삶의 방식에 접하는 활동을 충실하게 한다.[21]

---

20 _ 역주: 초, 중, 고교생 대상의 가정학습, 통신교육 프로그램이다.
21 _ ベネッセ教育研究開發センター, 「ベネッセ發 親子で伸ばす「本物の學力」」, 日經BP社, 2006, 137쪽.

우선 이와 같이 학교 교육의 과제를 폭넓게 파악하고 자각적, 의욕적으로 공부하는 점에 주목하고 있다. 그리고 베네세가 말하는 수업의 개선점은 다음과 같은 것을 강조하고 있다.

❶ 학습 처음에 무엇을 알기 위해 이런 학습을 하고 조사하고 있는지, 이것을 조사하면 어떤 것을 알게 되는지 학습활동의 목적을 충분히 갖게 하여 학습을 전개한다. 이렇게 해서 어떤 것을 알았는지 목적에 맞춰 이해할 수 있게 한다.

❷ 학습하고 있는 도중이나 단원의 마무리에,

• 학습하고 있는 도중에 무엇을 위해서 무엇을 하고 있는지 말을 시킨다.

• 학습하여 안 것을

  − 외우게 한다.

  − 공책의 중요한 부분에 표시해 둔다.

  − 공책에 자신의 말로 관계그림을 그리거나 정리하게 한다.

  − 학급 친구 등 다른 사람에게 설명하게 한다.

• 교과서나 공책을 보고 학습하여 알게 된 것을 재확인시킨다.[22]

확실히 답을 외우도록 하는 수업은 안 된다는 점이 주목된다. 그러나 핀란드에서는 그 전제에 아이가 스스로 배운다는 교육학의 기본이 있었다.

---

22 _ ベネッセ教育研究開發センター, 「ベネッセ發 親子で伸ばす「本物の學力」」, 앞과 동일, 139쪽.

베네세는 학력과제 중에 PISA형 독해력에 특히 주목하고 있다. 베네세는 PISA 평가에서 일본 아이들이 기술식 문제에 백지·무응답을 많이 한 점을 보고, "자신의 의견을 가지고 논리를 세워 설득력 있는 형태로 진술하는 것이 서툴다.", "자유기술 문제에 이르면 손을 대지 않는 아이들이 많다."[23]고 분석한다.

같은 식으로 PISA 조사에서 명확히 드러난 점은 일본 아이들이 "읽은 것을 기초로 해서 어떻게 그렇게 생각하는지 근거를 나타내고 자신의 의견을 표현하는 점에 서툴고"[24] 다른 나라와 비교하여 현저했던 문제점은 "자유기술문제의 무응답률이 두드러지게 높으며", 특히 "자신의 의견과 이유·근거가 요구되는 문제에 능숙하지 않다."[25]는 점이었다.

그래서 베네세는 기술식 시험에서 표현 능력, '생각하고 쓰는 힘'을 기른다는 점에 사업의 주요점을 한정한다.

게다가 '생각하고 쓰는 힘'의 양성이야말로 '국제화'에 대응하는 것이라고 주장한다.

"국제화의 진전 중에 일본인에게 뚜렷이 부족하다고 생각되는 것 역시 보다 명확해졌다. 그것은 상대를 설득시키는 '논리력'이다."[26]

이런 고찰을 거쳐 "베네세 회사는 '생각하고 쓰는 힘'의 양성을 목표로 하는 새로운 대응을 시작하게 되었다."라고 선언한다.[27] 이에 대해서 국제교육정책연구소 교육과정연구센터의 아리모토 히데후미(有元秀文)

---

23 _ ベネッセ教育研究開發センター, 「ベネッセ發 親子で伸ばす「本物の學力」」, 앞과 동일, 8쪽.
24 _ ベネッセ教育研究開發センター, 「ベネッセ發 親子で伸ばす「本物の學力」」, 앞과 동일, 39쪽.
25 _ ベネッセ教育研究開發センター「ベネッセ發 小學生からの 「考えて書く力」」, 日經BP社, 2006, 18~19쪽.
26 _ ベネッセ教育研究開發センター, 「ベネッセ發 親子で伸ばす「本物の學力」」, 앞과 동일, 3쪽.
27 _ ベネッセ教育研究開發センター, 「ベネッセ發 親子で伸ばす「本物の學力」」, 앞과 동일, 6쪽.

총괄연구관은 국제화 시대에 반드시 필요한 '논리적으로 생각하고 쓰는 힘'[28]이라며 평가하고 있다.

그리고 베네세는 독해력에서 좋은 성적을 얻은 핀란드의 교육방법에 주목하며 일본이 어떻게 받아들여야 할지 찾고 있다. 상담역은 핀란드식 방법을 일본에 보급시킨 키타가와 타츠오(北川達夫)이다.

키타가와는 핀란드 교육 가운데 작문교육에서 독해력 향상의 유효성을 발견한다. 게다가 파악하는 방법도 독자적이다. 핀란드의 초등학교에서는 '문장을 읽고 그 내용에 관련해서 쓰는 작문'을 중시한다. 이는 '독해력 훈련'이라는 효능 이외에 '표현은 일방적인 것이어서는 안 된다.'는 생각에 근거한 것이라고 한다.

또한 키타가와는 "핀란드 작문교육이 중시하고 있는 것은 내용보다도 오히려 논리성"이라고 지적한다.

키타가와의 주된 관심은 무엇을 말하는가가 아니라 어떻게 말하는가에 있다. 그렇다고 하면 '일방적'이지 않다는 것은 내용은 일방적일지라도 '표현'은 일방적이어서는 안 된다는 것이 아닐까? 논리성이야말로 핀란드의 작문교육이라는 것이다.

"의견 그 자체는 상당히 비상식적이지 않는 한 거의 평가 대상이 되지 않는다. 그보다도 의견을 썼다면 그 근거가 정확히 적혀 있는가, 근거는 적절한 것인가라는 점이 평가의 대상이 된다. (……) 논리성이 가장 주목된다. (……) 이야기를 창작하는 경우에도 우선은 내용보다도 논리성이

---

28 _ ベネッセ教育研究開發センター, 『ベネッセ發 親子で伸ばす「本物の學力」』, 앞과 동일, 238~243쪽.

중시된다."[29]

키타가와의 말을 환언하면 '자신을 객체화하고' '자신의 생각(자신의 말과 글)을 인식·평가'해가면서도 그 가운데 '결과'보다 '과정'을 비판의 대상으로 삼는다는 것이다. '원인-결과'의 논리성에 주목하며 '자신의 힘이 상대방에게 전달되는 작문을 쓸 수 있게 할' 필요가 있다는 것이다. 다시 말해 '즉흥적인 생각'이 아니라 '기준이나 척도를 좀 더 생각하고 판단하고 있는가?'가 중요하다.

사실 키타가와는 좀 더 복잡한 말을 하고 있다.

"학습자는 '문제'를 알아차리고 견해의 차이를 미리 갈등하고 고민한 끝에 자신의 판단(의사 결정)을 내리는데, 배움의 과정 그 자체가 자신의 새로운 피(지식)가 되고 살(판단기준이나 가치관)이 된다고 생각하기 때문이다."[30]

"자기 생각의 '이유·근거'를 밖에서부터 묻는 것으로 (……) 자세의 내관·내성을 촉진시키고 있다고 생각하는 것이다."[31]

여기서 볼 수 있는 것은 주체 자신이 학습하고 자신의 생각을 변화시키는 측면이다. 어찌되었든 '내용'을 문제 삼는 것이지만 그것은 '내용'을 채점하는 것이 아니라 '논리'를 뒤쫓는 가운데 자신의 '내용'을 다시

29 _ ベネッセ教育研究開発センター, 『ベネッセ發 親子で伸ばす「本物の學力」』, 앞과 동일, 185쪽.
30 _ ベネッセ教育研究開発センター, 『ベネッセ發 親子で伸ばす「本物の學力」』, 앞과 동일, 191~192쪽.
31 _ ベネッセ教育研究開発センター, 『ベネッセ發 親子で伸ばす「本物の學力」』, 앞과 동일, 206쪽.

만드는 과정을 반드시 확보하라는 것이다.

그런데 베네세는 그 맥락을 간파하지 못했다. 어디까지나 자기주장이 논리적으로 전개될지 여부에만 착안했다.

"키타가와의 핀란드 사례에서도 그랬지만 이야기의 흐름이나 연결이 좋은지, 이야기의 상황과 사건의 인과관계에 모순은 없는지 '논리성'을 중심으로 평가된다."[32]

감수의 말을 의탁한 국립교육정책연구소 교육과정연구센터 총괄연구관 아리모토 히데후미(有元秀文)도 같은 견해를 가지고 있다. 그는 일본인의 의사소통에 가장 결여되어 있는 것은 '논리적으로 생각하고 논리적으로 표현하는 것'이라고 분석하고 '논리적으로 표현하기 위해서는' 다음 세 가지가 주요하다고 말한다.

❶ "누가 듣더라도 이해할 수 있는 근거"를 제시하고 의견을 쓰는 것
❷ 의견이 갈팡질팡 바뀌지 않으며 시종일관하는 것
❸ 의견을 비약하지 않고 논리적으로 전후 관계를 잘 전개하는 것[33]

베네세의 자세는 자신의 의견이 통하도록 논리성을 가진다는 것이었다.

문부과학성 측의 아리모토 히데후미는 "누가 듣더라도 이해할 수 있

---

32 _ ベネッセ教育研究開發センター, 『ベネッセ發 親子で伸ばす「本物の學力」』, 앞과 동일, 221쪽.
33 _ ベネッセ教育研究開發センター, 『ベネッセ發 親子で伸ばす「本物の學力」』, 앞과 동일, 240쪽.

는" 근거를 들어 의견을 관철하라고 말한다.

의견대립 가운데에서 자신의 의견을 수정한다든지 여러 의견을 서로 수정하고 맞추는 것과 같은 과정에는 관심이 없다. 따라서 여기서 주목하는 '논리성'은 자신의 의견을 관철시키기 위한 논리성이기는 하지만 거기에는 '내용'도 '표현'도 일방적으로 되어버릴지도 모를 위험성을 포함하고 있다.

「핀란드식 방법」의 한계

그런데 일본의 아이들이 서툰 것은 베네세의 분석에서 말하는 '생각하고 쓰는 힘', 이른바 '표현'이 아니라 의외로 그 전 단계였다.

PISA는 독해력을 '정보 끌어내기', '해석', '텍스트의 내용과 형식에 대한 성찰과 평가'의 세 단계로 평가하고자 했다.

여기서 말하는 '정보 끌어내기'란 취사선택해가면서 필요한 정보를 수집하는 것이다. '해석'은 독해와 이해이며, 자신과 다른 의견도 그 대상이 된다. '성찰(reflection)'은 지식이 정리되고 평가되어 결론이 내려지는 단계이다. 성찰에는 숙고(꼼꼼히 생각한다)라는 측면과 생각하고 있는 자신을 통제하는 메타 인지 기능의 측면이 포함된다. PISA의 문해력은 이 세 과정을 측정하는 것이지만 여러 가지 평가에는 기술식 지문이 이용되었기 때문에 어떤 것이든 표현력이 중요하게 되었다. 핀란드에서는 결론에 관해 의사소통하는 힘이 중요시되며, 정보 끌어내기, 해석, 성찰, 표현의 네 단계 전체가 독해력으로 간주된다. PISA 조사에는 이것이 잘 작용했던 것이다.

표 5-3 / PISA 2000의 분야별 성적 (평균점)

	독해력				수학적 이해력	과학적 이해력
	정보 끌어내기	해석	성찰	종합		
핀란드	556	555	533	546	536	538
한국	530	525	526	525	547	552
영국	523	514	539	523	529	532
일본	526	518	530	522	557	550
미국	499	505	507	504	493	499

* 국립교육정책연구소 편, 『살아가기 위한 지식과 기능』, 교세이, 2002년, 5 · 7쪽.
* 핀란드의 강점은 '정보 끌어내기'와 '해석'에 있다.
* '성찰'(꼼꼼히 생각한다, 숙고)은 핀란드보다도 오히려 영국 쪽이 높다.

한편 PISA의 성적(표 5-3)에서 OECD 전체 평균점이 500에 이르기 때문에 핀란드는 성찰보다는 정보 끌어내기와 해석 점수가 매우 높다는 것을 알 수 있다. 사실 성찰 점수는 캐나다(542), 영국(539), 아일랜드, 핀란드(533), 일본(530) 순이다. 이런 것은 어떻게 분석해야 할까? 자신의 의견을 확실히 진술하는 점에서 핀란드가 뛰어나게 우수한 것은 아니다. 그보다도 핀란드 아이들은 필요한 정보를 찾는다든지 다른 사람의 의견, 필시 자신과 다른 의견을 해석하는 것에 능했던 것이다. 이런 점을 일본은 오해하였다.

반대로 일본 아이들은 정보 끌어내기나 해석이 그만큼 능숙하지 못하나 자신의 의견을 진술하는 성찰 점수가 높다. 그렇다면 일본 아이들은 핀란드와 비교해보면 아마도 상대에 개의치 않고 상대방의 의견과 무관하게 자신의 의견을 말할 가능성이 크다.

핀란드 사람이 잘하는 과정, 필요한 정보를 찾는다든지 그 정보를 해석하는 과정은 복잡한 현대사회에 있어서 새로운 가능성을 찾는 데 중요한 과정이다. 지식을 항상 탐구하는, 자기와 다른 의견을 해석하려고 하는 자세가 여기서 요구되고 있다. 결정된 지식으로 익힐 것인가, 스스로 조사하고 생각해서 지식을 구성해 갈 것인가라는 학습관의 차이가 이런 의외의 곳에서도 나타난다. PISA형 학력은 심오하다. 메타 지식의 형성과도 연결된 교육학의 원리 전환과 관련되어 있다.

그렇다면 일본인이 서툰 것이 '표현력'이라는 결론은 경솔한 생각이다. 오히려 필요한 힘은 자기에게 부족한 정보가 어디에 있는지 찾고 다른 사람이 자신의 생각과 어디서 왜 차이가 있는지 생각하는 것, 다시 말해 틀림없이 '내용'과 관계되는 것이다. 내용보다는 논리성이라는 '핀란드 방법'으로는 중요한 힘이 길러지지 않을 우려가 있다. 오히려 거꾸로 자기주장을 논리적으로 무장하는 것으로 다른 사람의 의견을 물리쳐 정보 끌어내기나 해석을 해치게 될지도 모른다.

내용을 정정할 수 있는 사고와 서로 향상되는 의사소통

그러면 어떻게 하면 좋을까? 그것은 '논리성'만이 아니라 '내용'도 문제 삼는 것이다. 우리들의 의사소통은 상대가 있다. 상대를 상정해서 우리들은 '표현'한다. '누가 들어도 이해'하는 것과 같은 일반적인 이야기를 하는 경우도 있지만 더 한층 깊은 이야기를 하고자 하면 상대방의 이해 정도에 맞춰서 표현의 수준이나 논리를 바꾸게 된다. 의사소통을 하고 있는 중에도 상대로부터 지적을 받고, 혹은 자기가 알아채서 자기 생각을 수정하기도 할 것이다. 다시 말해서 상대방과의 대화로 내용이 바뀌는 경우도 있을 수 있다. 그것이 보통의 경우이며 이러한 자기 의견의 내용 변경을 학습이라고 한다.

따라서 자기 의견을 (복수의 견해 속에서) 대상화·상대화하고 자기의 의견 '내용'의 장점과 단점을 이해한 후 (문제를 남기면서도) 현재의 상태에서는 이 방법이 가장 좋다고 할 만한 종합적이고도 논리적으로 표현할 수 있는 힘을 기르는 것이 교육과정이라고 바꾸어 말할 수 있을 것이다. 이것이야말로 (그런 말이 있다고 한다면) 참된 핀란드 방법이라고 필자는 생각한다.

예를 들어 지금 인터넷에 범람하는 독선적인 서평이나 감상에는 지극히 일방적·공격적인 것도 많고 그것들은 '내용보다는 논리성'이라는 파악방법으로는 해결되지 않는다. 상대방과의 쌍방향적 의사소통이 성립하지 않은 조건에서 일방적인 의견표명을 전제로 작문 실력을 기르는 것은 위험하다. 어린이에게 흥미도 관심도 없는 문장을 읽게 하고 이해할 수 없는데 감상을 쓰게 하고 논리적으로 표현하게 하는 것은 교육의 순서를 그르친다. 순서가 잘못된 교육을 하면 자기가 알지 못하는 내용, 자기와 다른 의견을 이해하지 않은 상태로 '비판'하거나 경우에 따라서는 적의를 가지게 되는 경우도 있다.

덧붙여 말하면 일본에서는 '핀란드 방법'이라는 이름이 붙은 책이 팔리고 있다. 틀에 맞추어 배움을 강제하는 것과 같은 교육방법은 핀란드 교육이 아니다. ○○방법 등은 몇몇 학교에서 어느 시간에 이용하는 것에 지나지 않는 하나의 교육방법이며, 핀란드에서만 시행되는 것도 아니다. 이것을 하면 학력이 올라간다고 오해하는 일본인은 핀란드 교육을 완전히 거꾸로 이해하고 있다.

예를 들면 『초등학생 100권 독서일기-핀란드 방법으로 책을 좋아하게 되다』[34]라는 책이 있다. 100권의 책이 지정되고 책 표지가 스티커로 되어 있어 읽은 책의 스티커를 『독서일기』에 붙여서 한마디 감상을 쓰는 식이다. 어느 어머니가 핀란드 교육에 밝다는 이유로 필자에게 상담을 하러 왔다. "유치원 아이에게 시키고 있어요. 알지도 못하는데, "재미있다."라든지 "즐거웠다." 등의 시시한 감상을 써 넣고 있어요. 무리라고 생각해요. 오히려 독서를 즐길 수 없게 되는 것이 아닐까요?"라고 말했다.

PISA형 학력이라고 말하면서 혹은 핀란드 방식이라고 말하면서 작문 실력 키우기나 '독해력' 향상이 '내용'을 동반하지 않는 강제가 된다면 어린이 자신의 학습력은 파괴되어 버릴지도 모른다.

일본의 어린이들이 저학력이라고 한다면 그것은 지식은 있어도 사고력이나 응용력이 약하다는 것, 문자는 쓸 수 있어도 문장으로 표현하는 '내용'이 결핍되어 있다는 것, 특히 의사소통 능력을 키우지 못했다는 것, 더 나아가 말하면 배운 지식이나 기능을 자신의 생활 방식, 사회의 존재 방식에까지 연결시킬 수 없다는 것을 의미한다. 매스컴은 '백 칸 계산'을 소개하고 주입·훈련 교육을 부채질하며 학교 교사는 예비교의 교사를 수습해야 한다고까지 제안하였다. 이제 다시 정교한 작문 능력 양성을 말한다. 점수 획득에만 눈이 가 있는 것은 교육이 아니다.

---

34 _ フィランドメソッド普及會編, 北川達夫著, 『小學生一〇〇册讀書日記－フィランド·メソッドで本が好きになる』, 經濟界, 2006.

시험 준비를 해서는 안 된다

50년도 더 전에 일본에는 전국일제 학력평가, 이른바 전국학력평가 '학테'[35]가 있었다. 여러 가지 부정이 횡행하고, 또한 인권문제로까지 발전하여 부모와 교사들의 반대운동의 결과 10년 정도 지속되다 중지되었다. 그 당시는 현재와 유사하게 근무평정이 화제에 올랐고 시험 점수가 교사의 실적 증거로서 사용되는 사회적 분위기도 있었다. 이 학테 반대투쟁의 재판과 관련해서 사법부는 「아사히카와(旭川) 학테 최고재판결」(1976)[36]에서 "시험문제의 난이도는 전체로 평이하게 해서 특별한 준비를 요하지 않는 것으로 할 것"으로 명시하였다. 또한 전국학력평가가 위헌·위법이 아닌 이유로서 "개개의 학교, 학생, 시정촌(市町村), 도도부현(都道府縣)에 대해서 평가결과는 공표하지 않는다."는 '일단의 배려'가 있었기 때문이라고 하였다. 게다가 "교사 자신을 포함한 교육관계자, 부모, 기타 사회 일반의 양식을 전제로 하는 한" 전국학력평가가 교육을 혼란케 하는 위험성도 없어 그와 같은 사례는 오히려 예외적인 현상이라고 판결에서 밝혔다.

"특별한 준비를 요하지 않는 것"이라는 최고재판결은 평가의 본질을 꿰뚫고 있다. 전국학력평가는 조사이기 때문에 사전에 평가를 해서는 안 된다는 것이다. 왜냐하면 시험 대비를 하면 점수가 변동하고 정확한

---

35 _ 역주–학력 테스트의 줄임말.
36 _ 「아사히카와 학력평가 최고재판결(旭川學テ最高裁判決)」이라는 것은 정식으로는 「아사히카와 학력평가 방해사건 최고재판결(旭川學力テスト妨害事件最高裁判決)」이라고 불린다. 인터넷에서는 복수열람이 가능하다.
http://www.courts.go.jp/hanrei/pdf/02D2CC35EDBC9F9F49256A850030AAE9.pdf

평가가 되지 않기 때문이다.

학습 동기에 시험을 사용해서는 안 된다

그런데 시험 준비야말로 공부라고 생각하는 사람들이 있다. 시험이 있기 때문에 아이들은 공부하는 것이고 '특별한 준비'를 하는 것이야말로 공부이기에 '평가결과는 공표'되는 것이 당연하다고 생각한다. 최고재판결이 지적하는 전제조건으로서의 '사회 일반의 양식' 등은 기실 위험한 것이다. 정반대가 되기 때문이다.

"학력평가는 학습진도를 평가하기 때문에 아이들을 위한 것"이라고 말하는 것은 옳지 않다. 평가는 다음 학습에 유효하지 않으면 안 된다. 아이가 어디에서 좌절하고 어디가 부족해서 어떻게 하면 좋을까에 관한 분석이나 판단은 수업중 적절한 시기에 학습 현장에서 수행하는 것이 기본이다. 전국학력평가와 같이 시기를 놓친 엉성한 평가는 그 아이의 학습에는 직접적인 시사를 하지 못하고 도움이 되지 않는다.

그러면 왜 평가를 하는 것일까? 그것은 우선 첫째로 시험을 학습동기 형성에 이용하려는 의도(악의) 때문이다. '시험에 낸다'고 하면 기억할 것이라든지 시험 때문에 공부할 것이라고 생각해서이다.

실은 시험 경쟁은 학생의 능력발달을 제한한다. 경쟁을 할 때는 규칙을 따르지 않으면 안 된다. 그런데 이런 규칙에 얽매어 학습이 제한되어 버린다.

우선 시험 점수가 목표가 되면 학습이 왜곡되고 인간은 약삭빠르게 된다. 예를 들면 2006년 가을에 큰 문제가 되었던 고교필수과목 미이수

문제를 들 수 있을 것이다. 고교졸업자로 사회에서 활동하는 데 필요한 교양으로 '세계사'는 필수였을 터이다. 그런데 입시가 목적이 되면 수험 과목 이외의 학습은 방해가 된다.

시험점수가 목적이면 점수를 얻기 쉬운 과목만 공부하기 때문에 이는 장래의 인생에 도움이 되지 않는 공부를 하는 셈이다. 시험에 나오는 것만 배우게 되면 과정에 대한 사고나 사고과정을 무시하고 답만 기억하려고 한다. 교사는 교사대로 시험에 내려고 하는 것만을 가르치게 된다. 그쪽이 효율이 높기 때문이다. 그런데 주입식으로 익힌 학력은 응용에서 효과가 없다. 또한 점수를 목적에 둔 학습은 자신의 인생을 위해서 배우고자 하는 동기 형성에 실패한다. 인생에 대한 의욕이나 살아가는 힘이 길러지지 않는 것이기도 하다. 그래서 자신의 전공과 직업에서도 생활의 기쁨과 연결되지 않는 배움이 된다.

입학시험을 위한 공부는 고등학교와 대학에 입학하면 무엇을 해야 좋을지 모르게 되어, 결국 공부를 하지 않게 된다. 시험점수를 목표로 하면 인생에 필수불가결한 참된 학습에 실패한다. 여기서 더 한층 공부를 강화하면 어떻게 될까? 오히려 거꾸로 시험경쟁이 없으면 일본의 아이들은 더 향상될지 모르는 일이다. 일본에는 좀 더 달라진 교육이 전개되고 있었을지 모른다.

보상을 주면 그것을 향해서 노력하고, 노력의 결과, 학습이 성립한다는 학습이론을 행동주의라고 부른다. 이는 쥐와 같은 작은 동물의 미로 실험 등에 기초해서 만들어진 이론이다. 다시 말해서 틀에 박힌 것, 같은 것을 여러 번 반복시켜 행동을 빨리 할 수 있게 되면 학습이 성립했다고 생각하는 것이다. 이와 같은 훈련식 학습관은 주입식주의가 되어 일본에 널리 만연해 있다.

"아이는 놔두면 게을러져 버린다. 그래서 보상과 벌로 공부하게 하는 것이다."라는 사고는 행동주의 논리이다. 현대사회에서 이 '아이'는 '인간'으로 바꿔 읽을 수 있다. 아이도 어른도 성과주의를 강요받고 있다고 할 수 있다.

행동주의는 능력의 유전설을 부정하고 후천적인 경험에 기초한 학습이론을 만들어내었다. 행동주의는 인류사에 진보를 가져왔다.

그러나 심리학자의 연구에 따르면 보상은 학습에 해가 되는 것으로 밝혀졌다.[37] 세상은 상식대로 움직이는 것은 아닌 듯하다. 보상을 주면 보상에 지나치게 얽매어 본래의 학습은 실패한다는 것이다. 마치 시험 점수경쟁을 시키면 인간의 관심은 효율적으로 점수를 얻을 수 있는 행동에만 향하여 자기에게 필요한 학습에서 멀어져 버리는 것과 같다.

시험을 시행하는 또 다른 이유는 '신공공관리론(NPM)' 때문이다. 지금까지 공적인 행정을 시장원리에 맡겨 상행위로 바꾸자는 것이다. 세금을 사용하기 때문에 '설명책임'을 부과할 수 있다는 것이지만 어떻게 설명하라고 하는 것인가? 여기서 누구나 알기 쉬운 단순한 지표가 도입되고 수치목표가 정해져 성과주의가 취해진다. 그런데 복지나 교육이라는 인간의 생명이나 마음과 관련된 미묘하고 복잡한 행위에 단순한 지표를 적용하면, 본질적으로 중대한 부분이 누락되어 버린다. 시험 점수로 학력을 재려고 하는 한 교육은 교육이 아니게 될 가능성이 커진다.

그런데 바우처 제도를 도입해서 '설명책임'을 부과할 수 없는 학교를

---

37 _ アルフィ コーン著, 田中英史譯, 『報酬主義をこえて』, 法政大學出版局, 2001.

정리·폐지하려는 행정 의도 또한 노골적으로 드러낸다. 학교의 성적에 따라 학교 선택을 하게 하려는 것이다. 교사도 학생도 학교까지도 경쟁하게 된다. 그렇게 되면 교사도 학생도 부모도 각각 뿔뿔이 흩어지게 된다. 서로 돕고 서로 협력해서 보다 좋은 사회를 만들어 가려는 노력을 하지 않게 된다. 학교 선택제가 두루 적용되면 주민은 지역의 학교를 좋게 만들려고 노력하지 않는다. 격차사회는 당연하고 약육강식의 사회가 세상의 원칙이 되어 버린다.

시장경제 논리에 따르면 학습 주체는 교육의 소비자로 변질된다. 또한 지식이나 기능은 인간의 교양이 아닌 상품으로 간주되기 때문에 피와 살이 되어 인간을 만드는 요소가 아니라 몸에 걸치는 것으로밖에 보이지 않는다. 관록이 붙는다는 것이다. 지식이나 기능은 어떤 연결도 없이 별개로 있는 셈이다.

일본의 아이들은 넘치게 외우고 있지만 그것을 능숙하게 응용하지 못하고 도움도 되지 않는 공부, 머지않아 잊어버리게 되는 쓸데없는 공부를 하도록 강요받고 있다. 지식이 떨어져 나가버리는 매우 얄팍한 공부다. 시험을 치면, 그리고 점수경쟁을 시키면 아이들이 공부를 할 것이라는 기대는 어른들의 천박한 생각이다. 오히려 삶에 참으로 필요한 학습을 멀리하고 교육 본래의 목적이 되는 삶의 동기형성에도 실패하는 상황이 되지 않을까?

어른이 너무 지나치게 관리하면 아이들은 지시를 기다리는 사람이 되고 자립하지 못하게 된다.

맹자의 가르침에 '조장(助長)'이라는 것이 있다. 먼 옛날 송나라의 어느 농부가 곡식의 싹이 잘 자라지 않자 기다리지 못하여 모든 싹들을 잡아 당겨 놓아 결국 말라죽였다는 이야기다. 이 교훈은 비전문가의 생각으로 말하면 쓸데없는 일을 하면 문자 그대로 '쓸모없게 된다'는 것이다. 일본이 '저학력' 문제로 추궁해야 하는 것은 아이들의 학력이 아니다. 오히려 '송나라 농부' 정도의 '학력(지혜)'밖에 지니지 못한 어른들을 문제 삼아야 하지 않을까?

시험으로 잴 수 있는 것은 인간이 발달시켜가는 능력의 일부일 뿐이다.

본문에서도 몇 번이나 인용했지만 교육사회학자 시미지 코우키치의 지적은 중요하다. 그는 1994년 시점에서 정부의 공세에 의해 '자유경쟁을 뜻하는 능력주의적 사고방식'이 평등주의적 사고방식을 능가하려 한다고 비판하며 다음과 같이 말하였다.

"학교는 기업이 아니다. 학교는 살아가기 힘든 현대사회 속에서 기업적 가치(자유경쟁 · 업적주의 · 이윤추구 · 확대재생산 등)가 아닌 것을 어린이에게 전하기 때문에 존재의의가 있다고 필자는 생각한다."[1]

그렇게 말하면서 시미지 코우키치는 어린이들은 어떻게 '장애자나

---

1 _ 志水宏吉(1994), 149~150쪽. 오늘날의 시각에서 다시 읽어도 시사점이 풍성한 좋은 책이다. 이 책을 집필하는 데 있어서 위 책으로부터 대단히 많은 시사점을 받았던 것에 대해 감사한다.

외국인과 함께 사는 것'을 배울 수 있을까, 누구에게서 '사회적 차별이나 부정을 꿰뚫는 눈'을 배울 수 있을까라며 교육의 현상을 염려하였다.

대처 교육개혁은 신자유주의라고 비판받는다. 시험으로 학력을 관리해서 경쟁을 부채질하는 것을 사람들은 시장원리에 기초한 신자유주의라고 생각한다. 그러나 전통적인 교과에 기초해서 지식을 주입하여 시험 점수로 교육을 관리하려고 한 것은 신보수주의 발상이다. 의외로 신자유주의의 경쟁원리는 인간의 능력을 제한하지 않는 방향으로 나아간다. 반복해서 말하면 신자유주의는 경쟁을 장려하는 것이 아니고 일의 선악 내지는 일의 좋고 나쁨에 대한 판단을 시장 동향에 맡기고자 한 것이다. 다시 말해서 가치판단에 관한 국가 개입을 배제하려고 했던 것이다.

현재 유럽에서 일어나고 있는 교육조류는 학력을 가능한 한 넓게 해석하고자 하는 움직임이다. 이 무시할 수 없는 변화를 받아들여 일본은 전국학력평가조차도 B문제와 같은 자유 기술식 문제를 포함시켰다. 영국에서도 전국학력평가에 대한 반발로서 시험 방법을 바꾸거나 외부시험을 가능한 한 배제하고 평가를 교실 안으로 되돌리려는 움직임이 일어나고 있다. 무릇 평가는 다음 학습에 유효할 때 의미가 있다. 교육적인 평가는 교사가 일상적으로 수행하기 때문에 전국학력평가로 측정할 것은 아니라고 해야 할 것이다.

교육이란 교과를 가르치는 것이 아니다. 인간의 능력을 대단히 협소하게 해석하여 교육의 임무를 교과로 체계화된 틀에 박힌 지식이나 기능을 주입하는 것으로 착각해서는 안 된다. 교육이란 인간을 기르는 것이라는 시각으로 돌아가서 다시 한 번 거기서부터 교과의 지식이나 기능을 세워 보는 것이 지금 가장 필요한 일이 아닐까? 지식이나 기능이

피가 되고 살이 되어 인간으로서 자라는 그런 교육 말이다.

교육철학자 존 화이트는 '출발점은 교과가 아니라'고 하며 학교교육을 '교과기반 교육과정'에서 '목적기반 교육과정'으로 바꾸어 '교육목적과 폭넓은 내용'을 보장할 수 있게 해야 한다고 하였다. 주요 교과라고 하는 것은 아이들 스스로가 인생의 목적에 맞추어 정하는 것이라고 말한다. 영국 교육의 반성의 핵심이 바로 이 점이다.[2]

그동안 우리들은 너무 가르치는 시각에 서 있었던 것인지도 모른다. 지금 우리는 교육 논리를 배움의 시각에서 다시 구성할 필요가 있다. 어린이의 입장에서 배움과 성장을 확보해 가면 많은 교육문제는 해결되지 않을까?

약관 29세에 교육부장관이 되고 1994년 이후 교육대개혁을 6년에 걸쳐 지휘한 핀란드 옷리페카 헤이노넨 전 교육부장관은 NHK−BS「미래에 대한 제언」(2007년 2월 12일 방송)[3]에 출연해서 '이후의 과제'에 대해 질문을 받고 다음과 같이 대답하였다.

세계는 변화가 빠르고 표본은 없다. '차세대는 어른이 되는 힘이 약해지고 있다.' 그러나 인간이 사회생활을 하는 데는 '지식뿐만 아니라 직관도 필요하다.' 우리들이 '계속 달린다면 직관은 사라져 버릴 것이다.' 따라서,

'이후의 교육 시스템은 속도를 조금 떨어뜨려서라도 모든 사람을 깊게

---

2 _ John White, "What Schools are for and Why", *Philosophy of Education Society of Great Britain*, 2007, pp.9, 14.
3 _ オッリペッカ・ヘイノエン, 『「學力世界一」がもたらすもの』, 日本放送出版協會, 2007.

생각하도록 해야 한다. 자신의 머리로 생각하고 마음으로 느끼고 다른 사람을 믿는 것. 그래서 다른 사람에게도 똑같이 자신의 머리로 생각하고 마음으로 느낄 수 있는 시간을 주어야 한다.'

는 것이다. 차분하게 생각하도록 길러 자율적으로 살 수 있도록 하려는 것이다.

일본인의 시각에서 지금의 핀란드 교육을 보면 그것은 '여유' 교육을 넘어서 대단히 유유자적한 수업이다. 그런데도 그는 이처럼 말했다.

방송이 끝날 때 헤이노넨 전 교육부장관은 "학교를 위해서가 아니라 삶을 위해서"라는 라틴어 격언을 써서 보여 주었다. "우리들은 학교를 위해서 배우는 것이 아니라 삶을 위해서 배우는 것"이라고 이 말의 의미를 덧붙여 설명했다.

이 책의 3장은 월간지 『현대사상』 2007년 4월호에 게재된 졸고 「노르딕 모델 – 북구형 교육의 현재」의 일부에 바탕을 두고 있다. 이것을 읽은 필자의 친구가 "영국과 핀란드 중간쯤이 일본의 타협 지점이 아닌가?" 하고 말해주었다. 절묘하게 나타낸 말이다.

이전의 책 『핀란드 교육의 성공－경쟁에서 벗어나 세계 최고의 학력으로』에 이어서 이 책도 편집부 오카 에리(岡惠里) 씨와 오오타키 하루미 (大瀧陽美) 씨에게 신세를 졌다. 처음에는 영국 교육을 분석하는 것에 주안점을 두고 썼다. 그러나 일본 교육의 장래를 보여주는 것이 최대의 목적이라는 조언을 받아들여 표현방법을 고민하면서 간신히 마무리했다. 오래도록 견뎌 준 두 사람과 최후에 참여한 히시누마 요우시(菱沼陽子) 씨에게 감사의 말을 전하고자 한다.

 2007년 나고야 대학교에서 수학할 때 구내서점에서 이 책을 발견했다. 서점에는 핀란드 교육과 관련해서 별도의 코너가 마련되어 있었다. 후쿠타 교수의 여러 저서 외에도 핀란드 교육과 관련한 일반 연구서, 과학교육, 그리고 육아와 보육에 관한 연구서까지 있었다. 그 중에서도 이 책은 일제평가를 중심으로 영국 교육과 핀란드 교육 그리고 일본 교육의 최근 논의들을 유기적으로 담고 있어서 눈에 띄었다. 또한 우리 교육을 염두에 둘 때 논의의 시의성까지 갖추고 있어서 번역의 필요성을 느꼈다.

 저자는 일제평가를 키워드로 영국 교육의 실패를 짚어내며 한 가지 대안으로서 핀란드 교육을 탐구한다. 일제평가를 논의의 중심에 둔 것은 일본 또한 일제평가의 폐해를 노출하면서 교육의 근간이 흔들렸기 때문이다. 2007년 4월 일본은 초등학교 6학년과 중학교 3학년을 대상으로 43년 만에 이른바 일제평가를 실시하였다. 단 한 곳 이누야마 시는 예외였다. 이는 이누야마 시 교육위원회에서 전국학력평가 시행을 2:3의 표결로 부결시켰기 때문이다. 부결 소식을 들은 이누야마 시 타나카 시장은 발을 굴렀고 세미 이히사 교육위원장은 일제평가를 해야 할 어떠한 교육적 이유도 없기에 나온 당연한 결과라며 소신을 피력하던 지역방송의 장면이 기억에 생생하다.

저자의 지적처럼 일본의 일제평가 시행은 영국 교육개혁의 영향에 놓여 있었다. 아베 전 수상의 말처럼 일본은 대처의 교육개혁을 따르고자 했기 때문이다. 그러나 주지하듯 영국 교육개혁의 결과는 학생, 학부모는 물론 교사, 학교장조차 힘들어하는 무의미한 유사개혁이었다. 교육현실은 일제평가와 학교순위표, 그리고 학교선택제의 도입으로 학교의 교육과정은 시험 준비를 위한 교과로 재편되고, 학교 교육의 중심에 있어야 할 아이들은 시험 스트레스로 병들어 가고, 교사는 자율적인 수업이 아니라 쏟아지는 업무에 짓눌리고, 학교장은 학교평가의 부담으로 때로는 시험부정행위 같은 일탈마저 감행할 정도로 추락했다.

저자는 하나의 대안으로 핀란드 교육을 살핀다. 그러나 1990년대 북구의 교육은 신자유주의적 영향에 자유롭지 못하였다. 이를테면 스웨덴과 노르웨이는 '저학력' 논란이 일어나면서 교육과정 개혁이 시행되었고 국제경쟁력을 이유로 학교가 재편성되어 학교선택제를 고려할 정도였다. 핀란드 또한 1980년대 말 기업가 연합(IT)이나 자치체 연합(KT)이 교사를 경쟁시키고 예산은 성과에 따라 배분하며 학교 성적을 공개하고 부모의 학교선택권을 요구하는 등 전형적인 신자유주의의 원칙을 제안하기도 하였다. 이와 같은 신자유주의적 분위기에서 1990년대 전반 아호 정권은 신자유주의의 폐해를 가능한 줄이면서 교육개혁을 이루어냈다. 교육의 권한은 지역과 학교로 돌리고, 장학관제도와 함께 교과서 검정 제도 또한 폐지하였다. 핀란드는 중앙정부의 권한을 지역에 이관하면서도 성과주의는 배제했고 교사들에 대한 지원은 더욱 철저히 했다. 전국학력평가의 경우 표집조사로 실시하며 경쟁 원리를 지양하였다. 경쟁을 멈추고 협력할 때 전체의 경쟁력은 더욱 높아진다는 것을 핀란드는 잘 보여주었다.

영국 교육의 실패와 핀란드 교육의 성공을 두고 일본 교육의 나아갈 길을 성찰하는 이 책에서 일본 교육의 자리에 우리 교육이 들어가도 독해에는 전혀 문제가 없다. 왜냐하면 우리의 교육은 1995년 5.31 교육개혁을 시작으로 점진적으로 신자유주의적 교육으로 재편되었기 때문이다. 어떤 의미에서 우리는 영국과 미국 그리고 일본의 신자유주의적 교육을 추수하다 못해 더 멀리 가버렸다. 고교 다양화 300 프로젝트, 교원평가 그리고 일제평가를 동시에 추구하며 신자유주의, 때로는 유사신자유주의 교육정책을 세트로 내놓고 있기 때문이다. 그 때문에 평준화정책은 무너지고 학교는 협력 대신에 경쟁을 더 부추기며, 공부 대신에 수험 준비는 더욱 난무하고 있다. 그 사이 일제평가의 문제를 제기한 교사들은 교단 밖으로 내몰리고, 교단 안의 교사들은 더욱 더 위축되어 교육의 자율성을 잃어가고 있다.

전 세계가 핀란드 교육에 대해 주목한 것은 무엇보다 PISA 성적의 탁월함 때문이었다. 1990년대까지 핀란드는 스웨덴으로부터 교육 개혁 모델을 수입하던 처지였음을 염두에 두면, 핀란드가 전 세계를 대상으로 교육개혁 프로그램을 제공할 수 있게 된 계기는 PISA의 결과에 있다. 그러나 PISA 성적만 두고 보면 우리 또한 최상위의 결과를 보여주고 있다.

다만 우리의 경우 과잉 학습의 결과로 교육의 관점에서, 그리고 효율성의 관점에서도 정당화될 수 없는 교육적인 문제를 함축하고 있다. 우리가 핀란드 교육을 주목하는 것은 PISA의 결과도 결과지만, 실은 PISA의 결과를 뒷받침하는, 우리의 현실에서 부러울 수밖에 없는 북유럽이 공유하는 평등주의적 교육제도와 그들의 교육 여건과 환경 그리고 그 방법과 실천에 있다. 이와 같은 교육적 효과는 그동안의 사회적 역량과 합의의 결과로서 특화된 것이다. 역자 개인적으로는 우리나라 교사 개개인의 잠재적 역량은 탁월하지만, 현실의 교사 역량 생산(교·사대 교육)과 재생산(교사연수), 교사 역량의 집합적 구성(학교문화)의 수준과 실제는 이를 뒷받침하지 못한다고 생각한다. 그러니 여기서 참된 문제는 핀란드 교육을 단순히 수용할지 여부의 문제가 아니다. 주지하듯 우리에게 주어진 일은 서로 다른 사회적 지평에서 교육의 대안은 물론, 대안이 가능한 현실 지평을 동시에 모색, 창조해내는 것이다.

우리말 번역은 오래 전에 해 두었는데 여러 사정으로 뒤늦게 나오게 되었다. 출간을 허락해 준 북스힐 출판사에 감사를 표한다. 이 책이 우리 교육의 다양한 문제에 대해 성찰하고 문제를 해결하거나 해소하려는 이들에게 어떻게든 도움이 되기를 바랄 뿐이다.

역자를 대표해서
박찬영

교육, 100년을 내다본다
영국 교육의 실패와 **핀란드**의 성공

지은이 · 후쿠타 세이지
옮긴이 · 박찬영·김영희
펴낸이 · 조 승 식
펴낸곳· (주) 도서출판 북스힐
등 록 · 제22-457호
주소 · 서울시 강북구 수유2동 240-225
www.bookshill.com
E-mail · bookswin@unitel.co.kr
전화 · (02) 994-0071(代)
팩스 · (02) 994-0073

2010년 9월 5일 1판 1쇄 발행
2012년 1월 15일 1판 2쇄 발행

값 13,000원
ISBN 978-89-5526-690-0

※ 잘못된 책은 구입하신 서점에서 바꿔드립니다.